AF751877

Estratégias de Dados ‘para Governança de Dados

CRIANDO UMA BASE PRAGMÁTICA, ÁGIL E DE FÁCIL COMUNICAÇÃO PARA SUA PRÁTICA DE GERENCIAMENTO DE DADOS

Marilu Lopez

Publicações técnicas

Publicado por:

TECHNICS PUBLICATIONS
TECHNOLOGY / LEADERSHIP

115 Linda Vista, Sedona, AZ 86336

https://www.TechnicsPub.com

Editado por Laura Sebastian-Coleman

Design da capa por Christian Inchaustegui

Todos os direitos reservados. Nenhuma parte deste livro pode ser reproduzida ou transmitida de qualquer forma ou por qualquer meio, eletrônico ou mecânico, inclusive fotocópia, gravação ou por qualquer sistema de armazenamento e recuperação de informações, sem permissão por escrito da editora, exceto para citações breves em uma resenha.

O autor e a editora foram cuidadosos na preparação deste livro, mas não oferecem nenhuma garantia expressa ou implícita de qualquer tipo e não assumem nenhuma responsabilidade por erros ou omissões. Não assumimos nenhuma responsabilidade por danos incidentais ou consequenciais relacionados ou decorrentes do uso das informações ou dos programas aqui contidos.

Todos os nomes comerciais e de produtos são marcas comerciais, marcas registradas ou marcas de serviço de suas respectivas empresas e são de propriedade de seus respectivos detentores e devem ser tratados como tal

Primeira impressão em 2023

Copyright© 2023 por María Guadalupe López Flores

ISBN, edição impressa. 9798898160760

ISBN, Kindle ed. 9798898160777

ISBN, PDF ed. 9798898160784

À minha mãe, que continua cuidando de mim do outro lado das nuvens. Ela colocou no meu caminho dois anjos que formaram uma equipe dos sonhos: Danette McGilvray, minha orientadora nessa jornada, e Laura Sebastian-Coleman, minha melhor professora de inglês.

Ao Miguel, ao Omar e ao Adrian por seu adorável apoio. Juntos, sempre teremos a força do MMOA.

À minha família e amigos por suas palavras de incentivo durante essa jornada.

Um sonho não se torna realidade por mágica; é preciso suor, determinação e trabalho árduo.

Colin Powell

Agradecimentos

Registramos nosso sincero agradecimento a Marilu Lopez pela confiança depositada em nosso trabalho para a tradução desta obra para a língua portuguesa.

Traduzir um livro de tamanha relevância para a comunidade internacional de Governança e Gestão de Dados é, para nós, uma honra e uma grande responsabilidade. Reconhecemos a profundidade técnica, a consistência metodológica e a contribuição estratégica que esta obra representa para profissionais e organizações.

Assumimos este projeto com o compromisso de preservar integralmente a precisão conceitual, o rigor técnico e a essência do método apresentado, respeitando a visão e a intenção originais da autora.

Agradecemos pela oportunidade de colaborar na ampliação do alcance desta importante contribuição ao público de língua portuguesa.

Tradutores e Revisores
Manoel Francisco Dutra Lopes Junior
Salvatore Santoro
Victor Brito Lopes
Gabriel Vernalha Ribeiro

Elogios para
Estratégias de Dados para Governança de Dados

Todos nós sabemos que os dados desempenharão um papel cada vez mais importante em todas as operações futuras. A maneira como você e sua organização aplicam os dados às operações será a diferença entre o sucesso e o fracasso. Tendo trabalhado nessa área por muitos anos, chegou a hora de dar o próximo passo na evolução da Estratégia de Dados. Marilu já deu esse passo. Como entusiasta da utilização de técnicas e ferramentas visuais e estratégica usada para desenhar, descrever, analisar e inovar modelos de negócio (Business Canvas), admiro muito a diligência com que ela a aplicou ao conceito de formulação de uma Estratégia de Dados. Há uma grande quantidade de material nesse livro muito denso, com dicas, técnicas e orientações extremamente úteis. Provavelmente, o aspecto mais difícil da formulação de uma Estratégia de Dados está centrado no desafio de envolver de forma significativa várias partes interessadas nos diálogos necessários para obter os dados de sua organização e aplicá-los de forma significativa em apoio à estratégia organizacional. O método descrito fornece toda a orientação de que você precisará.

Peter Aiken
Presidente, DAMA International

Este é um livro abrangente sobre Estratégias de Dados. Marilu Lopez criou uma maneira de conectar a Estratégia de Dados à gerência executiva que, até agora, era uma peça que faltava: como colocar as Estratégias de Dados em movimento. Ela não se limita a falar sobre como criar uma Estratégia de Dados como se fosse um bolo a ser assado. Em vez disso, ela faz o leitor pensar sobre que tipo de Estratégias de Dados são necessárias e como elas se encaixam nos desafios, intenções e aspirações de sua organização. O conteúdo é muito confiável, pois Marilu Lopez usa e relaciona consistentemente pesquisas acadêmicas, literatura e experiências de líderes de pensamento. Assim, seu framework PAC (Pragmático, Ágil e de fácil Comunicação) baseia-se no conhecimento acumulado atualmente e leva você mais longe a partir daí. Se você está prestes a assumir um trabalho de Estratégia de Dados, deve começar conferindo as mensagens de Marilu Lopez.

Håkan Edvinsson
CTO, Consultor Principal, Informed Decisions

O livro de Marilu Lopez é um acréscimo importante ao cânone da Governança de Dados. Muitos livros mostram "o quê" e "o porquê", este livro ensina "o como" criar um programa bem-sucedido. A primeira seção tem como alvo os líderes de negócios e faz um excelente trabalho ao educar pessoas não técnicas sobre a importância de um programa de Governança de Dados. Mas o valor real é fornecer um roteiro detalhado, com ferramentas práticas para os profissionais usarem, para entregar os resultados do programa, capturar, demonstrar e comunicar o valor.

Altamente recomendado!

Charles Harbour
Gerente de programa de Governança de Dados na HP

Os universitários de hoje acham que a tecnologia se resume à escolha de uma tecnologia ou de um conjunto de tecnologias para realizar o trabalho. Eles não percebem que há uma infraestrutura maior da qual fazem parte. O que é necessário é um livro sobre os conceitos mais amplos que moldam o setor de TI. Recomendo o livro de Marilu Lopez como ponto de partida para entender a estrutura mais ampla sob a qual a TI opera.

Bill Inmon
CEO da Forest Rim Technology

Você me conquistou com "Pragmático, ágil e de fácil comunicação". Uma das percepções sobre o Gerenciamento de Dados é que somos lentos, excessivamente complicados e usamos termos e ideias complicados. Este trabalho mostra que é totalmente possível definir uma Estratégia de Dados que seja compreensível e utilizável por todas as partes interessadas: executivos, gerentes, profissionais do conhecimento, desenvolvedores e profissionais de dados. Marilu apresenta tudo o que você precisa para agregar valor de dados à sua organização, adaptado ao seu setor e à sua cultura organizacional. Estou ansioso para aplicar o Método PAC em meus projetos futuros.

Karen Lopez
Gerente de Projetos Sênior, InfoAdvisors

Marilu produziu um tour-de-force valioso e detalhado neste guia muito abrangente para o desenvolvimento de uma Estratégia de Dados em nível empresarial que seja pragmática, ágil e de fácil comunicação. É evidente que ela reconhece, com base em sua ampla experiência, que a maioria das organizações não conseguiu reunir o engajamento e a colaboração necessários para produzir acordos com toda a organização sobre como articular e alinhar os principais componentes, ou seja, Gerenciamento de Dados, tecnologia, arquitetura e governança.

O desafio que ela se propôs e dominou é COMO aproveitar os interesses comerciais à luz do cenário de dados e das oportunidades tecnológicas atuais e futuras. Seu ciclo de Estratégia de Dados de 10 etapas é totalmente elucidado, e cada atividade e subatividade, com suas metas e objetivos correspondentes, é totalmente descrita. Nenhum leitor atento será capaz de concluir que qualquer nível de instrução, quem, por que, o que, quando e como foi negligenciado. Ao longo dos capítulos, gráficos e diagramas resumem o método proposto de forma eficaz. Como minhas experiências me ensinaram que toda organização, desde um grande conglomerado até uma nova startup, se beneficia com a realização de uma avaliação do Gerenciamento de Dados, foi gratificante ver isso como um requisito fundamental na Parte 1, Etapa 2, logo no início do ciclo de vida da estratégia.

Em meus cursos de Gerenciamento de Dados na última década, um dos principais exercícios de equipe é delinear uma estratégia de Gerenciamento de Dados, pois ela reúne as disciplinas componentes do Gerenciamento de Dados e incentiva o pensamento de nível empresarial, o que é vital para um diretor de dados. Além disso, Marilu desmistifica a tarefa crucial de decompor a Estratégia de Negócios e alinhá-la aos dados, domínios, arquitetura e governança. A etapa final dessa fase é o desenvolvimento de indicadores-chave de desempenho, permitindo que os executivos meçam o progresso em direção às metas estratégicas da empresa. As fases de desenvolvimento da Estratégia de Dados que ela descreve abrangem, em conjunto, um lar sistemático e consistente para cada elemento-chave do que é necessário para gerenciar os ativos de dados de forma eficaz.

Os Canvas de Estratégia de Dados não são apenas um mecanismo útil para desvendar a complexidade pouco a pouco, obtendo concordância a cada passo do caminho, mas também se prestam a um teste de prova de conceito das funções de propriedade e administração, que são então planejadas e implementadas por meio de um roteiro integrado e multinível.

Os participantes do desenvolvimento da Estratégia de Dados ampliarão e aprofundarão sua compreensão dos dados em toda a organização e aprenderão suas responsabilidades desde o início. Ao longo do caminho, Marilu aborda e esclarece vários dos " terms of art " do nosso setor, como "orientado por dados", "alfabetização em dados" e "transformação digital". E ela emprega uma abordagem racional e funcional para responder à pergunta perene que ouvimos com frequência em conferências: "Qual é a diferença entre Gerenciamento de Dados e Governança de Dados?" O leitor receberá uma resposta baseada em evidências neste livro, pois ela descreve meticulosamente as funções e responsabilidades associadas às fases e às tarefas de desenvolvimento de estratégias.

Se sua organização reconheceu a necessidade de criar uma Estratégia de Dados, eu recomendo fortemente este livro! (Sem desculpas, pessoal, vocês podem fazer isso).

Melanie Mecca
Diretor Executivo e Especialista Líder em EDM
DataWise, Inc.

A Estratégia de Dados é a pedra angular da construção do caminho para uma prática de Gerenciamento de Dados madura e em evolução. A maturidade do processo para defini-la evolui com o tempo. Marilu capturou isso em um processo atingível que incorpora a Estratégia de Dados ao planejamento estratégico de negócios em um ciclo de evolução.

Mike Meriton
Conselho de Gerenciamento de Dados Corporativos
Cofundador e COO do EDM Council

Este livro envolvente reúne uma excelente coleção de orientações, modelos e métodos. Eles seriam muito úteis para desenvolver e apoiar os recursos de Gerenciamento de Dados para uma ampla gama

de tipos de negócios em diferentes graus de maturidade. Há excelentes exemplos e narração para os profissionais de Gerenciamento de Dados ao longo da jornada, com um olhar constante sobre como se alinhar às estratégias de negócios ajudando a responder à pergunta "por que eles se importariam". Há cenários relevantes descritos e ideias de como lidar com muitas situações ao longo de seu caminho para o sucesso. Os artefatos mais atraentes são as amostras de tela, que podem ser visuais fáceis de usar, que unem um processo e um fluxo completos, mantendo cada documento legível e consumível. O acrônimo PAC de Pragmatic, Agile and Communicable (Pragmático, Ágil e de fácil Comunicação) captura a essência deste livro. A abordagem é prática, utilizável e relevante. É ágil no sentido de que há uma flexibilidade embutida na forma como você pode usá-la e desenvolver seus recursos de Gerenciamento de Dados e negócios em conjunto. Por fim, de fácil comunicação, é percebida muito bem por meio dos diversos estilos de Canvas. As entrevistas ao longo do livro se alinham com a necessidade de combinar estratégias de negócios e contribuem para uma compreensão adicional da necessidade de algo tão prático em muitas empresas. Recomendo fortemente este livro como uma ferramenta de orientação para qualquer pessoa que esteja tentando fazer sua organização avançar na maturidade do Gerenciamento de Dados.

Dawn Michels
Diretoria Internacional da DAMA
Presidente do Conselho de Presidentes

O que mais gostei no livro de Marilu Lopez sobre Estratégia de Dados foi o "P" (pragmático) em seu método PAC. Em vez de muita teoria, esse livro oferece ideias práticas sobre como iniciar ou aprimorar a Estratégia de Dados de uma empresa. O tom coloquial de Marilu facilita a compreensão dos diferentes tipos de estratégias que uma organização deve implementar sob a égide do "Gerenciamento de Dados". As entrevistas com especialistas dão ao leitor conselhos práticos obtidos em seus anos de experiência trabalhando com diversas organizações e também revelam que o Gerenciamento de Dados vai além da coleta e da organização de dados. Primeiro, você precisa de um plano abrangente, o Método PAC.

Como Melanie Mecca diz em sua entrevista, "Basicamente, os dados são para sempre; você precisa gerenciá-los de forma eficaz para sempre...". O método PAC, com seus gráficos e tabelas compreensíveis, atende ao desafio de implementar um framework de dados duradoura que contribuirá para novas tecnologias e novas ferramentas e até mesmo resistirá ao ataque da Inteligência Artificial.

Catherine Nolan
Membro da Diretoria, DAMA International

Um método direto repleto de etapas práticas sobre como projetar Estratégias de Dados adequadas para qualquer organização. Este livro responde à pergunta "Como" podemos alinhar os objetivos de negócios com as Estratégias de Dados usando um conjunto de resultados importantes. Um livro de leitura obrigatória para qualquer profissional de dados que pretenda assumir uma função de liderança em dados.

CDMP Diego Palacios
Fundador e Presidente do Capítulo DAMA Peru

Finalmente, parece que estamos chegando a um consenso de que nossos dados, informações e conhecimentos são valiosos. O termo "Ativo de Informações" está ganhando força. Uma empresa global de vinhos tomou medidas simples para perceber o valor de seus Ativos de Informação por meio de dois exercícios separados. No primeiro exercício, ao desenvolver e implementar alguns instrumentos simples, incluindo um plano de arquivos e convenções de nomenclatura, a organização obteve uma melhoria de produtividade de US$ 10.800 por pessoa por ano, cerca de 10% de melhoria no desempenho. O gerente da vinícola disse: "Não há nenhum outro projeto em todo o nosso portfólio de investimentos que poderia ter gerado um resultado maior, mais rápido e com maior satisfação da equipe." No segundo exercício, a organização avaliou e vendeu dados de colheita e rendimento, obtendo um retorno sobre o investimento de 1.200% em três anos e um ponto de equilíbrio em 13 semanas. Como nós, os Líderes de Dados, dizemos no Manifesto, "As melhores oportunidades de crescimento orgânico de sua organização estão nos dados".

Também somos alertados de forma regular e dolorosa de que nossos dados, informações e conhecimentos são vulneráveis. Em um exemplo desagradável, foi relatado que uma recente violação de dados custou ao segundo maior provedor de telecomunicações da Austrália 10% de seus clientes móveis, e "56% dos clientes atuais estão considerando mudar de empresa de telecomunicações". E uma violação de dados ainda mais recente da maior seguradora de saúde privada da Austrália eliminou quase US$ 2 bilhões de sua capitalização de mercado.

Quer estejamos gerenciando riscos, impulsionando resultados comerciais ou ambos, vale a pena gerenciar bem nossos dados. Então, como fazemos isso? Começamos desenvolvendo e implementando adequadamente uma Estratégia de Dados. Isso é mais do que palavras sonoras e intenções vagas. É mais do que ferramentas de software novas e brilhantes. Marilu escreveu um método fácil de entender, passo a passo e com suporte de artefatos sobre como definir Estratégias de Dados. Esse é um recurso valioso que nos orienta sobre como valorizar e proteger nossos ativos mais vitais, nossos dados, informações e conhecimentos. Recomendo o Método PAC de Estratégia de Dados a qualquer pessoa que esteja pensando seriamente em fazer isso.

James Price
CEO e Fundador da Experience Matters

Há décadas, os profissionais de dados têm sido aconselhados a "se aproximar da empresa" e a "conectar a empresa à Estratégia de Dados". Finalmente, um livro que responde a essa pergunta! Muito bem, Marilu Lopez!

Tom Redman
"O documento de dados". Data Quality Solutions

*Em seu livro, **Marilu Lopez** leva a "Estratégia de Dados" a um novo patamar. Com mais de 20 anos de experiência em governança e Gerenciamento de Dados, ela é capaz de levar **a Estratégia de Dados** do idealismo ao pragmatismo, da liberdade à precisão e da teoria à prática. **O Método PAC** o guiará passo a passo para a implementação bem-sucedida de uma Estratégia de Dados (ou estratégias, como você aprenderá ao ler o livro). É uma leitura obrigatória para os profissionais de dados que desejam obter "vantagem competitiva" no gerenciamento de "ativos de dados" em suas empresas, tendo e implementando uma Estratégia de Dados robusta.*

Alejandro Rejon
Profissional de Governança de Dados | DAMA CDMP | Certificado ISO 8000 Master Data Quality Manager | Mestrado em Finanças

Um guia encantador sobre a criação de Estratégias de Dados sólidas de forma eficaz. Neste livro, Marilu preenche de forma brilhante uma lacuna importante, exibindo graciosamente todo o seu conhecimento, experiência e inteligência ao simplificar uma das tarefas mais complexas do Gerenciamento de Dados: a criação de uma Estratégia de Dados sólida e viável. Já coloquei em prática muitas das diretrizes detalhadas no método e tenho certeza de que ele será de grande ajuda para as instituições que consideram a definição e a realização de estratégias de longo prazo um sonho impossível, especialmente na América Latina.

David Rivera
Vice-presidente de Desenvolvimento Acadêmico, DAMA Capítulo Equador

Marilu combinou duas grandes ideias. Primeiro, ela ilustra como uma Estratégia de Dados é um guarda-chuva sob o qual se assentam outras estratégias direcionadas. Em segundo lugar, ela mostra como usar o Canvas para criar resumos de uma página que cada membro da equipe pode levar consigo para o trabalho de execução. É uma abordagem simples, mas rica em informações e muito prática. Parabéns!!!

Gwen Thomas
Fundador, Instituto de Governança de Dados e Diretor, DGI Consulting

Conteúdo

Figuras

Tabelas

Sobre o autor

Marilu Lopez (María Guadalupe López Flores, cidadã mexicana-americana nascida em Los Angeles, Califórnia, mas criada na Cidade do México desde os 4 anos de idade) dedicou mais de 30 anos à vida corporativa no setor financeiro antes de se tornar consultora e instrutora de Gerenciamento de Dados. Ela foi pioneira na prática de Arquitetura Empresarial no México, o que a levou a se concentrar em Arquitetura de Dados e, a partir daí, expandir sua prática para Gerenciamento de Dados, especializando-se em Governança de Dados, Gerenciamento de Metadados e Gerenciamento de Qualidade de Dados. Durante décadas, ela sofreu com a falta de uma Estratégia de Dados holística e abrangente. Sua paixão pelo Gerenciamento de Dados a levou a dedicar seu trabalho voluntário à DAMA International em diferentes funções, desde presidente do capítulo venezuelano da DAMA até vice-presidente de serviços do capítulo.

Em sua função de empreendedora, Marilu é fundadora e CEO da SEGDA (Servicios de Estrategia y Gestión de Datos Applicada, "Serviços de Estratégia e Gerenciamento de Dados Aplicados"). Essa empresa mexicana tem como objetivo contribuir para a formação de profissionais de dados e apoiar as organizações na jornada de gerenciamento de seus dados para obter valor deles por meio da definição de Estratégias de Dados e da implementação de modelos operacionais.

Agradecimentos

Sem dúvida, este livro não poderia ter se tornado realidade sem a coincidência no tempo e no espaço de três pessoas importantes com as quais sempre terei uma dívida: Danette, Laura e Steve.

Nunca vou me esquecer daquele almoço no DGIQ 2021 em San Diego. Entre as alegrias de uma reunião presencial após a pandemia de Covid-19, encontrar bons e admirados amigos e dividir a mesa com Danette McGilvray. Foi incrível; em uma conversa informal e não planejada, contei a ela sobre meu sonho de escrever um livro algum dia. Passaram-se apenas alguns minutos e ela estava do meu lado, orientando-me sobre como escrever um livro. Eu não poderia estar mais grato por tudo o que ela me ensinou sobre como escrever um livro e como publicá-lo. Não só recebi todas essas orientações valiosas dela, mas também um incentivo contínuo, principalmente quando pensei que esse trabalho era inútil. Sua orientação inestimável me inspira a compartilhar minha proposta com a ampla comunidade de dados, esperando que essa semente possa chegar a lugares inimagináveis para contribuir para um mundo com dados melhores.

Embora tenha nascido nos EUA, minha língua materna sempre foi o espanhol. Um dos meus maiores desafios foi escrever este livro em inglês para poder compartilhá-lo com os líderes de pensamento em Gerenciamento de Dados e obter seu feedback. Conheci Laura Sebastian-Coleman em 2019, quando ela foi convidada para falar na conferência anual do Capítulo da DAMA Mexico. Fiquei sabendo o quanto ela é gentil e acessível. Isso me levou a enviar-lhe minha proposta de projeto de livro para saber se ela achava que poderia interessar aos leitores. Quando recebi sua edição da minha proposta, fiquei impressionado com o nível de detalhes, a percepção e o valor de seu feedback. Ela foi muito gentil ao editar meu livro. Quando trabalhei na coordenação e edição da tradução da 2ª Edição do DMBoK para o espanhol, lembro-me de pensar no trabalho árduo que ela teve para editar o livro. Um trabalho que não invejo de forma alguma. O segundo presente inestimável que a vida me deu nessa jornada foi o apoio da Laura. Ela não foi apenas a melhor professora de inglês que eu poderia imaginar. Ela representa a valiosa combinação de ser uma especialista em inglês e uma líder de pensamento em Gerenciamento de Dados.

Mesmo com o maravilhoso apoio de Danette e Laura, você não estaria lendo isto se Steve Hoberman não tivesse confiado neste trabalho. Ao trabalhar na tradução do 2ª Edição do DMBoK para o espanhol, aprendi o quanto Steve é pragmático. Isso é algo que admiro profundamente nele. Isso me fez sentir confiante de que meu sonho poderia se tornar realidade. Portanto, obrigado, Steve, por confiar em mim e em meu trabalho.

A vida me deu a sorte de conhecer pessoas com vasta experiência em Gerenciamento de Dados e verdadeiros líderes de pensamento, com quem aprendi a maior parte do que sei nesse fascinante mundo dos dados. Lembro-me de ter conhecido Bill Inmon no início da década de 1990. Ele estava dando conselhos sobre nosso Data Warehouse no banco em que eu trabalhava. Ele me disse algo que nunca esquecerei: "Se você escolher um relatório e não puder dizer de onde vieram os dados, você não está gerenciando seus dados". Vinte e nove anos depois, essa lembrança me levou a convidá-lo para a última conferência anual do Capítulo da DAMA Mexico que organizei. Fiquei impressionado quando ele respondeu imediatamente e aceitou. A experiência foi inesquecível. Sou grato e me sinto honrado por sua resposta imediata à entrevista, mas, acima de tudo, por sua amizade.

Algumas pessoas me perguntaram por que dedico tanto tempo de minha vida ao trabalho voluntário na DAMA International. Minha resposta é que recebo um retorno muito alto na forma de toda a experiência que adquiri e das ótimas pessoas que pude conhecer. Na segunda conferência anual do Capítulo da DAMA Mexico, convidamos Tom Redman e James Price, e aprendi muito com eles. A maneira prática de ensinar Qualidade de Dados de Tom e a maravilhosa história por trás da "Experiência em dados faz a diferença" de James me inspiraram muito. Obrigado a ambos por aceitarem fazer parte deste livro por meio das Entrevistas sobre Estratégia de Dados.

Foi na primeira conferência do Capítulo da DAMA Mexico que tivemos Melanie Mecca como palestrante convidada. Lembro-me da empolgação que senti ao jantar com a diretora do Modelo de Maturidade de Gerenciamento de Dados que eu estava usando no trabalho. A adoção de um Modelo de Maturidade de Gerenciamento de Dados é uma parte essencial do Método PAC de Estratégia de Dados, por isso tive que perguntar a Melanie qual era sua experiência com a Estratégia de Dados. Obrigado, Melanie, por aceitar participar e apoiar minhas descobertas sobre o impacto da falta de uma Estratégia de Dados

A DGIQ 2021 de San Diego foi o cenário em que conheci David Plotkin, a quem me referi tantas vezes em minhas aulas. Lembro-me de ter conversado com ele no estande da DAMA Internacional. Contei a ele sobre meu livro e que gostaria de saber seu ponto de vista sobre Estratégia de Dados. Ele concordou em ser entrevistado. Obrigado por isso, David, e por seu feedback construtivo.

Há uma abordagem sobre Governança de Dados que me agrada muito. Trata-se da Diplomacia de Dados de Håkan Edvinsson. A ideia de passar de um modelo coercitivo para uma Governança de Dados baseada em princípios e estender a influência dessa função para além das políticas de dados chamou minha atenção imediatamente. Gostei muito de conversar com Håkan durante a entrevista e confirmar que tínhamos coincidências na forma como víamos a Estratégia de Dados. Obrigado, Håkan.

A maior motivação que tive para escrever este livro veio do feedback positivo que recebi do público ao falar sobre o Método PAC de Estratégia de Dados nas conferências EDW e DGIQ, portanto, um agradecimento especial a Tony Shaw por me dar a oportunidade de compartilhar minhas ideias.

Vários trabalhos inspiraram este. Gostaria de agradecer a Donna Burbank por sua abertura em permitir que eu fizesse referência a seu Framework de Estratégia de Dados.

A inspiração mais poderosa que tive veio do Business Model Canvas, portanto, obrigado, Alex Osterwalder, por criá-lo e divulgá-lo em todo o mundo.

Todas as ideias que reuni para produzir o Método PAC de Estratégia de Dados não teriam valor algum se não fossem aplicadas na vida real em diferentes organizações. Sou especialmente grato aos meus antigos companheiros na aventura de viver o método nas primeiras organizações, Ramon Hernandez e Christian Vazquez, colegas que conheci ao fundar o Capítulo da DAMA Mexico. Obrigado, Ramon, por encontrar oportunidades de aplicar a metodologia.

Durante a jornada de escrever este livro, encontrei um grande incentivador. Um mexicano que mora na Austrália e que se tornou meu primeiro leitor. Ele forneceu um feedback muito bom da perspectiva de um leitor comum, que é um profissional de Governança de Dados. Obrigado, Alex Rejon!

Eu não estaria nesse caminho se não tivesse conhecido a DAMA International. Sou mais do que grato a essa organização incrível e a todos os membros da diretoria, antigos e atuais, que conheci, por me proporcionarem ótimas experiências.

Para todos os meus outros leitores beta, Gwen Thomas, Cathy Nolan, Karen Lopez, Dawn Michels, Charles Harbour, Diego Palacios, David Rivera, Peter Aiken e Mike Meriton, obrigado por dedicarem seu tempo para revisar meu livro e um grande OBRIGADO por suas palavras gentis e de apoio. Isso me faz sentir que todo o esforço valeu a pena.

Tive a sorte de ter alguém em meu caminho para capturar a essência do meu trabalho no design da capa do livro, Christian Inchaustegui. Obrigado, Peech! Não posso deixar de mencionar Aaron Torres e Carlos Sanchez, que criaram o site que acompanha o livro. Todos eles fazem parte da incrível equipe de marketing da Treehouse, liderada por Omar Perez. Obrigado a todos vocês!

Por último, mas não menos importante, um grande OBRIGADO ao Miguel, meu amado parceiro em tantos aspectos, por sua maneira especial de torcer por mim.

Prefácio

Se você ainda não ouviu falar de Marilu Lopez, deixe-me ser o primeiro a apresentá-la! Marilu é muito conhecida na comunidade de Gerenciamento de Dados do México, tendo sido cofundadora e atuado como diretora da DAMA México. Ela também é conhecida internacionalmente por seu extenso trabalho na diretoria da DAMA International (DAMA é a Associação de Gerenciamento de Dados). Seus anos de trabalho no setor financeiro e, agora, como consultora, lhe conferem profundo conhecimento em Gerenciamento de Dados. Ela entende os conceitos básicos e tem experiência real na implementação bem-sucedida dessas ideias. Você pode ter certeza de que ela tem as credenciais para ser a autora deste livro.

Durante o almoço na Conferência DGIQ (Governança de Dados e a Qualidade da Informação) de dezembro de 2021, ela compartilhou suas ideias sobre estratégia e descreveu como estava aplicando o Canvas do Modelo de Negócio de Alex Osterwalder aos dados. Fiquei intrigado. Como alguém que prega a necessidade de uma estratégia para priorizar o que é importante para sua organização e orientar sua jornada de Gerenciamento de Dados, eu queria saber mais. Marilu havia desenvolvido seu próprio método de Estratégia de Dados e estava pensando em escrever um livro. Eu a incentivei imediatamente. Eu tinha certeza de que ela tinha algo único para compartilhar e que sua abordagem acrescentaria muito ao campo do Gerenciamento de Dados.

Meus instintos iniciais estavam certos. Nossa comunidade de dados precisa deste livro, e, por extensão, aqueles a quem servimos precisam deste livro. Com o "o quê", o "por quê" e o "como" descritos aqui, você estará bem equipado para usar a Estratégia de Dados para ajudar sua organização a ser mais bem-sucedida.

Como nota final, vamos comemorar o fato de que este é um dos primeiros livros sobre Gerenciamento de Dados escrito por uma mulher da América Latina. Quem melhor do que Marilu para levar essa mensagem adiante e compartilhá-la com o mundo?

Você está pronto? Vire a página e comece a trabalhar!

Danette McGilvray
Presidente, Granite Falls Consulting, Inc.
Consultora, instrutora, palestrante, coach
Autora de *Executing Data Quality Projects: Ten Steps to Quality Data and Trusted Information™, 2nd Ed.* (2021, Elsevier/Academic Press)

Introdução

A maioria dos livros com "Estratégia de Dados" em seus títulos concentra-se em estratégias de análise de dados e Big Data. [1] Analisando o esboço dos livros disponíveis no mercado, percebi que o padrão típico é falar sobre Estratégia de Dados de um ponto de vista filosófico, descrevendo **O QUE** é e **POR QUE** é essencial. Alguns livros falam sobre como executar uma Estratégia de Dados, mas nenhum livro que eu tenha encontrado apresenta um método passo a passo e apoiado em artefatos sobre **COMO** definir Estratégias de Dados, que é o que este livro fará. Este livro apresentará **o Método PAC de Estratégia de Dados** (Pragmático, Ágil e Comunicação, *no sentido de "Uma abordagem pragmática, ágil e de fácil comunicação."*. Apresentei esse método em alto nível em fóruns internacionais como Dataversity EDW 2021, DGIQ 2021, EDW Digital 2022 e EDW Digital 2023, com feedback excelente e positivo dos participantes. Agora quero compartilhar essa metodologia em detalhes com a comunidade mais ampla de Gerenciamento de Dados.

O Método PAC de Estratégia de Dados concentra-se em três conceitos interdependentes:

- **Estratégia de Dados** é a orientação de mais alto nível disponível para uma organização, concentrando as atividades relacionadas a dados em **realizações de metas de dados** articuladas e fornecendo direção e orientação específica quando confrontada com um fluxo de decisões ou incertezas. (Aiken & Harbour, 2017)

- **Gerenciamento de Dados** é o desenvolvimento, a execução e a supervisão de planos, políticas, programas e práticas que fornecem, controlam, protegem e aumentam o valor dos ativos de dados e informações ao longo de seus ciclos de vida. (DAMA International, 2017)

- **Governança de Dados** é o exercício de autoridade, controle e tomada de decisão compartilhada (planejamento, monitoramento e aplicação) sobre o gerenciamento de ativos de dados. (DAMA International, 2017)

O edifício de Gerenciamento de Dados (Figura 1) mostra como esses conceitos se relacionam entre si. O edifício representa uma organização. O Gerenciamento de Dados, com todas as suas funções cercadas pela função principal, a Governança de Dados, representa a base do edifício. Os

---

[1] Estratégia de dados moderna (Fleckenstein, 2018); Estratégia de dados e o executivo de dados corporativos (Aiken & Harbour, 2017); Estratégia de dados: da definição à execução (Wallis, 2021); Estratégia de dados: How to Profit from a World of Big Data, Analytics, and the Internet of Things (Marr, 2021); Driving Data Strategy: The Ultimate Data Marketing Strategy to Rocket Your Global Business (Fawzi, 2021); AI and Data Strategy: Aproveitando o potencial de negócios da inteligência artificial e do Big Data (Marshall, 2019); Data Strategy (Adelman, 2005); Data Strategy Canvas for Healthcare Organizations (Walters, 2019).

apartamentos em cada andar do edifício representam as unidades organizacionais. A solidez do edifício se deve à robustez da fundação, complementada pelas extensões da Governança de Dados por meio dos administradores de dados que vivem em cada andar e das políticas de dados a serem seguidas pelos habitantes de cada apartamento. Quatro pilares complementam a estrutura do edifício para evitar o colapso: o Modelo Operacional de Governança de Dados, o Modelo Operacional de Arquitetura de Dados, o Modelo Operacional de Gerenciamento de Metadados e o Modelo Operacional de Qualidade de Dados.

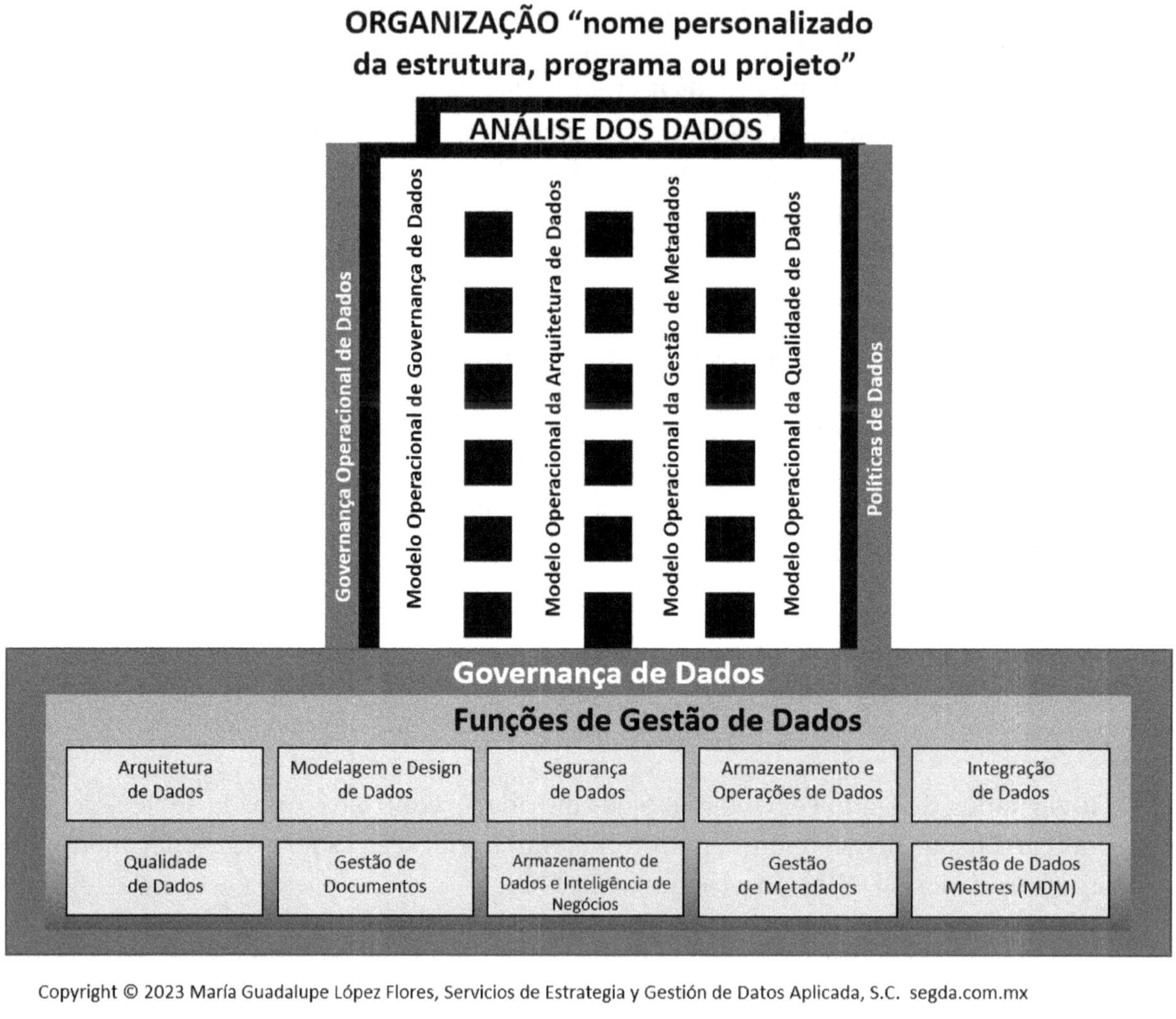

Figura 1- A metáfora do edifício de Gerenciamento de Dados

Com base no Framework de Estratégias de Dados (consulte as Figuras 2 e 3) , o Framework de Dados é o guia principal para a construção do edifício, desde a fundação até o telhado. Os Canvas das Estratégias de Dados são as plantas para comunicar isso aos trabalhadores da construção. O líder de dados (por exemplo, o diretor de dados , o líder de Governança de Dados) é o gerente do canteiro de obras. Nas páginas deste livro, você encontrará explicações detalhadas sobre o Framework de Estratégias de Dados, os Canvas usadas para documentar as Estratégias de Dados e as etapas específicas a serem seguidas para criar um processo contínuo de produção e manutenção das Estratégias de Dados.

Dediquei metade de minha vida corporativa de 32 anos no setor financeiro a tópicos relacionados ao Gerenciamento de Dados. Durante esses anos, deparei-me com diferentes Estratégias de Dados. Eu não sabia o que incluir em uma Estratégia de Dados, mas percebi que elas eram incompletas e não estavam totalmente alinhadas com as prioridades de negócios. Quando "aposentei" em 2019, queria manter minha mente ativa, então comecei minha jornada como consultor e instrutor de Gerenciamento de Dados. Minha primeira tarefa foi definir uma Estratégia de Dados. Eu não tinha ideia de como fazer isso, então pesquisei na Internet por métodos específicos. Não encontrei exatamente o que queria, mas me senti inspirada a desenvolver novas ideias.

Uma fonte de inspiração para a Estratégia de Dados foi o Global Data Strategy , Ltd.'s (GDS) Framework, inspirado por Donna Burbank . [2] Com ela, aprendi a relacionar a Estratégia de Dados com a estratégia empresarial .

Além disso, a DAMA (Data Management Association)[3] é uma inspiração para mim. A DAMA é uma organização profissional sem fins lucrativos, neutra em termos de fornecedores e tecnologia, que desenvolveu um Framework abrangente de Gerenciamento de Dados que tem me orientado desde 2012. [4] (Consulte o *DMBoK 2nd Edition.* (2017)[5])) envolvi-me profundamente com ela quando coordenei e editei sua tradução para o espanhol. Tomei conhecimento dessa organização enquanto tentava me educar para entender como criar uma prática de Governança de Dados, e um longo relacionamento com a DAMA começou.

Outra fonte de inspiração foi o DCAM , o Guia do Modelo de Avaliação de Capacidades em Gestão de Dados 2.2 (Enterprise Data Management Council, 2021) . [6] Minha participação como um dos tradutores da edição em espanhol permitiu que eu tivesse uma compreensão profunda do documento.

Ainda assim, a fonte mais potente de inspiração foi o *Business Model Canvas* de Alex Osterwalder.[7] Conheci a abordagem de Osterwalder em 2006, durante um curso de arquitetura

---

[2] Framework da Global Data Strategy , Ltd. (GDS) https://globaldatastrategy.com/

[3] Associação Internacional de Gerenciamento de Dados https://www.dama.org

[4] DAMA 's Framework https://www.dama.org/cpages/dmbok-2-wheel-images

[5] DAMA DMBoK 2ª Edição https://technicspub.com/dmbok/

[6] Conselho de Gerenciamento de Dados Empresariais -DCAM Framework https://edmcouncil.org/frameworks/dcam/

[7] Alexander Osterwalder https://www.alexosterwalder.com/ Business Model Canvas https://bit.ly/3LSV4bb

corporativa que elaborei para uma universidade no México, e a utilizo desde então. Emulando o uso de uma tela por um artista, Osterwalder descreve em um único slide tudo o que é necessário para entender, à primeira vista, o Modelo de Negócios de qualquer organização, independentemente de seu tamanho e do setor a que pertence. Se uma tela pode documentar com sucesso os modelos de negócios, por que não poderia ser uma ferramenta poderosa para escrever Estratégias de Dados?

Essas fontes me inspiraram a criar um método para escrever Estratégias de Dados usando Canvas que mostram claramente, cada uma em um único slide, o que fazer, qual estrutura organizacional usar, que tipo de dados incluir, quais iniciativas envolver e quais métricas exibir para mostrar o progresso e a eficácia. **O Método PAC de Estratégia de Dados** é composto por três componentes: um Framework , um conjunto de Canvas e um ciclo de estratégia (Figura 2).

- **O Framework de Estratégias de Dados** é o primeiro componente do **Método PAC de Estratégia de Dados** (Figura 3). Ela acomoda a ideia de que não existe uma única Estratégia de Dados, mas várias. O Framework mostra as diferentes Estratégias de Dados e suas relações com outras estratégias organizacionais. Analisamos esse Framework no Capítulo 3.

- A vida corporativa me ensinou como é difícil envolver as partes interessadas. Atrair a atenção deles e conseguir a adesão requer uma abordagem pragmática, ágil e clara. É por isso que desenvolvi o segundo componente "**O Conjunto de Canvas da Estratégia de Dados**", para descrever cada tipo de Estratégia de Dados (Figura 4). Exploraremos esses Canvas no Capítulo 5.

- O terceiro componente, o **Ciclo da Estratégia de Dados** , é um conjunto de dez etapas a serem seguidas anualmente para manter as estratégias alinhadas (Figura 5). Abordamos esse ciclo no Capítulo 7.

Apliquei esse método em várias organizações de diferentes setores desde 2019. Fundei a SEGDA (acrônimo em espanhol para "Serviços de Estratégia e de Gestão de Dados Aplicada"), uma empresa de consultoria com sede no México, mas que atende remotamente organizações em diferentes locais. O foco da SEGDA é ajudar as organizações a definir suas Estratégias de Dados e implementar modelos operacionais de Gerenciamento de Dados. A prática desses casos reais me permitiu refinar a metodologia.

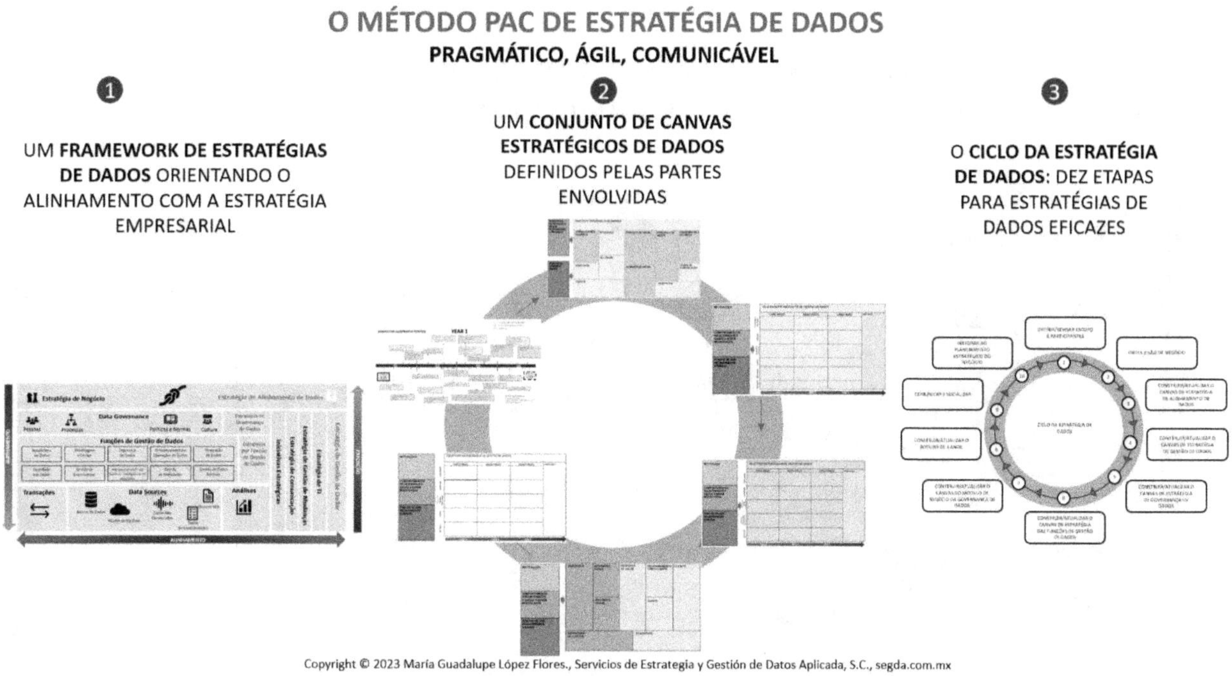

Figura 2- Componentes do método PAC de Estratégia de Dados

Em 2021, 2022 e 2023, apresentei **o Método PAC de Estratégia de Dados** no Enterprise Data World (EDW). Devido à pandemia da COVID-19, essas três conferências foram digitais, mas o feedback que recebi dos participantes foi muito positivo. Governança de Dados e Qualidade da Informação (DGIQ) 2021 foi uma conferência presencial em San Diego, onde pude ver a reação positiva do público, que ficou em pé em uma sala exclusiva. Os comentários que recebi após o EDW 2022 Digital foram um combustível para mim, fazendo com que eu soubesse que estava no caminho certo. Eu sabia que valia a pena transformar a história que consegui contar em 40 minutos em um livro com detalhes suficientes para que você saiba como usar o método, mas sem o peso de um longo trabalho teórico. Espero que o livro seja útil.

Figura 3- Componente 1: O Framework de Estratégias de Dados

Com base no que vi e ouvi nas organizações com as quais trabalhei e no feedback das pessoas que treinei em Gerenciamento de Dados, notei que era difícil encontrar Estratégias de Dados que alinhassem os esforços de dados aos objetivos estratégicos do negócio. Não há uma conscientização generalizada entre os CxOs sobre a importância de ter uma Estratégia de Dados alinhada aos objetivos de negócios. E a maioria das organizações não trata os dados como o ativo estratégico empresarial que deveriam ser.

Desde 2017, conheci alguns gurus nessa fantástica jornada do Gerenciamento de Dados. Tive até a sorte de fazer amizade com alguns deles. Achei que os leitores ficariam interessados em saber o que esses especialistas pensam sobre a função da Estratégia de Dados para possibilitar uma Governança de Dados bem-sucedida, então perguntei a eles. Sinto-me honrado por ter tido a oportunidade de entrevistar Bill Inmon , Melanie Mecca , James Price , Håkan Edvinsson , Tom Redman , David Plotkin e Danette McGilvray. Você encontrará uma entrevista no final de cada capítulo deste livro.

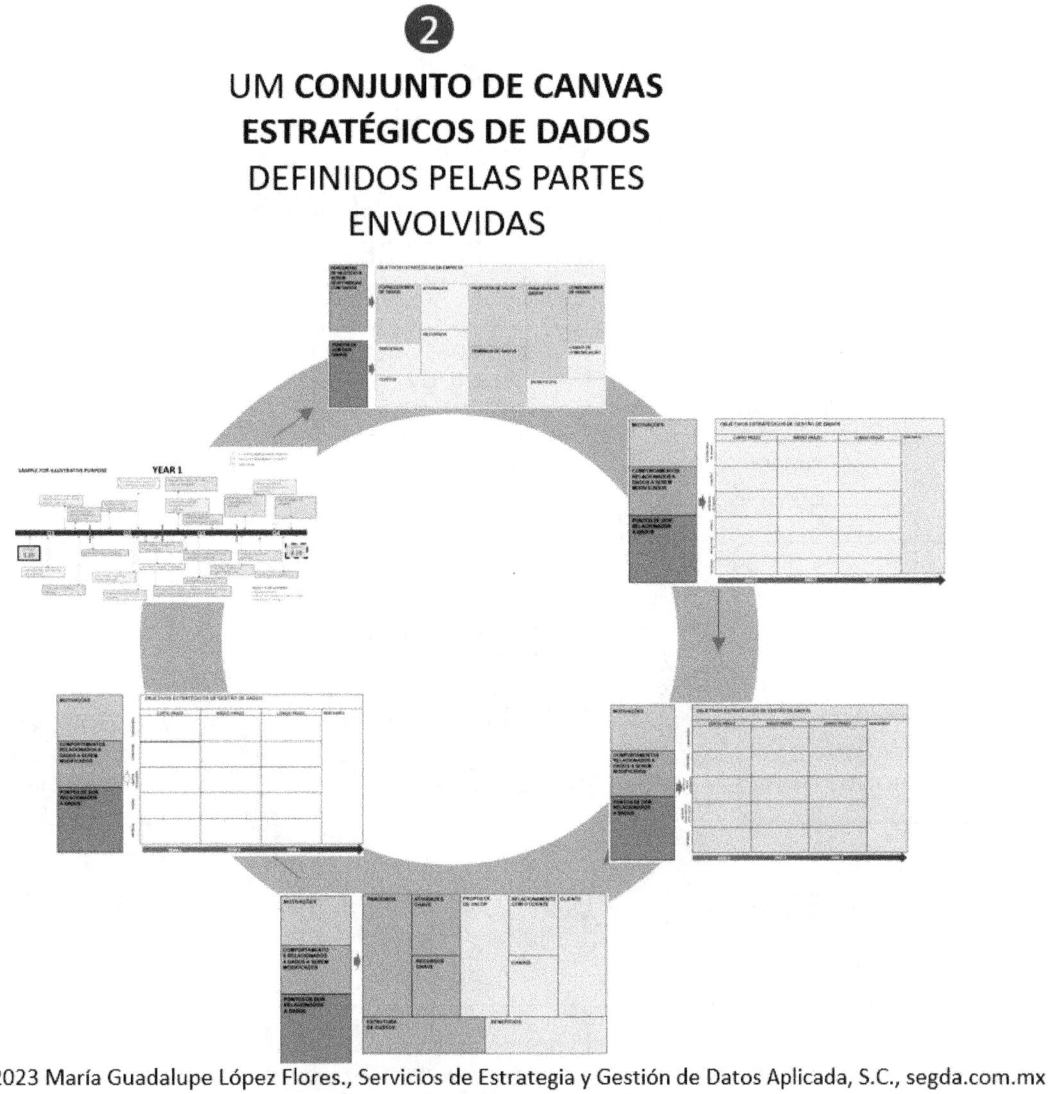

Figura 4- Componente 2: o conjunto de Canvas de Estratégia de Dados

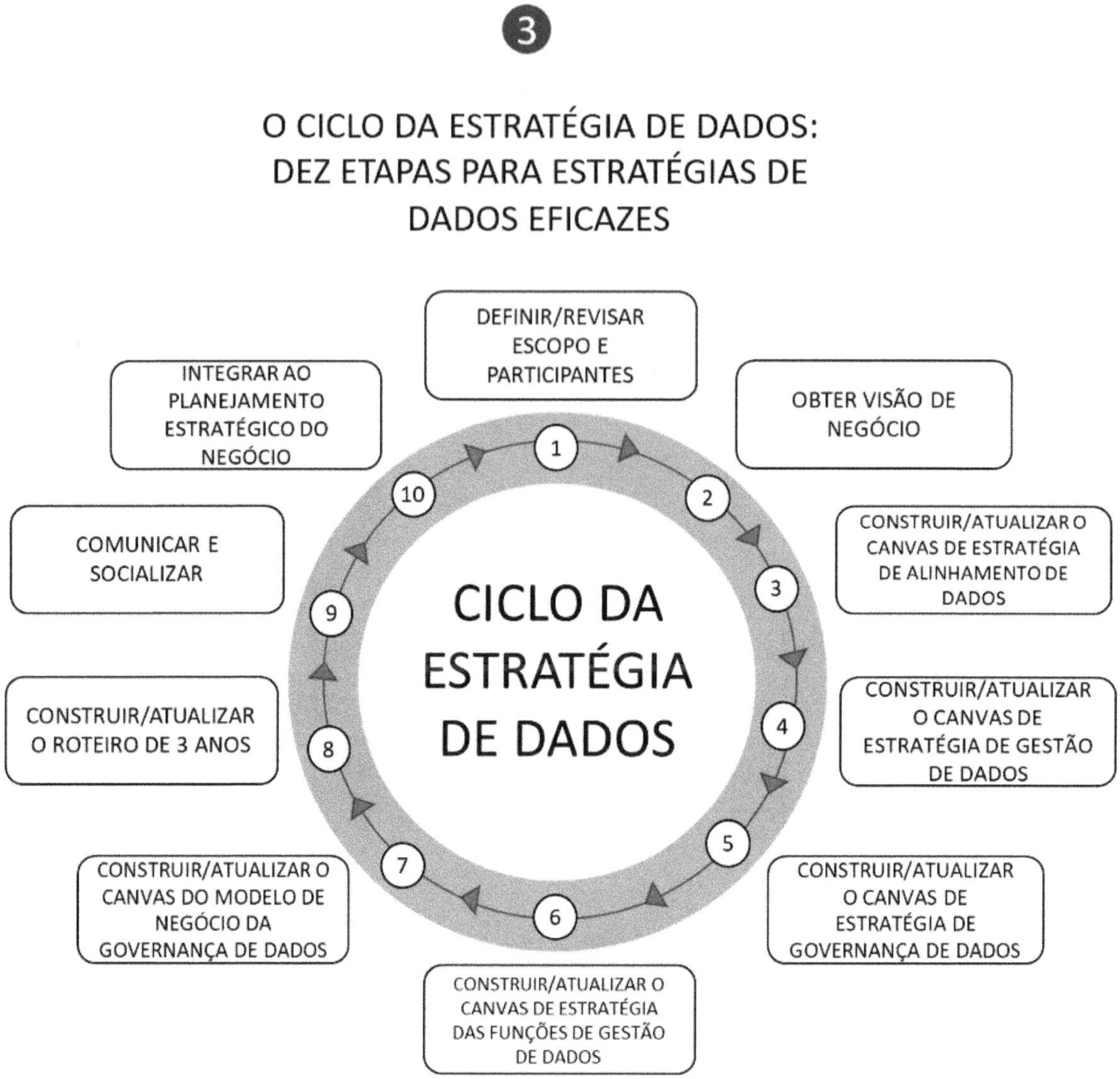

Copyright © 2023 María Guadalupe López Flores., Servicios de Estrategia y Gestión de Datos Aplicada, S.C., segda.com.mx

Figura 5- Componente 3: O ciclo da Estratégia de Dados

Como usar este livro

Este livro está dividido em duas partes (Figura 6):

- A Parte 1 fornece o contexto para entender os conceitos e a lógica por trás do **Método PAC de Estratégia de Dados** . Ela descreve o Componente 1, o Framework de Estratégias de Dados , e o Componente 2, O conjunto de Canvas de Estratégias de Dados .
- A Parte 2 descreve o Componente 3 do **Método PAC de Estratégia de Dados** , o Ciclo de Estratégia de Dados , que se concentra na implementação da metodologia .

Talvez você queira pular a Parte 1 e ir direto para o Ciclo de Estratégia de Dados , mas recomendo enfaticamente que você leia a Parte 1 para entender as motivações e o suporte para as etapas de cada ciclo. Além disso, em cada um dos capítulos da Parte 1, você obterá pontos específicos de aprendizado e de conclusão. Projetei os capítulos para contar uma história coerente se você os ler sequencialmente.

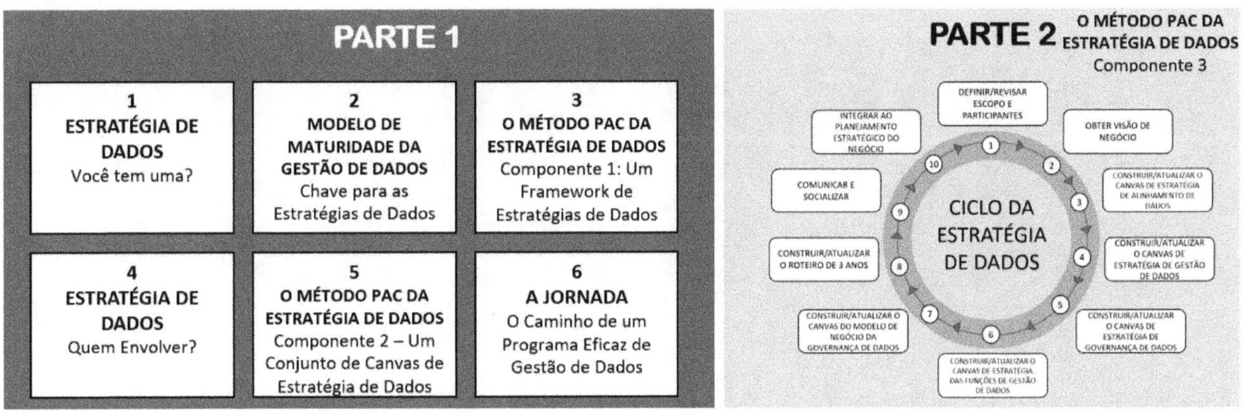

Figura 6- Mapa do livro

No início de cada capítulo, você encontrará o Book Map indicando onde você está em sua jornada. Na Parte 2, cada uma das etapas descritas terá o Mapa do Ciclo da Estratégia de Dados indicando onde você está em cada uma das etapas do ciclo.

Convenção de capitalização: Eu usei letras maiúsculas para todos os termos relevantes às ideias apresentadas neste livro, a fim de destacar sua importância na prática de Gestão de Dados (este é o primeiro exemplo dessa convenção). Quando termos individuais são usados (dados, gestão, estratégia), não os escrevo com maiúscula. Também utilizei letras maiúsculas para os termos de destaque intimamente relacionados aos tópicos abordados nesta obra.

Este livro é acompanhado por um site. Nele, você encontrará modelos para os artefatos mencionados neste livro, exemplos de Canvas da Estratégia de Dados, casos de estudo e outras referências que podem ser úteis. Esse também é o lugar onde você poderá deixar seus comentários e compartilhar sua experiência com esse método. Aproveite a oportunidade de experimentar o método e conte-nos como foi sua experiência.

O contexto

Embora este livro não tenha a pretensão de ser um tratado sobre Estratégia ou Gerenciamento de Dados (sim, com letra maiúscula devido à relevância desses dois conceitos), preciso estabelecer um nível e um contexto antes de descrever a metodologia em si. A Parte 1 apresentará esse contexto nos Capítulos 1 a 6, começando com os tópicos mais gerais e passando para os componentes principais usados no método.

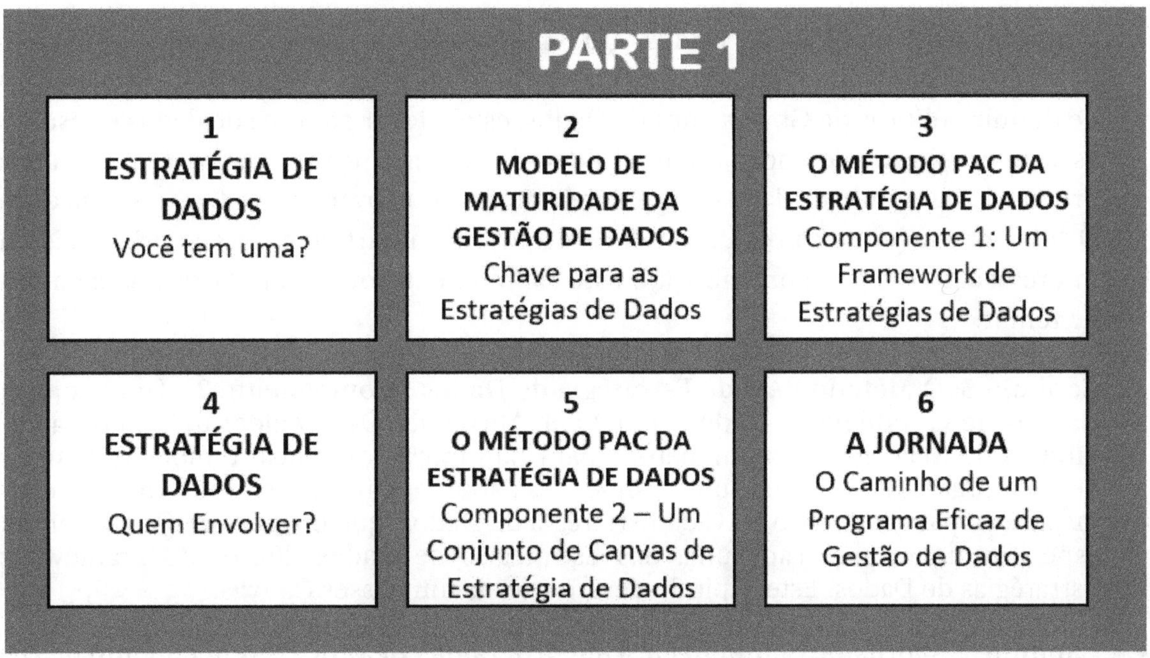

Figura 7- Mapa do livro da Parte 1

- **Capítulo 1: Estratégia de Dados: Você tem uma?** O capítulo de abertura prepara o cenário para o **Método PAC de Estratégia de Dados** . Ele apresenta várias definições de estratégia que inspiraram o método descrito neste livro e estabelece o nível da definição de Estratégia de Dados usada aqui. Este capítulo explora a maturidade percebida das organizações em relação à Estratégia de Dados, fazendo referência a estudos existentes, incluindo um conduzido pelo autor em colaboração com uma universidade no México, para entender o estado atual do Gerenciamento de Dados e sua relação com a Estratégia de Dados na América Latina.

- **Capítulo 2: Modelo de Maturidade do Gerenciamento de Dados: Chave para as Estratégias de Dados.** O principal objetivo das Estratégias de Dados é levar a organização de seu estado atual para um estado desejado. Uma questão crucial é saber qual é o estado desejado. É aqui que o uso de um Modelo de Maturidade de Gerenciamento de Dados é fundamental para entender quais recursos estão em vigor e quais devem ser implementados. Este capítulo aborda a relevância dos Modelos de Maturidade de Gerenciamento de Dados baseados em capacidades e sua função na orientação das Estratégias de Dados.

- **Capítulo 3: O método PAC de Estratégia de Dados: Componente 1 - O Framework de Estratégias de Dados.** Uma das mensagens essenciais deste livro é que a Estratégia de Dados não é um conceito no singular, mas no plural. Este capítulo descreve as diferentes Estratégias de Dados que devem ser desenvolvidas para que uma organização obtenha mais valor de seus dados. Ele também descreve como essas estratégias se relacionam entre si e com outras Estratégias de Negócios e de TI da organização.

- **Capítulo 4: Estratégias de Dados: Quem deve ser envolvido.** A função do líder de Governança de Dados evoluiu nos últimos anos. A responsabilidade dessa função vai além de definir políticas de Governança de Dados, estabelecer padrões de dados e resolver ou escalar problemas de dados. O atual líder de Governança de Dados é muito ativo na promoção da cultura de dados e na garantia de que as Estratégias de Dados sejam eficazes. O líder de Governança de Dados deve orquestrar a participação das principais partes interessadas em toda a organização. Este capítulo descreve como fazer isso sem morrer de tentar.

- **Capítulo 5: O Método PAC de Estratégia de Dados : Componente 2 - Um conjunto de Canvas de Estratégia de Dados** . Em 2005, Alexander Osterwalder definiu o Canvas do Modelo de Negócio como um método para capturar e comunicar o modelo de negócios de uma organização em um único slide. Essa abordagem foi uma fonte fundamental de inspiração para o Método PAC de Estratégia de Dados, que propõe um Canvas projetado especificamente para cada uma das Estratégias de Dados dentro do Framework de Estratégias de Dados. Este capítulo descreve cada um desses Canvas.

- **Capítulo 6: A jornada: Caminho para um programa eficaz de Gerenciamento de Dados.** Este capítulo explica o caminho para um programa eficaz de Gerenciamento de Dados, começando com uma pergunta comum feita por pessoas envolvidas com esse trabalho: Por onde começar?

No final de cada capítulo, você encontrará três itens de encerramento

Conceitos-chave

Três coisas para se ter em mente

Uma entrevista sobre Estratégia de Dados

1. Estratégia de Dados: Você tem uma?

A essência da estratégia é escolher o que não fazer.

Michael Porter

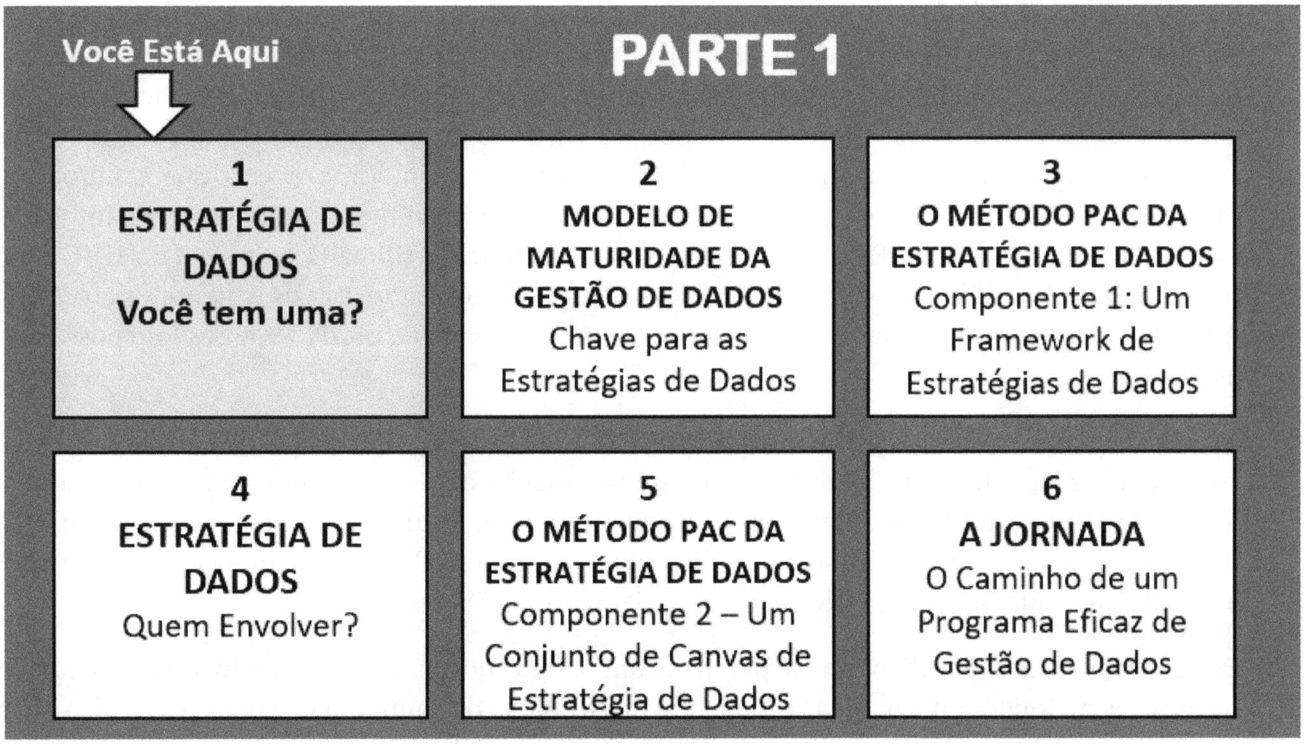

1.1. O papel do Gerenciamento de Dados na era da transformação digital

Em 2012, me envolvi profundamente com o Gerenciamento de Dados quando a gerência me pediu para criar o primeiro escritório de Governança de Dados na organização à qual dediquei 32 anos de minha vida profissional.

[8] Por causa da crise financeira de 2008, tive a oportunidade de iniciar minha jornada no Gerenciamento de Dados depois de vários anos tentando promover a disciplina de arquitetura corporativa e implementando a governança de arquitetura. Para me preparar melhor para a implementação da prática de Governança de Dados, participei pela primeira vez da Conferência EDW (Congresso Mundial de Dados Corporativos), onde tomei conhecimento da DAMA International. Desde então, dediquei uma quantidade significativa de tempo como voluntária para divulgar a importância do Gerenciamento de Dados.

Convencida de que essa é uma jornada contínua em que nunca paramos de aprender, participo regularmente de eventos relacionados a dados. Os palestrantes costumam comentar sobre o crescimento explosivo dos dados nos últimos anos. Em minhas primeiras apresentações, citei estatísticas afirmando que a IDC[8] estimou o crescimento de dados globalmente para 2020 em 44 ZB (zettabytes). Em março de 2021, a IDC publicou suas previsões anuais DataSphere e StorageSphere[9] , medindo a quantidade de dados criados, consumidos e armazenados anualmente. Em 2020, 64.2 ZB foram criados, 45% a mais do que o esperado em sua previsão anterior em 2019. A pandemia da COVID-19 causou esse aumento imprevisto, que resultou em mais pessoas trabalhando, aprendendo e se divertindo remotamente e comprando produtos on-line, de acordo com Dave Reinsel , vice-presidente sênior da GlobalDataSphere da IDC. Esse relatório também indica que menos de 2% desses novos dados foram salvos e mantidos até 2021. A reflexão é que produzir ou coletar grandes volumes de dados é inútil, a menos que possamos usá-los.

Desde o início, precisamos ter processos transparentes para entender os dados, proteger dados confidenciais e garantir que os dados sejam de boa qualidade. Essa é a única maneira de contar histórias reais a partir dos dados coletados. Podemos conseguir tudo isso por meio de uma prática formal de Gerenciamento de Dados. Infelizmente, o aumento dos dados contrasta com o ritmo lento com que adotamos as práticas de Gerenciamento de Dados.

Em 2017, a revista The Economist publicou um artigo intitulado "The world's most valuable resource is no longer oil, but data" (O recurso mais valioso do mundo não é mais o petróleo, mas os dados), que tornou a frase de efeito "Data is the new Oil " (Os dados são o novo petróleo) familiar para todos nós. Desde então, muitos artigos e discussões tentaram definir se os dados são realmente o novo petróleo e se vale a pena comparar os dados com o petróleo, que não é renovável, enquanto os dados continuam crescendo.

---

[8] Financial crisis of 2007-2008 https://bit.ly/3yUEkNK; 2008 Financial Crisis https://bit.ly/3ySiiva; The Collapse of Lehman Brothers: A Case Study https://bit.ly/3NBEy0F

International Data Corporation https://www.idc.com/

[9] DataSphere global em todo o mundo Forecast, 2021-2025 https://www.hardmanwell.com/products/worldwide-global-datasphere-forecast-2021-2025-the-world-keeps-creating-more-data-now-what-do-we-do-with-it-all

Muitos dizem que os dados são um ativo estratégico da empresa, mas nem sempre são tratados como tal na prática da vida real. Os motivos pelos quais não tratamos os dados como um ativo estratégico são capturados com muita clareza no *Manifesto de dados do líder* (Manifesto, 2016) ,[10] uma leitura obrigatória para todos os líderes das organizações, inclusive os líderes de dados, que devem digeri-lo e discuti-lo com suas equipes para entender a relevância dos dados.

Duas palavras da moda invadiram as conferências e as redes profissionais especializadas nos últimos anos: *Transformação Digital* e *Orientada por Dados* . Mas esses conceitos não são novos. A transformação digital teve início no final da década de 1990, quando a automação de processos começou e o uso da Internet se expandiu.[11] Podemos encontrar referências a atividades ou decisões apoiadas por dados em vez de intuição, conceito conhecido como "Data Driven", nos últimos 15 anos. Podemos ver o termo aplicado ao aprendizado ou a qualquer processo específico quando ele é orientado por dados. Porém, nos últimos anos, a maioria das organizações estabeleceu como meta se tornar orientada por dados, o que significa que elas tentam usar os dados para impulsionar a tomada de decisões e outras atividades relacionadas de forma eficiente e em tempo real.[12]

Quanto à transformação digital , que a pandemia da COVID-19 acelerou, ainda não há um entendimento completo do que ela significa. Podemos dar uma olhada em uma definição primária: "*Transformação digital* é a adoção da tecnologia digital por uma empresa. Os objetivos comuns de sua implementação são melhorar a eficiência, o valor ou a inovação" (Wikipedia, 2022) . Uma definição mais útil vem da TechTarget: "*Transformação digital* é a incorporação de tecnologias baseadas em computador nos produtos, processos e estratégias de uma organização. As organizações realizam a transformação digital para se envolver melhor e atender sua força de trabalho e seus clientes e, assim, melhorar sua capacidade de competir" (TechTarget, 2022) . Entretanto, a transformação digital é mais do que apenas adotar uma nova tecnologia digital para vender produtos ou serviços on-line. Ela também envolve o ajuste do modelo de negócios, dos processos internos e da cultura organizacional. Além disso, para que a transformação digital seja bem-sucedida, é preciso gerenciar adequadamente uma grande quantidade de dados. Portanto, vejo o Gerenciamento de Dados como a base para o sucesso de qualquer iniciativa de transformação digital.

Durante uma aula de Introdução ao Gerenciamento de Dados que ministrei, um aluno me disse que via o Gerenciamento de Dados como a fundação de um edifício. Essa analogia fazia sentido devido à minha perspectiva de Arquitetura Empresarial e ao que é necessário para construir um edifício. A construção da fundação está entre as fases mais caras do processo de construção. No entanto, o alicerce não é percebido quando o edifício está completo, pois está coberto. As pessoas

---

[10] https://dataleaders.org

[11] Transformação digital Histórico https://bit.ly/3cww7q8

[12] O que é orientado por dados https://bit.ly/3cFtKB9

geralmente admiram a fachada de um edifício, seu design e funcionalidade, e o quanto ele é inteligente. Eu moro na Cidade do México, uma zona sísmica atingida por terremotos graves. Já testemunhei como edifícios novos e modernos desmoronaram por não terem fundações adequadas. Bem, a mesma coisa acontece com o Gerenciamento de Dados. Ele é caro e não se destaca. As disciplinas de Gerenciamento de Dados não brilham, mas podem fazer a diferença entre uma organização que cresce saudável e uma que luta para sobreviver e acaba desaparecendo.

A incerteza da economia e as mudanças inesperadas no comportamento dos consumidores têm sido motivações importantes para que as organizações incluam em seus objetivos estratégicos o objetivo de se tornarem organizações orientadas por dados. Os cientistas de dados trabalham em modelos de informação para fornecer insights sobre a organização e prever o comportamento dos clientes em relação aos produtos ou serviços oferecidos. As funções do Gerenciamento de Dados parecem estar longe dos empregos extravagantes e sensuais que os jovens buscam em torno da ciência de dados . Eles querem analisar dados usando algoritmos inovadores e ferramentas de ponta, como IA (Inteligência Artificial) e ML (Machine Learning). Entretanto, essas ferramentas e algoritmos não podem fazer seu trabalho a menos que tenham dados confiáveis. Ajudar a tornar os dados confiáveis é o trabalho do Gerenciamento de Dados. Dados mal gerenciados são arriscados e caros, mesmo que esses custos estejam em grande parte ocultos. Manter um programa de Gerenciamento de Dados ativo pode ser caro, mas não tê-lo pode levar a organização ao colapso. Portanto, a análise, relacionada ao consumo de dados, depende da qualidade dos dados fornecidos.

A cada dia, mais organizações estão dispostas a intensificar a análise avançada para obter valor de seus dados. No entanto, às vezes, elas não sabem as perguntas que querem responder. Uma afirmação difundida mundialmente nos últimos anos é que os cientistas de dados gastam mais de 80% de seu tempo coletando e limpando dados em vez de trabalhar no projeto e no treinamento de modelos de informações, aplicando a mágica de seus algoritmos. [13] O fato é que eles gastam muito tempo e esforço para encontrar, limpar e entender os dados devido à falta de metadados .

Há algumas semanas, ao conversar com meu sobrinho que estava fazendo um curso de bacharelado em ciência de dados , fiquei surpresa ao saber que eles tinham um curso de qualidade de dados em seu programa. No início, fiquei feliz, mas depois percebi que a universidade estava normalizando o fato de que os cientistas de dados precisam lidar com a limpeza de dados em vez de criar programas para preparar profissionais de Gerenciamento de Dados. A ideia relevante aqui é que, para que os cientistas de dados façam seu trabalho e contem histórias verdadeiras, as organizações devem adotar formalmente todas as disciplinas de Gerenciamento de Dados para

[13] Encontrei um artigo interessante que analisa todos os diferentes estudos sobre esse assunto, afirmando que os cientistas de dados não gastam nem 80% de seu tempo limpando dados. Talvez haja um problema de qualidade de dados relacionado à medição desse conceito? Os cientistas de dados gastam 80% de seu tempo limpando dados? Acontece que não? https://bit.ly/3lJBF1H

coletar, produzir, preservar, documentar, proteger e fornecer dados que atendam à finalidade das diferentes partes interessadas da organização. É por isso que o Gerenciamento de Dados é a base para iniciativas bem-sucedidas de transformação digital e orientadas por dados.

A pesquisa de novembro de 2018 da BARC sobre monetização de dados mostrou que 40% das 200 organizações pesquisadas estavam executando um projeto de monetização de dados ou já haviam começado a monetizar os dados por meio da melhoria dos processos internos. [14] Isso contrasta com o fato de apenas 6% das organizações se referirem à monetização de dados por meio da criação de novas linhas de negócios. Mas a parte mais reveladora desse estudo foi que 56% dos entrevistados disseram que a falta de qualidade dos dados era um desafio constante na busca pela monetização de dados. E aqui está novamente o ponto que liga o consumo de dados à prática efetiva do Gerenciamento de Dados.

1.2. Como as organizações percebem a Estratégia de Dados?

A Estratégia de Dados está ganhando seu próprio espaço no mundo dos dados. Podemos encontrar vários artigos e livros relacionados a esse conceito. Até mesmo conferências internacionais como EDW e DGIQ incluem uma trilha dedicada à Estratégia de Dados. A maior parte da literatura sobre Estratégia de Dados trata da explicação de **O QUE** é, enquanto outros incluem **POR QUE** é tão importante ter uma. Ainda assim, muito pouca tinta e muito poucas teclas ajudam a explicar **COMO** produzir uma Estratégia de Dados que atenda às necessidades da empresa de forma priorizada. Estratégia de Dados

Enquanto me preparava para minha participação no DGIQ 2021, procurei estatísticas sobre como as organizações estavam fazendo Estratégias de Dados. Embora não tenha encontrado exatamente o que estava procurando, encontrei um estudo interessante do BARC sobre o impacto dos silos de dados. [15] Em resposta a perguntas sobre os desafios culturais e organizacionais que influenciam a existência de silos de informações, 42% dos entrevistados disseram que a falta de comunicação era o desafio mais crítico a ser resolvido para reduzir os silos de dados, e 30% disseram que era a falta de Estratégia de Dados.

A maioria dos estudos sobre Gerenciamento de Dados inclui apenas organizações da Europa, Ásia-Pacífico ou América do Norte (Canadá e EUA). Poucos tentam entender como as organizações latino-americanas adotam o Gerenciamento de Dados. Por isso, quando me pediram para participar de uma universidade no México, a UPAEP (Universidad Popular Autonoma del

---

[14] Business Application Research Center https://barc-research.com/ . Pesquisa do BARC constata que a monetização de dados está nos estágios iniciais de adoção, mas está se expandindo https://bit.ly/3LMyCAv/

[15] BARC: Infografics - "DATA Black Holes" https://bit.ly/3sWK5qm

Estado de Puebla), na elaboração e implementação de um estudo sobre o estado atual do Gerenciamento de Dados na América Latina, concordei com prazer. Propus a expansão do escopo para pesquisar como o Gerenciamento de Dados estava relacionado à Estratégia de Dados. Os resultados dessa pesquisa serão apresentados no final deste capítulo.

Mesmo antes de obter dados concretos sobre a América Latina, construí uma imagem do que estava acontecendo com o gerenciamento e a Estratégia de Dados na região.

O interesse pelo Gerenciamento de Dados tem aumentado nos últimos anos. A maioria das organizações presta mais atenção aos dados porque trabalha em setores regulamentados (finanças, seguros, saúde) ou porque teve experiências ruins com dados de baixa qualidade. Elas estão contratando pessoas para funções específicas de dados e investindo grandes quantias em tecnologias de ponta e serviços profissionais. Estão implementando lagos de dados e plataformas MDM (Gestão de Dados Mestres) e adotando IA (Inteligência Artificial) para fazer com que os dados "falem" e contem histórias.

Como consultora, converso bastante com pessoas que lideram programas de Governança de Dados. Quando falo sobre a importância da Estratégia de Dados, ouço duas respostas comuns: "Ah, já temos uma Estratégia de Dados " ou "Estou trabalhando nisso; foi por isso que me contrataram". Indo mais a fundo, geralmente descubro que as organizações não têm uma Estratégia de Dados, pelo menos não uma estratégia holística e eficaz. Uma Estratégia de Dados é holística quando abrange as necessidades de toda a organização e leva em conta os requisitos de cada unidade organizacional. Uma estratégia eficaz requer o envolvimento de representantes da organização em sua definição. Se eles não estiverem envolvidos, a estratégia poderá ter características que a tornem menos eficaz. Os profissionais de Gerenciamento de Dados compartilharam comigo características comuns de estratégias ineficazes. Por exemplo:

- **Orientação técnica:** Organizações com documentos de Estratégia de Dados, incluindo diagramas de arquitetura, que são orientados para a tecnologia e focados na mudança para plataformas relacionadas a dados.

- **Falta de alinhamento com as metas comerciais:** Organizações com estratégias documentadas para adquirir, ingerir e consumir Big Data, mas que não estão alinhadas com as principais necessidades e prioridades dos negócios.

- **Falta de atenção aos dados de origem:** Organizações em que o interesse nos dados está centrado na adoção de plataformas de análise avançada para produzir modelos de informações preditivas sem definir claramente os domínios, as fontes e as prioridades dos dados.

- **Sem plano de melhoria:** Os líderes de Governança de Dados informam que não precisam de mais avaliações, pois já passaram por várias, mas ainda não usam um modelo de maturidade de Gerenciamento de Dados para orientar suas ações relacionadas a dados.

- **O projeto técnico não leva em conta os objetivos comerciais**: As organizações que pretendem ser centradas no Data Warehouse não entendem por que seu repositório de dados não é amplamente utilizado quando se descobre que seu design não atende aos objetivos estratégicos do negócio.

- **Falta de conhecimento da Estratégia de Negócios**: Nem mesmo a Estratégia de Negócios é conhecida.
    - Não existe uma Estratégia de Dados formalmente documentada, mas um projeto de MDM de Clientes (Gestão de Dados Mestres) está em andamento porque outras organizações do setor estão fazendo o mesmo. Ainda assim, não há problemas evidentes de duplicidade de clientes.
    - Organizações com alta eficiência no Gerenciamento de Metadados , mas os líderes de dados não sabem o que fazer em seguida.
    - Organizações que vivem a terceira ou quarta tentativa de implementar a Governança de Dados, depois de experiências fracassadas, e censuram termos específicos: "*Por favor, não mencione a administração*".

- **A Estratégia de Dados existe, mas não é usada:** Organizações em que, caso exista uma Estratégia de Dados, ela não é usada para orientar e priorizar as ações relacionadas aos dados ou gerenciar as expectativas do Gerenciamento de Dados em toda a organização.

Alguma dessas coisas lhe parece familiar? Olhe para dentro de sua organização neste momento. Você tem uma Estratégia de Dados em vigor? Ela está acessível a todos na organização que possam estar interessados? É fácil de ler e entender? Ela é usada para orientar ações e gerenciar expectativas sobre o Gerenciamento de Dados? É um documento ativo que é atualizado quando necessário? As principais partes interessadas da organização o definem? Ele é considerado parte do planejamento estratégico anual de negócios da empresa? Se sua resposta foi positiva para todas essas perguntas, parabéns! Sua organização é um desses casos raros, e talvez seja melhor parar de ler aqui. Entretanto, se você respondeu "não" a pelo menos uma pergunta, talvez valha a pena continuar lendo. E você não estará sozinho. Uma pesquisa executiva realizada em 2021 pela New Vantage Partners, na qual os setores com uso intensivo de dados da estavam fortemente representados, mostrou que apenas 30% das organizações de primeira linha expressaram ter uma Estratégia de Dados articulada.[16]

Baseei a pesquisa que propus à Universidade UPAEP na seguinte declaração de problema e hipótese:

Apesar da existência de vários Framework de Gerenciamento de Dados e da crescente conscientização das empresas de que devem adotar uma prática formal para o gerenciamento e

---

[16] 10 razões pelas quais sua organização ainda não é orientada por dados https://bit.ly/3wScRcT

o cuidado com seus dados, geralmente expressa como uma prática de Governança de Dados, parece que ainda não foi atingido um nível de maturidade tal que o valor esperado do chamado "ativo estratégico" possa realmente ser obtido. As referências a estudos exploratórios nessa área geralmente se concentram nos mercados europeu e anglo-saxão, deixando de lado a realidade da América Latina. É cada vez mais comum ouvir as empresas expressarem frustração em relação a práticas ineficazes de Governança de Dados quando investem em plataformas tecnológicas propostas como a panaceia para o gerenciamento e a exploração de dados. No entanto, elas não obtêm o benefício esperado.

Hipótese : A falta de uma Estratégia de Dados abrangente é um obstáculo para a obtenção de resultados eficazes na implementação do Gerenciamento de Dados.

O estudo foi intitulado ***"Situación de la Gestión de Datos y su Vinculación con la Estrategia de Datos en América Latina"*** (Situação atual do Gerenciamento de Dados e sua relação com a Estratégia de Dados na América Latina). A pesquisa foi realizada em colaboração entre a Universidade UPAEP e a SEGDA, uma empresa de consultoria focada em Estratégia de Dados e Modelos Operacionais de Gerenciamento de Dados.[17]

Realizado pela primeira vez em 2022, o estudo para rastrear como a maturidade do Gerenciamento de Dados é percebida na América Latina será repetido anualmente. Naturalmente, esse primeiro estudo sobre estratégia e Gerenciamento de Dados na América Latina será de interesse dos países dessa região. Aqueles que estão em outras partes do mundo, especialmente organizações com unidades de negócios em vários países e, mais importante, aqueles com negócios atuais ou esperados nessa região, também se beneficiarão das descobertas que podem orientar suas Estratégias de Dados. Abaixo está o resumo executivo das descobertas:

- Este primeiro ano teve um bom nível de penetração com 126 respostas, com predominância de respostas do México (40%), Colômbia (14%), Argentina (8%), Chile (8%), Peru (8%) e Equador (7%). Os 15% restantes foram compostos por 7 países.
- Os setores mais presentes nas respostas foram Financeiro: (25%), Governo (17%) e Tecnologia da Informação (12%), seguidos por Educação, Consultoria, Seguros, Telecomunicações, Varejo, Energia e Agroindustrial.
- Os entrevistados eram principalmente gerentes de áreas focadas em dados (31%), seguidos por gerentes de TI (13%) e áreas de negócios (11%). Apenas 10% dos entrevistados tinham um cargo de nível C em sua organização.

[17] Situação da gestão de dados e sua vinculação com a estratégia de dados na América Latina https://bit.ly/3oM7Fnt

Tabela 1Resultados da pesquisa sobre gerenciamento e Estratégia de Dados na América Latina

Resultados da pesquisa na América Latina		
Estratégia de Dados	Até que ponto a Estratégia de Dados é desenvolvida e usada nas organizações?	O maior grupo de entrevistados (46%) informou que sua Estratégia de Dados está em desenvolvimento. Esse número demonstra um interesse significativo nesse tópico, bem como a consciência de sua relevância. Desses, 12% indicam que o alinhamento com os negócios está contemplado, mas apenas 9% dizem que a Estratégia de Dados é usada para priorizar as atividades de Gerenciamento de Dados e 8% relatam que a Estratégia de Dados é usada para priorizar o desenvolvimento da Governança de Dados. 32% dos entrevistados indicaram que sua organização tem uma Estratégia de Dados aprovada.
Framework	Qual é o nível de conhecimento dos recursos existentes?	Os resultados mostram claramente que o Framework da DAMA é a mais conhecida na região (55%), seguida pela DCAM, com 22%, e pela DMM (Data Management Maturity Model[18]), com 11%. É interessante observar que 13% relataram não estar familiarizados com nenhum Framework de Gerenciamento de Dados, o que mostra que ainda há muito a ser evangelizado.

[18] Modelo de maturidade do gerenciamento de dados Introdução

https://cdn.ymaws.com/www.globalaea.org/resource/collection/68814379-BF7E-41C8-B152-18A617F9C0AA/Data_Management_Maturity_Model_Introduction_-_Dec_12_2014.pdf

Resultados da pesquisa na América Latina		
Obstáculos à Governança Eficaz de Dados	Qual é o principal obstáculo na implementação da Governança de Dados?	Muitos entrevistados reconheceram a necessidade da Governança de Dados para ajudar a resolver problemas relacionados aos dados. Há uma crença generalizada de que é difícil convencer a gerência sênior a investir nos esforços de Governança de Dados. No entanto, apenas 12% dos entrevistados se referem a uma gerência sênior não convencida como um obstáculo para a implementação da Governança de Dados; 31% dizem que o principal obstáculo é a falta de compreensão da Governança de Dados e 20% indicam que o principal obstáculo é a falta de uma Estratégia de Dados clara e abrangente.
Maturidade do Gerenciamento de Dados	Qual é o nível de maturidade percebido?	A maioria das organizações começa a criar suas Disciplinas de Gerenciamento de Dados uma de cada vez. Muitas vezes, elas são motivadas por pressões regulatórias e pela necessidade de trocar informações. É por isso que a Segurança, o Armazenamento e a Arquitetura de Dados costumam ser mais maduros do que as outras disciplinas. No entanto, há uma consciência da necessidade de articular todas as disciplinas, confirmada pelo nível de maturidade percebido da Governança de Dados, que é o quarto mais alto. O que surpreende é o fato de a Qualidade dos Dados estar em oitavo lugar de prioridade e os Metadados em nono lugar, já que ambos são necessários para uma compreensão melhor e mais ágil dos dados.

Resultados da pesquisa na América Latina		
Cultura de dados	Qual é a abrangência do entendimento do Gerenciamento de Dados?	44% dos entrevistados reconhecem esforços significativos para disseminar a importância dos dados e seu gerenciamento adequado em suas organizações. No entanto, apenas 8% indicam que têm uma linguagem comum para descrever o Gerenciamento de Dados e sua relevância. Isso reforça o fato de que 31% afirmam que o principal obstáculo para a implementação bem-sucedida da Governança de Dados é a falta de conhecimento sobre ela. Isso nos diz que ainda há uma necessidade na região da América Latina de fortalecer os programas educacionais em Gerenciamento de Dados.
Análise de dados	Qual é o vínculo com o Gerenciamento de Dados?	32% dos entrevistados disseram reconhecer uma prática estabelecida de análise em suas organizações. Entretanto, apenas 10% indicaram que a prática estava totalmente implementada e operando em toda a organização (um indicador de uma organização orientada por dados). 50% dos entrevistados afirmaram ter evidências da contribuição dos modelos de informações para o cumprimento dos objetivos estratégicos. Notavelmente, 31% dos entrevistados relataram uma ligação entre o Gerenciamento de Dados e a análise de dados em suas organizações. Em 8% dos casos, ambas as práticas são lideradas pela mesma pessoa.

Os entrevistados foram muito generosos ao responder a duas perguntas abertas sobre o impacto percebido da Estratégia de Dados e os benefícios de uma Estratégia de Dados nos casos em que a prática de Gerenciamento de Dados foi parcial ou totalmente implementada.

O balanço indica uma forte conscientização dos benefícios de ter uma Estratégia de Dados em relação aos vários impactos negativos de não ter uma. Por exemplo, os altos custos associados a esforços isolados ou duplicados e o investimento em plataformas tecnológicas subutilizadas.

Os resultados da América Latina são muito semelhantes aos relatados pela New Vantage Partners em sua pesquisa com executivos de 2021, pelo menos no que diz respeito à existência da Estratégia de Dados (32% na América Latina vs. 30% no estúdio da New Vantage Partners). Quando perguntados sobre o principal obstáculo à implementação de uma Governança de Dados eficaz, 30% disseram que era a falta de compreensão tanto da Governança de Dados quanto da Estratégia de Dados (o que significa que é necessário mais treinamento). A falta de uma Estratégia de Dados foi o principal obstáculo relatado por 20% dos entrevistados. Esses resultados implicam que as pessoas que trabalham com gerenciamento e Governança de Dados se beneficiarão ao aprender a formular e usar Estratégias de Dados.

1.3. Um bom ponto de partida: O que é uma estratégia?

Vamos começar com uma definição: O que é uma estratégia? Eu diria que é o que você precisa para vencer um jogo. Uma de minhas melhores lembranças de infância é jogar "tic tac toe" com meu pai. Eu gostava, mas era muito frustrante para mim não conseguir vencer. Então, meu pai me ensinou uma estratégia que fez a diferença. Agora percebo que qualquer pessoa pode jogar um jogo apenas conhecendo as regras, mas vencer requer estratégia, prática e disciplina.

Meu primeiro projeto como consultora foi em uma grande e bem estabelecida empresa de entretenimento. Eles haviam trabalhado com diferentes consultorias para definir uma Estratégia de Dados sólida, mas não estavam satisfeitos com o resultado. Portanto, minha primeira tarefa foi ajudá-los a definir sua Estratégia de Dados. Naquele momento, eu poderia dizer se algo que eu via não era uma Estratégia de Dados, mas não sabia como deveria ser uma Estratégia de Dados eficaz, então comecei a pesquisar. Encontrei alguns livros e artigos com títulos interessantes que me diziam o que é uma Estratégia de Dados e por que é importante ter uma, mas eu precisava de algo que me ajudasse a produzi-la.

Embora o termo *estratégia* tenha origem militar, sua aplicação se expandiu ao longo do tempo. Em meados da década de 1960, ele foi aplicado pela primeira vez aos negócios por Igor Ansoff. [19] O Dicionário Cambridge diz que *estratégia* é "um plano detalhado para obter sucesso em situações como guerra, política, negócios, indústria ou esporte, ou a habilidade de planejar tais situações". De acordo com a DAMA , *estratégia* é "um conjunto de decisões que estabelecem uma direção e definem uma abordagem para resolver um problema ou atingir uma meta" (DAMA International, 2010) .

Entretanto, não pretendo apresentar definições que você mesmo pode encontrar. Em vez disso, vou me concentrar naquelas que chamaram minha atenção e que definiram o contexto da Parte 2 deste livro, o Ciclo da Estratégia de Dados , como o componente do **Método PAC de Estratégia de Dados** dedicado à implementação.

---

[19] Igor Ansoff, matemático russo-americano, criou o termo "estratégia" para os negócios. https://bit.ly/3yXtlDe

A primeira definição que chamou minha atenção foi a de Rich Horwath: "Estratégia não é aspiração. Estratégia não é a melhor prática. Estratégia é a **alocação inteligente de recursos** por meio de um sistema único de atividades para atingir um objetivo". [20] Essa definição se aplica ao mundo dos dados. Já vi Estratégias de Dados que descrevem o estado final desejado ou as melhores práticas e padrões do setor a serem adotados. Ainda assim, se essas estratégias não priorizarem o que fazer ou não levarem em conta as pessoas designadas para chegar ao estado desejado, elas não são realmente estratégias.

Peter Aiken e Todd Harbour propõem uma excelente definição: "Estratégia é a **orientação de mais alto nível** disponível para uma organização, concentrando as atividades na **realização de metas articuladas** e fornecendo direção e orientação específica quando confrontada com um fluxo de decisões ou incertezas." Esse conceito se traduz naturalmente em uma definição de **Estratégia de Dados: A Estratégia de Dados** é a orientação de mais alto nível disponível para uma organização, concentrando as atividades relacionadas a dados na **realização de metas de dados** articuladas e fornecendo direção e orientação específica quando confrontada com um fluxo de decisões ou incertezas" (Aiken & Harbour, 2017) .

Donna Burbank, reconhecida estrategista de dados, afirma: "Uma Estratégia de Dados requer uma **compreensão das necessidades de dados inerentes à Estratégia de Negócios**" (DATAVERSITY, 2021) .[21] Esse insight revela por onde devemos começar ao definir uma Estratégia de Dados: primeiro, conhecer a Estratégia de Negócios. Embora isso possa parecer óbvio, a Estratégia de Negócios não é publicada ou amplamente conhecida em muitas organizações. Isso não significa, entretanto, que ela não exista. Toda organização tem uma estratégia, não importa quão básica ela seja. Entretanto, às vezes, ela existe apenas na mente de uma pessoa ou em um número limitado de pessoas. Para definir uma Estratégia de Dados, é essencial entender as necessidades comerciais dos dados. Expressar essas necessidades não é fácil, assim como não é fácil criar um consenso sobre os requisitos e como priorizá-los.

Ian Wallis discute a diferença entre Estratégia de Dados defensiva e ofensiva . Por exemplo, muitas organizações começam com uma visão defensiva para atender aos requisitos de conformidade. À medida que amadurecem suas práticas de Gerenciamento de Dados, algumas podem passar para uma posição ofensiva, tornando o Gerenciamento de Dados parte do negócio como de costume. Essa mudança as posiciona para obter valor de seus dados (Wallis, 2021) .

---

[20] Instituto de Pensamento Estratégico https://www.strategyskills.com/what-is-strategy/

[21] https://www.linkedin.com/in/donnaburbank/ Estratégia global de dados https://globaldatastrategy.com/

Em uma entrevista de maio de 2022, o guru do Gerenciamento de Dados Bill Inmon compartilhou seu entendimento sobre a relação entre estratégia e Arquitetura de Dados (consulte o final deste capítulo para ver a entrevista completa):

"Suponha que você esteja em um navio. Você está no meio do Pacífico. A estratégia lhe diz que você precisa dirigir o navio de forma significativa. Caso contrário, você nunca chegará aonde está indo.

Arquitetura de Dados é como uma bússola ou um mapa. Com a Arquitetura de Dados, você sabe para onde está indo.

Você precisa de AMBAS as estratégias: pilotar o navio e o mapa e a bússola para lhe dizer qual é o rumo certo. Sem um mapa, você não sabe para onde está indo."

Ao discutirmos as Estratégias de Dados, primeiro precisamos pensar horizontalmente e levar em conta as unidades da organização (todas as linhas de negócios, serviços compartilhados como finanças, jurídico, conformidade, RH, TI etc.). Essa visão horizontal ajuda a identificar e priorizar as questões comerciais, os pontos problemáticos relacionados aos dados e as motivações. Em seguida, podemos pensar verticalmente ao selecionar uma unidade de negócios com a qual trabalhar; precisamos identificar processos de negócios relacionados, domínios de dados, fontes de dados e iniciativas estratégicas relacionadas. Essas diferentes visões fornecem um mapa da organização e de suas necessidades. Uma Estratégia de Dados oferece uma maneira tangível de gerenciar as expectativas relacionadas ao Gerenciamento de Dados e à Governança de Dados (porque muitas pessoas não entendem esses conceitos). As Estratégias de Dados ajudam a descrever o que fazer primeiro, com quais unidades organizacionais e com quais dados, processos ou relatórios.

Organizações diferentes definirão Estratégias de Dados com escopos diferentes. Algumas se concentram na adoção de novas tecnologias, outras na aquisição de dados. Algumas consideram toda a empresa, enquanto outras se concentram em uma área específica da organização. Proponho começar com uma ***Estratégia de Dados holística*** definida por representantes de toda a organização. Esse grupo deve entender os problemas relacionados aos negócios e aos dados em cada parte da organização.

Uma Estratégia de Dados holística apresenta uma visão horizontal da organização e de seus dados. Com essa visão estabelecida, passe para as verticais. Escolha um objetivo estratégico de negócios e analise as diferentes funções de Gerenciamento de Dados que dão suporte ao objetivo (Estratégia de Governança de Dados , Estratégia de Qualidade de Dados, Estratégia de Arquitetura de Dados, Estratégia de TI , etc.). Isso produz um conjunto de Estratégias de Dados, cada uma com um foco e escopo específicos, mas todas relacionadas por meio de sua conexão com a estratégia geral de negócios e seus objetivos comuns. Descrevemos essa abordagem no Capítulo 3.

Com tudo isso em mente, formulei a seguinte definição, que usaremos ao longo do livro:

As Estratégias de Dados são a orientação de mais alto nível em uma organização sobre a alocação inteligente de recursos para trabalhar de forma integrada a fim de atingir as metas relacionadas aos dados e contribuir para alcançar os objetivos estratégicos do negócio.

1.4. O que devemos esperar encontrar em uma Estratégia de Dados?

Quando comecei a trabalhar na Estratégia de Dados , pesquisei o que uma Estratégia de Dados deveria incluir. Não havia um acordo padrão. Algumas publicações discutiam o fato de as Estratégias de Dados terem cinco ou mais componentes principais, com esses componentes relacionados a como adquirir, integrar, proteger, armazenar, processar e analisar seus dados. Outras incluíam o lado das ferramentas da história e a propriedade dos dados e das ferramentas. Alguns Frameworks de Estratégia de Dados vieram de plataformas relacionadas a dados ou ferramentas de software, tornando as Estratégias de Dados muito orientadas para a tecnologia. É por isso que não é surpreendente encontrar esse tipo de estratégia em muitas organizações. Trabalhos recentes ajudaram a esclarecer a abordagem. Peter Aiken e Todd Harbour discutem cinco componentes críticos da Estratégia de Dados: visão de dados, meta de dados, objetivos de dados, estratégias de apoio e iniciativas críticas (Aiken & Harbour, 2017). Ian Wallis afirma que a Estratégia de Dados deve abranger o Gerenciamento de Dados, incluindo a exploração de dados estruturados e não estruturados (Wallis, 2021). Wallis também considera a geração de relatórios, a análise, o insight e o gerenciamento do conhecimento como parte da Estratégia de Dados. Michelle Knight descreve os componentes de uma Estratégia de Dados bem desenvolvida (Knight, 2021) :

- Uma visão robusta de Gerenciamento de Dados
- Um caso/razão comercial sólido
- Princípios orientadores
- Objetivos de dados bem considerados
- Métricas e medições de progresso e sucesso
- Objetivos de curto e longo prazo
- Funções e responsabilidades adequadamente projetadas e compreendidas.

Isso é muito semelhante ao que **o Método PAC de Estratégia de Dados** considera ao criar as Estratégias de Dados. Uma Estratégia de Dados deve apresentar, no nível mais alto da organização, os elementos que permitem que todos os níveis da organização compreendam quais dados são necessários para apoiar os objetivos comerciais, em que ordem e quem deve agir. **O Método PAC de Estratégia de Dados** agrupa o conteúdo principal das Estratégias de Dados nos seis componentes a seguir:

1. Alinhamento à Estratégia de Negócios

2. Dados necessários
3. A justificativa para ter um programa de Gerenciamento de Dados
4. Princípios de dados
5. Priorização
    - Capacidades de Governança de Dados
    - Funções de Gerenciamento de Dados
    - Framework organizacional
    - Áreas de foco
    - KPIs
6. Parceiros

1. **Alinhamento à Estratégia de Negócios**: Como os dados darão suporte aos objetivos estratégicos e às motivações do Gerenciamento de Dados (por exemplo, ter informações precisas sobre insights de negócios e comportamento do cliente?). Uma boa Estratégia de Dados precisa contar a história de quais ações devem ser tomadas e em que ordem contribuir para o cumprimento dos objetivos estratégicos do negócio. Normalmente, é difícil para as pessoas de diferentes partes da organização entenderem por que uma equipe de Governança de Dados deve existir ou por que é necessário um líder de Gerenciamento de Metadados, por isso é importante ter uma maneira de mostrar, por exemplo, como o Gerenciamento de Metadados apoiará a melhoria da qualidade dos dados e, portanto, a experiência dos clientes.

2. **Dados necessários**: Uma Estratégia de Dados deve identificar quais dados são necessários para dar suporte aos objetivos comerciais e se esses dados existem na organização. Por exemplo, os dados necessários para responder às perguntas comerciais que os executivos podem fazer em um dia normal de trabalho. Os exemplos incluem locais de lojas com a menor lucratividade, quais produtos bancários os clientes com a maior lucratividade usam, experiências que os clientes compartilharam nas mídias sociais, demanda do call center e tempos de espera, e assim por diante. No nível mais alto, uma Estratégia de Dados identificará e priorizará os domínios de dados ou as entidades de dados para governança e gerenciamento. A identificação de conjuntos de dados e elementos de dados específicos virá mais tarde, quando se estiver trabalhando na estratégia da disciplina de Gerenciamento de Dados, como no caso da qualidade dos dados .

3. **Justificativa**: Por que os dados são necessários? Como os dados contribuem para os objetivos estratégicos da empresa e para os pontos problemáticos relacionados aos dados? Para começar a executar um programa de Gerenciamento de Dados ou para se tornar uma organização orientada por dados , precisamos identificar as motivações fundamentais e os benefícios de um melhor manuseio dos dados. Comportamentos desejáveis relacionados a dados que precisam ser expandidos por toda a organização (por exemplo, pessoas que relatam problemas de qualidade de dados, pessoas que consideram o impacto ético do uso de campos de dados confidenciais, disposição para compartilhar dados etc.) e comportamentos indesejáveis relacionados a dados (por exemplo, não documentar

fontes usadas para relatórios, não documentar metadados , não usar fontes de dados aprovadas etc.) também precisam ser descritos, juntamente com todos os problemas ou pontos problemáticos relacionados a dados.

4. **Princípios de dados**: A definição dos princípios a serem seguidos pela organização é um elemento central da Estratégia de Dados. Conforme explicado por Håkan Edvinsson , a não definição de princípios geralmente leva a uma dependência excessiva de regras, o que pode fazer com que os programas de Governança de Dados fracassem. Em sua abordagem não coercitiva à Governança de Dados (Edvinsson H. , 2020) , Håkan Edvinsson defende a governança por princípios em vez de impor regras.

5. **Priorização**: Como uma *estratégia* é "uma alocação inteligente de recursos", uma boa Estratégia de Dados deve priorizar os recursos de Governança de Dados e as funções de Gerenciamento de Dados. Os componentes de alta prioridade serão formalmente adotados e governados institucionalmente. Não entender o que deve ser governado primeiro pode causar conflitos, portanto, priorizar as ações relacionadas aos dados é fundamental para o sucesso da Estratégia de Dados. Os principais aspectos que devem ser priorizados são os seguintes:

    a) **Recursos de Governança de Dados** : A Governança de Dados é a função central do Gerenciamento de Dados. Ela deve orquestrar as outras disciplinas (por exemplo, Arquitetura de Dados , integração de dados, qualidade de dados , etc.) e habilitar os recursos organizacionais (por exemplo, definir políticas, gerenciar um glossário, gerenciar funções, comunicar o progresso, produzir painéis de KPI, etc.). A melhor maneira de entender os recursos necessários é seguir os recomendados por um Modelo de Maturidade de Gerenciamento de Dados formal (consulte o Capítulo 2). Esses recursos conectam o escopo de diferentes Estratégias de Dados (Estratégia de Gerenciamento de Dados, Estratégia de Governança de Dados , Estratégia de Qualidade de Dados , etc.), como veremos nos Capítulos 3 e 5.

    b) **Funções de Gerenciamento de Dados** : O Gerenciamento de Dados é a base de qualquer iniciativa relacionada a dados. A maioria das organizações tem algumas práticas de Gerenciamento de Dados; se não tiverem, não poderão operar. Mas essas práticas geralmente não são governadas formalmente ou suas práticas de governança não são oficialmente articuladas. Portanto, um componente essencial de uma Estratégia de Dados é a articulação formal das funções de Gerenciamento de Dados necessárias e a prioridade para abordá-las

    c) **Framework organizacional** : Um dos principais objetivos da Estratégia de Dados é priorizar a alocação de recursos. Um ponto crítico nessa questão é determinar quais funções e órgãos de governança são necessários para iniciar o processo. Uma organização que está lançando um programa de Gerenciamento de Dados pode começar pequena, com uma equipe central de Governança de Dados composta por um líder, um editor de políticas, um líder de gerenciamento de metadados e um analista de qualidade de dados. Usar um corpo diretivo existente para analisar e discutir assuntos relacionados a dados funciona melhor, inicialmente, do que criar vários conselhos. Depois, à medida que a maturidade se desenvolve, um Conselho de Governança de Dados formal pode ser lançado como um órgão permanente. Podemos adotar uma abordagem semelhante para a administração de dados. Comece com um grupo limitado de administradores de dados em tempo parcial no primeiro ano e, aos poucos, adicione administradores de dados em tempo parcial em diferentes unidades de negócios. Eventualmente, passe para um grupo de administradores de dados ou coordenadores de administração em tempo integral, conforme necessário.

d) **Áreas de foco:** A adoção de práticas de Gerenciamento de Dados não é apenas uma questão de estabelecer e desenvolver recursos. A Estratégia de Dados deve esclarecer a prioridade de governar diferentes unidades organizacionais ou linhas de negócios. Ela também deve especificar o que será governado (quais entidades ou domínios de dados, relatórios, processos etc.). O ideal é que essas áreas de foco estejam conectadas a iniciativas estratégicas que explorem os dados e contribuam para os objetivos comerciais.

e) **KPIs**: Por fim, precisamos saber se estamos indo bem e se as coisas estão funcionando de forma eficaz. Para cada estágio da Estratégia de Dados e cada componente priorizado, precisamos relatar o progresso, por meio de métricas e KPIs, para as funções priorizadas de Gerenciamento de Dados. O escopo e a complexidade dos KPIs mudam com o tempo, portanto, as decisões sobre o que medir também devem ser priorizadas.

6. **Parceiros**: Ao descrever a estratégia para a Governança de Dados ou qualquer outra função de Gerenciamento de Dados , é importante considerar como outras equipes ou unidades organizacionais podem se associar à equipe que executa a estratégia. É essencial envolver os principais participantes na definição e execução das Estratégias de Dados. Sua relevância deve ser explicitamente descrita em cada Estratégia de Dados.

1.5. Conceitos-chave

As Estratégias de Dados são a orientação de mais alto nível em uma organização sobre a alocação inteligente de recursos para trabalhar de forma integrada a fim de atingir as metas relacionadas aos dados e contribuir para alcançar os objetivos estratégicos do negócio.

1.6. Coisas para ter em mente

1. Para que uma organização tenha uma transformação digital bem-sucedida ou uma transformação orientada por dados , é necessário que haja uma prática formal e articulada de Gerenciamento de Dados.
2. Todos nós podemos tentar jogar qualquer jogo se tivermos as regras explicadas, mas só teremos sucesso com uma boa estratégia e treinamento contínuo. Isto se aplica ao jogo do Gerenciamento de Dados: precisamos de uma boa estratégia e de treinamento contínuo para ter sucesso como uma empresa orientada a Dados "Data Driven"
3. A Governança de Dados é uma função central de Gerenciamento de Dados responsável por articular outras funções de Gerenciamento de Dados. A existência de uma Estratégia de Dados leva a uma prática de Governança de Dados eficaz e bem-sucedida.

1.7. Entrevista sobre Estratégia de Dados

ESPECIALISTA ENTREVISTADO: **Bill Inmon**[22]
Bill Inmon , considerado o pai do Data Warehousing, é um grande arquiteto de dados, autor de best-sellers com mais de 30 títulos e fundador, presidente e CEO da Forest Rim Technology, que criou o primeiro software de ETL textual do mundo.

Com sua vasta experiência como consultor de inteligência de dados e, mais recentemente, no mundo da análise de texto, com que frequência você encontra uma Estratégia de Dados horizontal bem definida que orienta o trabalho relacionado a dados e responde à Estratégia de Negócios nas organizações de seus clientes?

Infelizmente, não com muita frequência. A maioria das organizações é liderada tecnicamente por fornecedores. Em alguns casos, os fornecedores dão bons conselhos e boas orientações. Mas, na maioria dos casos, a orientação dada pelo fornecedor é apenas um artifício para fazer vendas. Quando um fornecedor dá conselhos, você deve sempre se perguntar: a que propósitos o conselho dado está servindo? Em quase todos os casos, o fornecedor está apenas tentando vender mais do que está vendendo.

Em sua opinião, qual é o papel da Estratégia de Dados no sucesso ou no fracasso de uma iniciativa de transformação orientada por dados ?

---

[22] https://www.linkedin.com/in/billinmon/ https://en.wikipedia.org/wiki/Bill_Inmon

A Estratégia de Dados para uma organização é como o quarterback para um time de futebol americano. O time não vai longe sem um bom quarterback no comando. Há muitos aspectos e muitos problemas para implementar com sucesso uma Arquitetura de Dados. A pessoa responsável pela Estratégia de Dados precisa ter vários talentos e ser capaz de lidar com uma diversidade de problemas. Quando a Estratégia de Dados está associada a uma Arquitetura de Dados bem definida, a organização sabe em que direção deve seguir.

A Estratégia de Dados e uma Arquitetura de Dados bem definida são como um navio no oceano. Quando um navio não sabe qual é o seu destino, qualquer ajuste do leme é suficiente. Mas quando há uma estratégia e uma Arquitetura de Dados, mesmo no meio do Pacífico, a organização sabe como ajustar o leme.

Do seu ponto de vista, quem você acha que deve conduzir a criação e a manutenção de uma Estratégia de Dados e quais partes interessadas precisam participar desse processo?

No centro de tudo está o valor comercial. Se não houver valor comercial, todo o resto entra em colapso. Portanto, a pessoa número um a ser incluída no projeto de estratégia é o usuário final. Em muitos casos, o estrategista de dados tem dificuldade em fazer a conexão entre a Estratégia de Dados e o aumento do valor comercial. Essa é uma boa indicação de que há um problema. Em todos os casos, é preciso haver uma forte conexão entre a Estratégia de Dados e o aumento do valor comercial.

Como você recomendaria que um novo líder de Governança de Dados criasse consciência e obtivesse a adesão da gerência sênior sobre a relevância de criar uma Estratégia de Dados integral e horizontal como base para um programa de Gerenciamento de Dados bem-sucedido?

O fator mais motivador na corporação é a dor. Há muitas dores. Há a dor dos fracassos passados. Mas, acima de tudo, há a dor do fracasso no mercado de encontrar novos clientes, de manter os clientes atuais, de aumentar a receita e assim por diante. Portanto, a melhor estratégia para fazer um projeto decolar é encontrar a dor e abordar as maneiras pelas quais ela pode ser aliviada.

2. Modelo de maturidade do Gerenciamento de Dados: Chave para as Estratégias de Dados

Maturidade ... é deixar as coisas acontecerem.

Carolyn Heilbrun

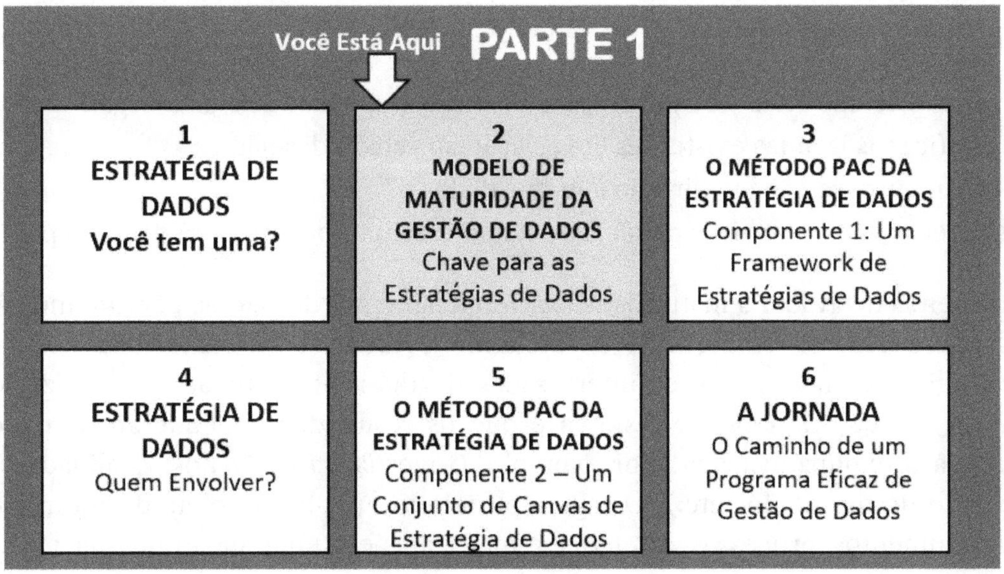

2.1. Benefícios de um modelo de maturidade de Gerenciamento de Dados

Antes de explicar por que os modelos de maturidade do Gerenciamento de Dados são importantes para a Estratégia de Dados, precisamos primeiro entender o que é um Modelo de Maturidade. Os Modelos de Maturidade existem desde meados da década de 1970 para medir a capacidade e a eficácia das pessoas na execução de processos para disciplinas específicas. Eles foram definidos inicialmente para resolver problemas de desenvolvimento de software que aumentaram com o crescimento do uso de computadores. O primeiro Modelo de

Maturidade em estágios foi desenvolvido por Richard L. Nolan , que em 1973 publicou o Stages of Growth Model. Watts Humphrey iniciou a definição dos conceitos de seu modelo de maturidade de processos em 1986 e publicou-o em 1988. [23] Do ponto de vista do Gestão de Processos de Negócio, os modelos de maturidade baseiam-se na suposição de padrões previsíveis de evolução organizacional por meio da evolução dos recursos de forma gradual, seguindo um caminho lógico. [24] O conceito de estágios pelos quais uma disciplina específica evolui e a ideia de que cada estágio inclui características qualitativas e quantitativas específicas foram aplicados ao Gerenciamento de Dados. Vários modelos foram desenvolvidos para descrever o que significa para uma organização melhorar seus recursos de Gerenciamento de Dados e como medir seu progresso na criação desses recursos.

Os modelos de maturidade do Gerenciamento de Dados não só nos ajudam a avaliar onde uma organização se encontra em um determinado momento em qualquer uma de suas disciplinas de Gerenciamento de Dados (por exemplo, Governança de Dados, qualidade de dados , Arquitetura de Dados , etc.), mas também podem e devem ser usados como um guia para definir os roteiros que nos levarão ao estado desejado na forma como tratamos os dados em uma organização. Esses modelos podem ser usados para:

- Avaliar o estado atual e diagnosticar o nível de maturidade de uma organização
- Identificar as lacunas existentes em relação ao estado desejado
- Definir a progressão em direção à maturidade
- Esclarecer as expectativas para cada estágio (incluindo o que será deixado para depois)

Há duas maneiras de avaliar a maturidade do Gerenciamento de Dados: perguntando às pessoas como elas percebem o estado atual e coletando evidências de maturidade. A primeira é geralmente feita pedindo às partes interessadas de diferentes unidades organizacionais que respondam a um questionário. A ressalva é que os resultados dependerão da exposição do entrevistado à disciplina avaliada (por exemplo, Governança de Dados, qualidade de dados , gerenciamento de metadados etc.). O segundo método envolve a coleta de informações (por exemplo, documentos, processos, artefatos, e-mails, atas etc.) que mostram quais processos de Gerenciamento de Dados estão sendo executados e em que grau. Essa evidência em si deve ser interpretada.

---

[23] História da Capacidade Modelo de Maturidade https://bit.ly/3uHZ6xg. O Software Engineering Institute desenvolveu o Modelo de Maturidade de Capacidade para Software em cinco níveis em 1987. Ele evoluiu para o CMM IntegrationTM (CMMI), ainda focado no desenvolvimento de software. Depois disso, surgiram vários modelos aplicados a diferentes disciplinas.

[24] Modelos de maturidade no gerenciamento de processos de negócios https://bit.ly/3O2XuF6

Obtemos muitos benefícios com o uso consistente e permanente de um Modelo de Maturidade de Gerenciamento de Dados. Ao definir as Estratégias de Dados, um modelo de maturidade de Gerenciamento de Dados contribui para:

- **Entendimento comum**: No Capítulo 1, afirmamos que a Estratégia de Dados ajuda a gerenciar as expectativas sobre o Gerenciamento de Dados. Isso inclui estabelecer um consenso sobre as definições de práticas maduras de Gerenciamento de Dados. Um Modelo de Maturidade contribui para esse entendimento, pois define claramente que tipo de evidência deve existir para cada estágio de maturidade.

- **Práticas padronizadas**: Ao seguir um Modelo de Maturidade de Gerenciamento de Dados , não é necessário inventar os recursos necessários. Os recursos foram definidos e padronizados com base na experiência e nas práticas recomendadas de profissionais de diversos setores. Embora haja espaço para a personalização dos artefatos, modelos e ferramentas usados para apoiar os recursos, o próprio modelo definirá a maior parte do que é necessário.

- **Guia de ancoragem para roteiros**: Se as Estratégias de Dados forem a definição de mais alto nível para priorizar ações relacionadas a dados, ainda será necessário um guia para os recursos necessários. Os recursos indicados em cada nível de maturidade ancoram marcos específicos da organização em roteiros e planos operacionais.

- **Gerenciamento de expectativas**: Podem surgir conflitos em qualquer relacionamento quando as expectativas não são comunicadas ou não são atendidas. Um cenário típico no Gerenciamento de Dados é não entender claramente o que significa Gerenciamento de Dados. Um Modelo de Maturidade de Gerenciamento de Dados indica claramente as expectativas em cada nível de maturidade para cada função representada no modelo. Portanto, o modelo de maturidade pode ajudar a articular e gerenciar as expectativas, indicando o que deve ser realizado em cada estágio da implementação do Gerenciamento de Dados.

- **Alinhamento das equipes**: Expressar claramente quais recursos serão estabelecidos em cada fase não apenas ajuda a gerenciar as expectativas, mas também permite que essas atividades sejam alinhadas e coordenadas entre as diversas equipes envolvidas no processo.

- **Suporte durante auditorias**: As auditorias externas são uma constante em setores altamente regulamentados (por exemplo, financeiro, seguros, saúde etc.). A Governança de Dados está se tornando um tópico comum nas auditorias. O reconhecimento dos pontos fracos identificados em uma avaliação da maturidade do Gerenciamento de Dados e a indicação em um roteiro de quando eles serão resolvidos geralmente dão pontos positivos em uma auditoria.

2.2. Opções do modelo de maturidade

Foram desenvolvidos vários modelos de maturidade que se aplicam a aspectos do Gerenciamento de Dados (consulte a Tabela 2). O modelo com o qual estou mais familiarizado é o DCAM. Eu o estudei profundamente, pois ajudei a traduzir a versão 2.2 para o espanhol. O DCAM foi definido pela primeira vez em 2014 pelos membros do Enterprise Data Management Council. O EDM Council, criado em 2005, é uma organização sem fins lucrativos que tem como objetivo elevar a prática do Gerenciamento de Dados e análises e apoiar a função do profissional de dados.[25] Ele funciona por meio da associação de empresas. Facilita a colaboração do setor em pesquisas sobre Gerenciamento de Dados e análise, melhores práticas, padrões, treinamento e educação. Embora tenha começado principalmente com organizações financeiras, hoje inclui mais de 300 membros, representando uma ampla gama de setores e órgãos reguladores em todo o mundo.

A maioria dos autores da primeira versão pertencia ao setor financeiro. Seu objetivo era coletar as melhores práticas em Gerenciamento de Dados para atender às recomendações do BCBS 239, os princípios para a agregação eficaz de dados de risco e relatórios de risco, emitidos pelo Comitê de Supervisão Bancária da Basileia após a crise financeira de 2008.[26] Nos últimos anos, o DCAM evoluiu e, atualmente, muitas organizações públicas e regulatórias e empresas de setores muito diferentes usam o DCAM.

O DCAM pode orientar a implementação do Gerenciamento de Dados em uma organização. Ele descreve os recursos e as ações necessárias para adquirir, produzir, manipular e manter dados confiáveis. Inclui a medição e a avaliação dos pontos fortes e fracos. O mais importante é que ele define roteiros de implementação com base em marcos para estabelecer os recursos necessários como uma espinha dorsal das Estratégias de Dados.

Tabela 2- Alternativas de modelos de maturidade de Gerenciamento de Dados

[25] Conselho da EDM https://edmcouncil.org/

[26] BCBS 239 https://bit.ly/3csR5Gt

Nome	Abreviação	Autor	Primeira publicação	Versão mais recente
Modelo de maturidade do gerenciamento de informações empresariais da Gartner [27]	EIMM	Grupo Gartner	2008	2016
Modelo de maturidade do Gerenciamento de Dados [28]	DMM	Instituto CMMI	2014	Aposentado pela ISACA em 1º de janeiro de 2022, para ser incorporado ao modelo CMMI
Capacidade Modelo de maturidade para Gerenciamento de Dados de pesquisa [29]	CMMRDM	Universidade de Syracuse	2014	
Capacidade de Gerenciamento de Dados Avaliação Modelo [30]	DCAM	Conselho de Gerenciamento de Dados corporativos	2014	Versão 2.2 lançada em outubro de 2021
Modelo Alarcos de Mejora de Datos (Modelo Alarcos de Melhoria de Dados) [31]	MAMD	Grupo de Pesquisa Alarcos e Universidade La Mancha Castilla, Espanha	2018	Versão 3.0 publicada em maio de 2020

---

[27] Gartner apresenta o Modelo de Maturidade de EIM https://bit.ly/3zbo4aS

[28] Modelo de maturidade do gerenciamento de dados Introdução https://cdn.ymaws.com/www.globalaea.org/resource/collection/68814379-BF7E-41C8-B152-18A617F9C0AA/Data_Management_Maturity_Model_Introduction_-_Dec_12_2014.pdf

[29] Um modelo de maturidade de capacidade para gerenciamento de dados de pesquisa https://surface.syr.edu/istpub/184/

[30] Conselho de EDM DCAM https://bit.ly/3PDW5Gw

[31] Grupo Alarcos MAMD 3.0 https://bit.ly/3aOucN2

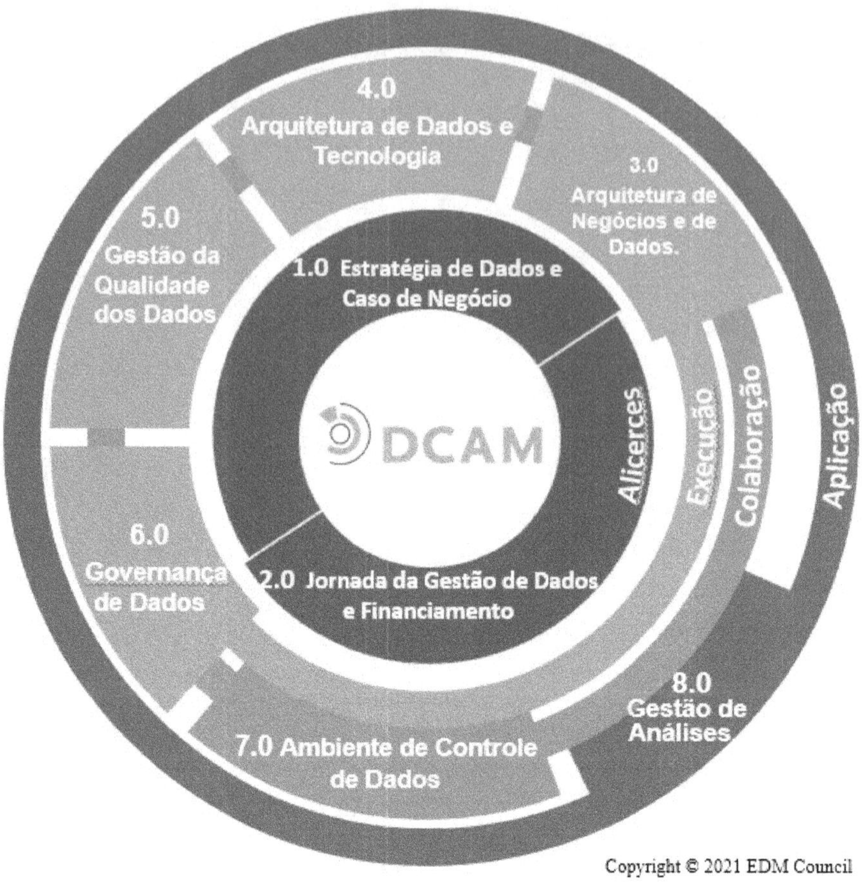

Figura 8- Framework do DCAM 2.2

O DCAM 2.2 (Figura 8) é composto por sete componentes principais e um componente opcional (Gestão de Análises). Cada componente contém recursos e sub capacidades. Cada um tem objetivos claros e artefatos propostos a serem considerados como evidência de um recurso ou sub recurso estabelecido. Os oito componentes incluem 38 recursos, 136 sub capacidades e 488 objetivos.

A maioria dos modelos de maturidade, apesar dos processos que medem, usa uma escala de maturidade inicialmente definida pelo CMMI e incluída no DMM (consulte a seção 2.2):

1. Realizado
2. Gerenciado
3. Definido
4. Medido
5. Otimizado

O DCAM não segue esse formato de cinco níveis. Ele inclui seis níveis de maturidade (Figura 9):

1. **Não iniciado**: O recurso/sub capacidade não está estabelecido e não há consciência de sua necessidade. Apenas esforços ad-hoc podem ser encontrados.
2. **Conceitual**: a capacidade/sub capacidade não existe, mas há consciência de sua necessidade; isso está sendo discutido em vários fóruns.
3. **Em desenvolvimento**: o recurso/sub capacidade está sendo desenvolvido.
4. **Definido**: A capacidade/sub capacidade foi definida e validada pelas partes interessadas diretamente envolvidas.
5. **Alcançado**: O recurso/sub capacidade é estabelecido e compreendido em toda a organização e seguido pelas partes interessadas. Nesse nível, é possível encontrar evidências de diferentes tipos de artefatos (documentação de processos, políticas, padrões, e-mails, atas de reuniões etc.) para sustentar a conquista desse nível de maturidade.
6. **Aprimorado**: A capacidade/sub capacidade é estabelecida como parte da prática comercial usual e passa por um processo de melhoria contínua.

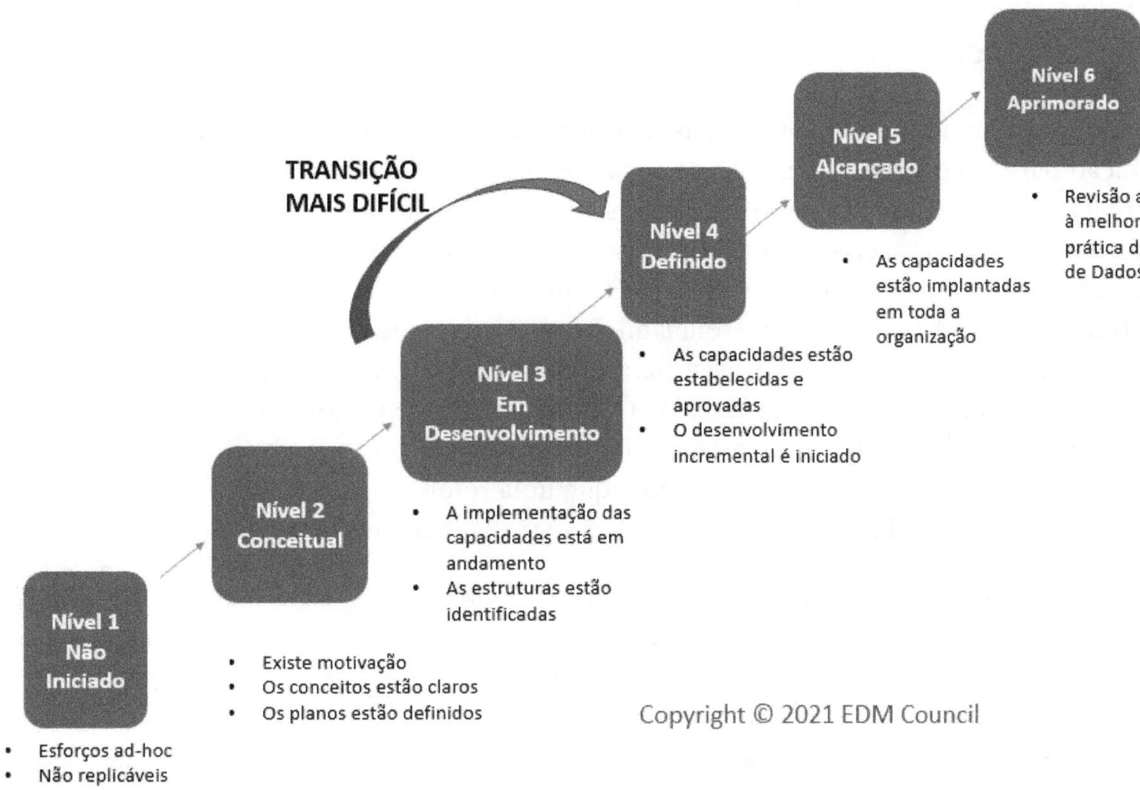

Figura 9- Níveis de maturidade do DCAM

O que eu mais gosto no DCAM é o Componente 1 - Estratégia de Dados e caso de negócios. Para o DCAM, a Estratégia de Dados é fundamental para a implementação bem-sucedida do

Gerenciamento de Dados. O DCAM reconhece que, sem uma Estratégia de Dados, não haveria uma ordem clara sobre como implementar o Gerenciamento de Dados. De acordo com o DCAM 2.2, "a estratégia de Gerenciamento de Dados e o caso de negócios determinam como o Gerenciamento de Dados (DM) é definido, organizado, financiado, governado e incorporado às operações da organização". O Gerenciamento de Dados é caro e não é um projeto. Trata-se de uma série de funções que devem ser estabelecidas e mantidas. Isso requer financiamento anual. Essa é a importância de se ter uma Estratégia de Dados e a definição de um caso de negócios antecipadamente como base fundamental para o Gerenciamento de Dados.

Como a definição de uma Estratégia de Dados é o primeiro passo para a implementação de uma prática de Gerenciamento de Dados, os recursos de um modelo de maturidade de Gerenciamento de Dados precisam ser considerados na estratégia de Gerenciamento de Dados. Embora qualquer Modelo de Maturidade de Gerenciamento de Dados possa ser usado para o **Método PAC de Estratégia de Dados** , vou me referir ao DCAM porque ele é abrangente, bem planejado e maduro.

2.3. Relevância do recurso - Modelos Fundamentados em Maturidade

No Capítulo 1, dissemos que **as Estratégias de Dados** são a orientação de mais alto nível em uma organização para a alocação inteligente de recursos para trabalhar de forma integrada a fim de atingir metas relacionadas a dados e objetivos estratégicos de negócios. A ideia principal por trás dessa definição é a priorização. A lista de coisas a serem feitas em torno do ecossistema de dados é tão grande que precisamos de um meio de identificar as coisas mais importantes para nos concentrarmos. Já dissemos que o Gerenciamento de Dados pode ser a base para o sucesso de outras iniciativas. Em geral, ele é a base para uma análise avançada bem-sucedida. Portanto, primeiro precisamos priorizar os recursos de Gerenciamento de Dados a serem desenvolvidos e implementados. Para isso, primeiro precisamos ter muito claro o que significa uma prática de Gerenciamento de Dados boa e madura. É aqui que uma referência a um Modelo de Maturidade de Gerenciamento de Dados baseado em recursos se torna mais relevante.

Capacidade é "a qualidade ou o estado de ser capaz" (Merrian Webster Dictionary, 2022) ; implica, muito simplesmente, "a capacidade de fazer algo" (Britannica Dictionary, 2022) . Quando os recursos e os artefatos associados são bem definidos (por exemplo, qualquer documento, atas, listas de distribuição etc.), fica mais fácil avaliar o nível de maturidade com base em evidências em vez de percepção subjetiva.

Alguns dos benefícios que podemos encontrar em um modelo de maturidade de dados baseado em recursos são:

- Os recursos padronizados são definidos com base nas práticas recomendadas do setor.

- Capacidades permitem a comparação com outras organizações do mesmo setor.
- As definições da capacidade permitem um entendimento compartilhado do nível de maturidade do Gerenciamento de Dados em uma organização. É evidente e tangível o que deve ser feito para passar de um nível de maturidade para o próximo.
- É mais fácil definir a espinha dorsal de um roadmap, com marcos essenciais para o estabelecimento de recursos. Em seguida, podemos definir marcos específicos do negócio em torno desses marcos principais.
- Podemos medir objetivamente o progresso com base nas evidências descritas no modelo.
- Para nosso propósito, e como será mostrado no Capítulo 5, o uso de um Modelo de Maturidade de Gerenciamento de Dados baseado em recursos nos ajudará a priorizar quais recursos serão estabelecidos a curto, médio e longo prazo, permitindo o gerenciamento das expectativas.

2.4. Conceitos-chave

Os Modelos de Maturidade do Gerenciamento de Dados são ferramentas importantes para medir a evolução das diferentes disciplinas do Gerenciamento de Dados.

Modelos de Maturidade de Gerenciamento de Dados fundamentados em recursos são recomendados para medir objetivamente a maturidade com base em evidências.

2.5. Coisas para ter em mente

1. Os modelos de maturidade do Gerenciamento de Dados podem ser usados como um guia para definir os roteiros que levarão a organização ao estado desejado para a forma como tratamos os dados.
2. Um Modelo de Maturidade de Gerenciamento de Dados baseado em recursos pode ajudar a definir e gerenciar as expectativas de práticas de Gerenciamento de Dados boas e maduras em toda a organização.
3. Capacidades consideradas em um Modelo de Maturidade de Gerenciamento de Dados funcionarão como um guia para a priorização em Estratégias de Dados e como a espinha dorsal dos roteiros derivados das Estratégias de Dados.

2.6. Entrevista sobre Estratégia de Dados

ESPECIALISTA ENTREVISTADA: **Melanie Mecca** [32]

Melanie Mecca é a maior autoridade mundial em avaliação de recursos de Gerenciamento de Dados corporativos.

CEO da DataWise Inc., ela foi reconhecida como Consultora Lider de Dados "Leading Data Consultant" pela CDO Magazine em 2022. Ela tem conhecimento e experiência inigualáveis na liderança de avaliações de Gerenciamento de Dados, programas de Gerenciamento de Dados de benchmarking e roteiros estratégicos. Sua liderança na avaliação, projeto e implementação de programas de Gerenciamento de Dados capacitou clientes de todos os setores a acelerar seu sucesso.

A DataWise é um orgulhoso parceiro do Enterprise Data Management Council e é credenciado no Modelo de Capacidades em Gestão de Dados (DCAM). Como diretora de Gerenciamento de Dados do ISACA/CMMI Institute, Melanie foi a autora do Modelo de Maturidade de Gerenciamento de Dados (DMM) e conduziu 38 avaliações até o momento, resultando em uma rápida implementação de recursos. A DataWise oferece cursos aprofundados ministrados por instrutores, utilizando estudos de caso e vários exercícios em equipe.

A DataWise também oferece um conjunto de cursos de e-Learning para organizações, transmitindo os principais conceitos e habilidades práticas para um público amplo de funcionários, elevando o conhecimento da organização, estabelecendo uma cultura de dados , promovendo maior colaboração e capacitando a governança. A educação das partes interessadas é a chave para a excelência do Gerenciamento de Dados! Visite *datawise-inc.com* para descobrir "What GOOD Looks Like".

Dada a sua vasta experiência como consultora e profissional na criação de programas de Gerenciamento de Dados e como autora do Modelo de Maturidade de Gerenciamento de Dados (MMGD), qual é, em sua opinião, a relação entre um Modelo de Maturidade de Gerenciamento de Dados baseado em capacidades e uma Estratégia de Dados horizontal bem definida que oriente o trabalho relacionado a dados e responda à Estratégia de Negócios? Você encontrou esse tipo de Estratégia de Dados nas organizações com as quais trabalhou?

As organizações que pretendem estabelecer ou aprimorar seu programa de Gerenciamento de Dados são aconselhadas a realizar uma avaliação abrangente do Gerenciamento de Dados em toda a empresa. A avaliação fornece uma referência precisa dos recursos atuais, permitindo que a organização descubra os pontos fortes e as lacunas e desenvolva um plano de implementação personalizado para acelerar seu progresso.

[32] Melanie Mecca https://www.linkedin.com/in/melanie-a-mecca-1b9b1b14/

Descobri que as organizações usam o termo "Estratégia de Dados" de forma inconsistente, mas, normalmente, enfatizam a transformação tecnológica. Em minha experiência, há três componentes principais de uma Estratégia de Dados em toda a organização:

- Arquitetura de Dados: o QUE precisa ser projetado e implementado para atender aos requisitos de dados (modelos de dados, planos de componentes de dados, planos de transição etc.)

- Tecnologia/Plataforma de dados: o COMO, o que a organização constrói ou compra para capturar, armazenar e distribuir dados (ênfase em dados corporativos/dados compartilhados)

- Gerenciamento de Dados: QUAIS processos precisam ser operacionalizados para criar, manter e controlar os dados, e QUEM os executa: Pessoas, funções e Frameworks de colaboração (governança).

Do ponto de vista do Gerenciamento de Dados, aconselho os clientes a desenvolverem a estratégia de Gerenciamento de Dados como um esforço dedicado separado. Caso contrário, ela quase sempre ficará em segundo plano e será substituída por "objetos brilhantes" (tecnologia) e, até certo ponto, pela Arquitetura de Dados desejada.

Basicamente, os dados são eternos, você precisa gerenciá-los de forma eficaz para sempre, e isso implica estabelecer uma função permanente, como Finanças e Recursos Humanos, apoiada por liderança executiva, políticas, processos, padrões, pessoal e governança. Tanto o MMGD quanto o DCAM enfatizam o desenvolvimento de um programa de Gerenciamento de Dados horizontal, amplo e sustentável, com base em uma estratégia abrangente de Gerenciamento de Dados. Como muitas organizações ainda não se comprometeram com essa transformação significativa, os esforços e as implementações centrados em dados podem permanecer baseados em projetos, ineficientes e caros devido ao retrabalho e à redundância.

Quais tópicos devem ser abordados na estratégia de Gerenciamento de Dados? No mínimo, ela deve incluir:

- Uma declaração de visão (descrita acima, também conhecida como "Nirvana de dados" para a organização), com um resumo geral e as aspirações comerciais para os ativos de dados que a realização da visão permitiria

- Princípios operacionais básicos, como "minimizar dados redundantes", "projetar primeiro os dados", "racionalizar antes de construir", etc.

- Metas do programa, alinhadas com as metas comerciais da organização

- Definição de objetivos para atingir as metas do programa EDM

- Escopo do ativo de dados: (abordado acima), domínios de dados de alto nível que são o foco do programa de Gerenciamento de Dados
- Principais lacunas: resumo do estado atual dos ativos de dados e das práticas de gerenciamento, e o impacto negativo que eles causam na realização das metas e dos objetivos comerciais
- Escopo do Gerenciamento de Dados: os processos comerciais de Gerenciamento de Dados necessários para atingir as metas comerciais e corrigir as lacunas (por exemplo, glossário comercial, perfil de dados, catálogo de dados etc.) [33]
- Principais produtos de trabalho que precisam ser produzidos, como políticas, padrões e processos definidos
- Benefícios comerciais: devem ser descritos:
    - Satisfazer casos de uso - por exemplo, análise preditiva de vendas potenciais de produtos com base na estação, área geográfica, fatores econômicos, tendências demográficas, etc.
    - Melhorias - por exemplo, no atendimento ao cliente, na conformidade regulatória, no desenvolvimento de produtos etc.
    - Benefícios tangíveis - por exemplo, minimizar os custos de manutenção, reduzir os defeitos de qualidade que causam atrasos no fechamento dos livros, ROI para um desenvolvimento mais rápido, etc.
- Prioridades: como as prioridades, tanto para domínios de dados quanto para processos de Gerenciamento de Dados, são determinadas e quais fatores estão envolvidos - por exemplo, dependências, valor comercial, alinhamento com iniciativas estratégicas e nível de esforço
- Framework de governança: uma descrição de alto nível das funções de governança, dos órgãos de governança e de como eles interagem
- Envolvimento dos negócios - como os representantes de dados serão implementados para definir dados, criar, aprimorar e controlar os ativos de dados

---

[33] Consulte a lista de 25 áreas de processo do Data Management Maturity Model e as áreas de conhecimento do Data Management Body of Knowledge para garantir a integridade - observe que o DMM se concentra nas práticas fundamentais de EDM. Ao mesmo tempo, o DMBOK também inclui áreas de solução (por exemplo, gerenciamento de conteúdo).

- Recursos da equipe: estimativa dos recursos necessários e novos cargos a serem preenchidos - por exemplo, a organização de Gerenciamento de Dados, um diretor de dados , etc.
- Métricas: como você saberá que está atingindo os objetivos do programa? Um conjunto inicial de alto nível de métricas de progresso e de processos de componentes deve ser definido na estratégia
- Benchmarking: qual método e modelo de referência de Gerenciamento de Dados a organização adotará para obter uma medida objetiva do desenvolvimento e da implementação da capacidade
- E, por último, mas não menos importante, um plano de sequência de alto nível, com vários anos de duração, mostrando as principais iniciativas a serem implementadas.

A conclusão é que, independentemente da arquitetura que você pretende adotar ou da tecnologia que irá adquirir para dar suporte a ela, sempre será necessário gerenciar os dados de forma eficaz. Depois que a estratégia de Gerenciamento de Dados for socializada e aprovada, ela poderá ser combinada com a arquitetura e a tecnologia para formar uma estratégia geral de dados.

Em sua opinião, qual é o papel da Estratégia de Dados no sucesso ou no fracasso de uma iniciativa de transformação orientada por dados ?

"Data First" (Dados em primeiro lugar), esse deveria ser o princípio orientador de todas as organizações, seja uma empresa com mais de 100 anos de existência que busca promover suas metas de negócios aproveitando seus ativos de dados, seja uma nova startup que deseja conquistar seu setor. Nada acontece sem dados, nenhum processo de negócios pode ser executado; nenhuma decisão de negócios pode ser tomada.

"Deixar de planejar é planejar o fracasso." Seria sensato que as organizações reservassem um tempo para planejar seu futuro orientado por dados . Se elas seguirem o caminho da implementação de vários recursos diferentes sem uma estratégia geral, os esforços estarão sujeitos à redundância e terão menos probabilidade de serem coordenados (sem falar que serão mais caros). A estratégia é o antídoto para os esforços aleatórios.

Aconselho os clientes a não perderem muito tempo criando sua estratégia de Gerenciamento de Dados. A realização essencial que determina o sucesso (sim ou não) é obter consenso e acordos das principais linhas de negócios ou unidades organizacionais. Os detalhes podem ser detalhados no plano de sequência geral para a transformação, e os detalhes específicos necessários para o desenvolvimento de capacidades são descritos nos planos de implementação.

Um elemento da Estratégia de Dados deve ser determinado desde o início, de cima para baixo, e enfatizado: a Governança de Dados. O esforço de desenvolvimento da estratégia é a ocasião para Frameworkr e implementar a governança, sem a qual o programa de Gerenciamento de Dados não pode ser bem-sucedido.

Do seu ponto de vista, quem você acha que deve conduzir a criação e a manutenção de uma Estratégia de Dados e quais partes interessadas precisam participar desse processo?

Se a organização já tiver financiado e criado uma Organização de Gerenciamento de Dados (DMO) centralizada, ela deverá ser liderada pelo principal executivo de dados dessa organização, o CDO ou equivalente. Os principais responsáveis pela aprovação devem ser os executivos das linhas de negócios/áreas de missão e tecnologia da informação. Eles devem designar representantes sênior para trabalhar no esforço, e outras organizações voltadas para a empresa também devem ser incluídas, como Analytics, Risk, Enterprise Architecture, Internal Audit etc.

O DMO é a espinha dorsal, o defensor e o mantenedor de produtos de dados persistentes, incluindo:

- Estratégia de Dados (gerenciamento, arquitetura e tecnologia)
- *Qualidade de dados Estratégia*
- Metadados Estratégia
- Glossário de negócios
- Modelos de dados lógicos da empresa (ou da área de negócios)
- Políticas, processos e padrões de Gerenciamento de Dados.

Por exemplo, para desenvolver a Arquitetura de Dados, os principais participantes seriam pelo menos um arquiteto de dados corporativos, administradores de dados comerciais e técnicos e vários arquitetos de dados experientes provenientes dos principais repositórios e sistemas operacionais essenciais.

Como você recomendaria que um novo líder de Governança de Dados criasse consciência e obtivesse a adesão da gerência sênior sobre a relevância de criar uma Estratégia de Dados integral e horizontal como base para um programa de Gerenciamento de Dados bem-sucedido?

Essa é a pergunta-chave, não é? Como realizar a venda interna de um esforço em toda a empresa.

Primeiro, recomendo que você estude a Estratégia de Negócios da organização (ou o plano quinquenal, para órgãos federais e estaduais). Para cada uma das principais metas de negócios, analise o estado futuro correspondente dos ativos de dados necessários para atingir essas metas.

Por exemplo, uma meta de uma empresa de produtos de software pode ser aumentar a retenção de clientes em 25% nos próximos três anos. Algumas das implicações de dados disso poderiam ser dados mestres de clientes precisos e em tempo hábil, análises para identificar fatores associados à retenção (por exemplo, vendas de produtos por cliente correlacionadas à retenção), categorização e rastreamento aprimorados de chamadas de suporte ao cliente e expansão dos recursos de autoatendimento no portal da Web voltado para o cliente. Todos esses exemplos dependem do avanço do estado atual dos dados.

Em seguida, eu aconselharia entrevistar todos os executivos da linha de negócios/área de missão e o CIO para descobrir:

- O que eles poderiam fazer se tivessem os dados certos, no momento certo e nas condições certas, ou seja, suas aspirações com relação aos dados. Se possível, faça com que eles estimem o valor se essas aspirações forem realizadas.
- Quais são seus principais problemas com os dados, sejam eles atuais ou previstos. E explore quais são os atuais inibidores ou obstáculos causados pelo estado atual dos dados, quantificando o máximo possível.

Os resultados dessas entrevistas revelam a polaridade entre onde eles estão e onde querem estar, metas a serem atingidas, problemas a serem resolvidos. Sua análise, à luz da estratégia geral da organização, indicará o estado futuro e o que o Gerenciamento de Dados, a tecnologia e a arquitetura precisam oferecer.

Por fim, apresente suas conclusões e recomendações e demonstre como uma Estratégia de Dados integrada fará a organização avançar e como resolverá problemas persistentes. Essa abordagem garantirá que todas as vozes importantes sejam ouvidas, sintetizadas e refletidas em sua justificativa para a Estratégia de Dados.

3.O Método PAC de Estratégia de Dados: Componente 1 - Framework de Estratégias de Dados

A estratégia consiste em fazer escolhas e compensações; trata-se de escolher deliberadamente ser diferente.

Michael Porter

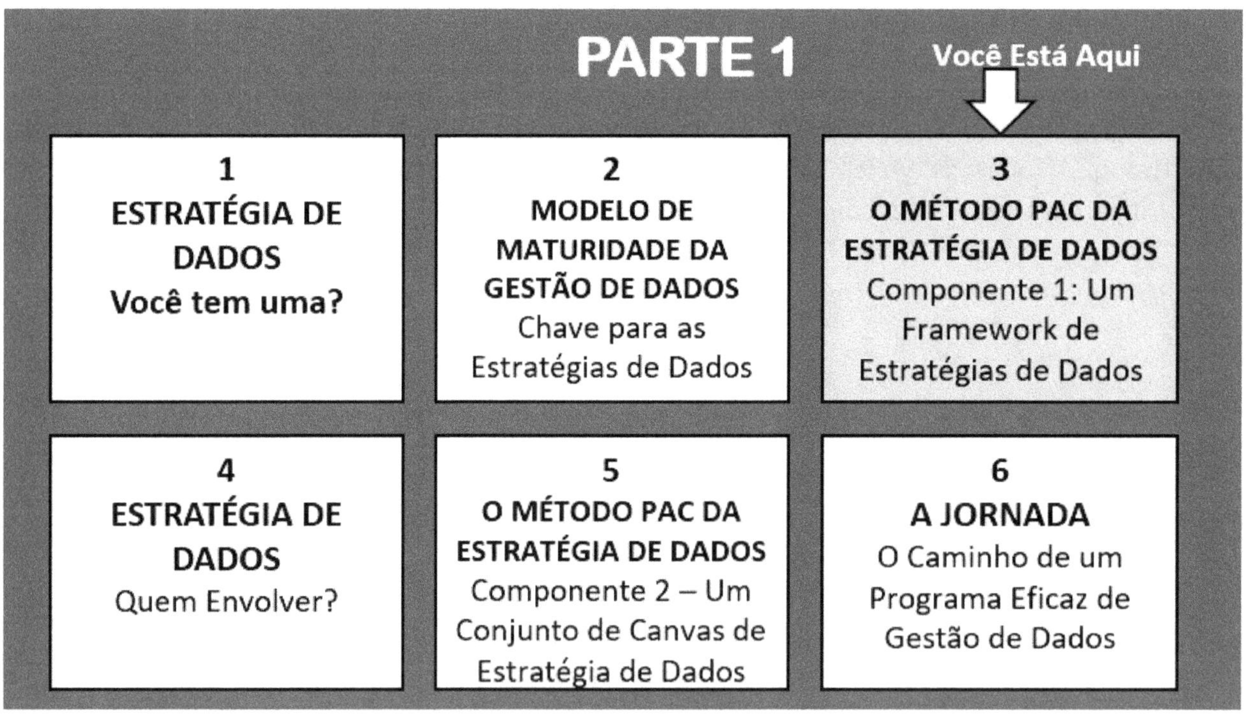

3.1. Frameworks: Fontes de inspiração

De acordo com o Merriam-Webster Dictionary, um "Framework é uma Framework conceitual básica (como de ideias)". O Thesaurus define um Framework como "o arranjo de partes que dá a algo sua forma básica". Uma definição de que gosto mais é a do

Cambridge Dictionary: "Um Framework é uma Framework de apoio em torno da qual algo pode ser construído".

O objetivo de um Framework em uma determinada área temática é fornecer uma referência, um ponto de partida. Em vez de reinventar a roda, devemos usar as rodas existentes e dedicar nossos esforços para criar valor adicional. Quando o assunto é Gerenciamento de Dados, não há roda melhor do que a roda da DAMA (Figura 10), o Framework de Gerenciamento de Dados em que a Governança de Dados fica no meio, interagindo com todas as áreas de conhecimento (ou, como prefiro chamá-las, funções) de Gerenciamento de Dados ao redor.

Figura 10- Roda de Gerenciamento de Dados DAMA

O DMBoK2 inclui uma versão evoluída da roda (Figura 11). A Governança de Dados não está mais no centro da roda. Em vez disso, ela envolve todas as áreas de conhecimento de Gerenciamento de Dados. Nessa versão da roda, podemos ver como todas as fatias de

Gerenciamento de Dados que tínhamos na roda original estão organizadas de acordo com o estágio do ciclo de vida dos dados em que são mais relevantes. Também podemos ver que a Governança de Dados não está mais focada na definição de políticas e padrões, mas na promoção de todos os conceitos do círculo. A estratégia é a mais relevante do meu ponto de vista, pois todo o restante pode ser derivado se for bem abordado na Estratégia de Dados.

Copyright © 2017 by DAMA International

Figura 11- Roda de Gerenciamento de Dados DAMA evoluídos

Com base na representação do Gerenciamento de Dados na Figura 11, o líder da Governança de Dados é o orquestrador, mas não o autor, das Estratégias de Dados, como será discutido no Capítulo 4.

Conforme descrito no Capítulo 1, uma de minhas fontes de inspiração foi o Framework da Global Data Strategy , Ltd. (GDS), inspirada por Donna Burbank (Figura 12). Como esse Framework deixa claro, o fator determinante da Estratégia de Dados é o alinhamento com a Estratégia de Negócios. A disposição das funções de Gerenciamento de Dados no meio do diagrama e o reconhecimento de diferentes tipos de dados na parte inferior apontam para a ideia de que a finalidade da Estratégia de Dados é orientar a prioridade das disciplinas de Gerenciamento de Dados aplicadas a fontes de dados específicas com base nas necessidades do negócio.

Figura12 - Framework da Global Data Strategy, Ltd. (GDS), inspirada por Donna Burbank

3.2. Framework de Estratégias de Dados

Ao definir uma *Framework*, descrevemos o Framework para a criação de Estratégias de Dados. Sim, "estratégias" está no plural porque precisamos de um conjunto de estratégias. Primeiro, precisamos de uma estratégia para definir os dados necessários para resolver as necessidades do negócio. Dessa forma, garantimos que os dados estejam alinhados aos objetivos estratégicos do negócio. Além disso, o nível de maturidade do Gerenciamento de Dados orienta a priorização de como implementar o Gerenciamento de Dados em geral. Como uma função abrangente, a Governança de Dados também deve ter uma estratégia definida. Em seguida, devido à sua complexidade, cada disciplina de Gerenciamento de Dados precisa de sua própria estratégia. Os diferentes níveis de Estratégia de Dados incluem:

- **Estratégia de alinhamento de dados** onde os domínios de dados estão alinhados com os objetivos da Estratégia de Negócios.

- **Estratégia de Gerenciamento de Dados** em que as funções de Gerenciamento de Dados são priorizadas.

- **Estratégia de Governança de Dados** onde são priorizados os recursos, o Framework e os objetos de Governança de Dados.

- **Estratégia específica da função de Gerenciamento de Dados**, na qual cada disciplina de Gerenciamento de Dados obtém seus recursos, Framework e domínios de dados priorizados.

Tudo isso deve estar intimamente relacionado à estratégia de TI, onde todas as plataformas de tecnologia aparecem.

O Framework de Estratégias de Dados (Figura 13) ilustra essas relações. Esse Framework mostra todos os elementos a serem considerados em um ecossistema de dados em um nível estratégico:

- Os quatro tipos de Estratégias de Dados mencionados acima (Estratégia de alinhamento de dados , Estratégia de Gerenciamento de Dados, Estratégia de Governança de Dados , Estratégias de funções específicas de Gerenciamento de Dados).

- Outras estratégias relevantes (estratégia de TI , estratégia de gerenciamento de mudanças, estratégia de comunicação) devem existir e estar vinculadas às Estratégias de Dados.

- Diferentes tipos de fontes de dados (na parte inferior)

- Os dois componentes mais importantes do cenário de dados:
    - Transações como os principais produtores de dados estruturados
    - Análise como o principal consumidor de dados

Todos os elementos desse Framework devem estar relacionados e alinhados.

- O alinhamento de cima para baixo garante que tudo esteja vinculado à Estratégia de Negócios e seja derivado dela.

- A execução das estratégias ocorre de baixo para cima.

- Na horizontal, o alinhamento deve ser bidirecional entre cada elemento.

Definir uma estratégia não é uma tarefa fácil. Como dá trabalho, precisamos concluí-la de forma muito pragmática. Sua meta é produzir uma estratégia que as pessoas da organização entendam e usem, e não algo que fique em uma prateleira ou em uma pasta. Assim, o núcleo do **Método PAC**

de Estratégia de Dados usa uma tela específica para cada Estratégia de Dados destacada na Figura 13 (Estratégia de Alinhamento de Dados , Estratégia de Gerenciamento de Dados, Estratégia de Governança de Dados e Estratégia de função específica de Gerenciamento de Dados). Nós as exploraremos em detalhes no Capítulo 5. Por enquanto, vamos começar definindo a finalidade e o conteúdo de cada Estratégia de Dados diferente.

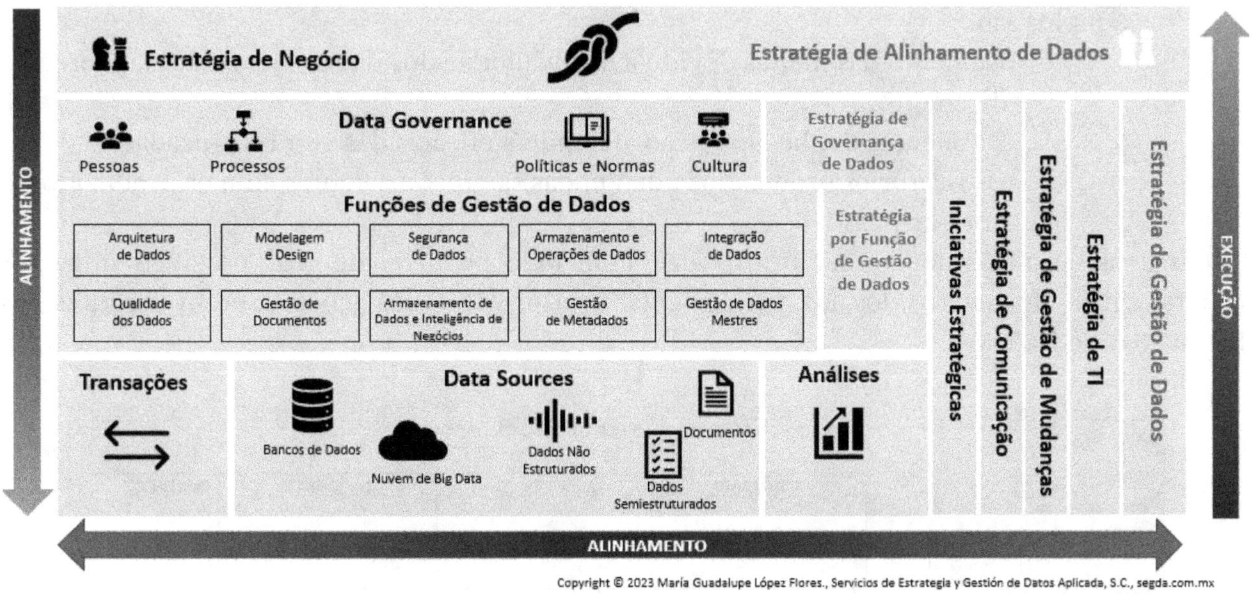

Figura 13- Framework de Estratégias de Dados

Cada Estratégia de Dados é definida para responder às entradas do estado atual: Motivações para lidar melhor com os dados, comportamentos relacionados aos dados e pontos problemáticos relacionados aos dados (Figura 14):

- **Motivações:** Essas declarações representam o motivo pelo qual a organização deseja estabelecer ou reforçar um programa de Gerenciamento de Dados. Exemplos dessas motivações podem ser:
  - Ter dados precisos para produzir insights confiáveis e conhecimento do cliente.
  - Ter dados precisos para melhorar a experiência do cliente.
  - Para reduzir o risco de não estar em conformidade com as normas locais.

- **Comportamentos relacionados aos dados a serem modificados**: Tornar-se uma organização orientada por dados depende da criação de uma cultura de dados. Um programa eficaz de Gerenciamento de Dados envolve processos, tecnologia e pessoas. Muitas vezes, os processos falham por não considerarem as pessoas. As Estratégias de Dados devem abordar as ações que as pessoas fazem atualmente e que não estão indo na direção esperada quando se trata de lidar com dados. Exemplos desses comportamentos indesejáveis são:

- Produção de relatórios sem documentar as fontes de dados utilizadas
- Não usar fontes de dados autorizadas
- Não documentar metadados

- **Pontos problemáticos dos dados**: Uma entrada relevante à qual as Estratégias de Dados devem responder é representada pelos problemas atuais relacionados aos dados. Alguns exemplos são:
    - Aumento das multas devido à má qualidade dos dados fornecidos ao bureau de crédito
    - Os clientes duplicados estão afetando a eficácia das vendas cruzadas
    - Os relatórios produzidos por Vendas são inconsistentes com os produzidos por Finanças

Todas essas entradas devem ser priorizadas, com base no nível de seus possíveis impactos (operacionais, financeiros, legais), para orientar a priorização das ações a serem descritas nas Estratégias de Dados.

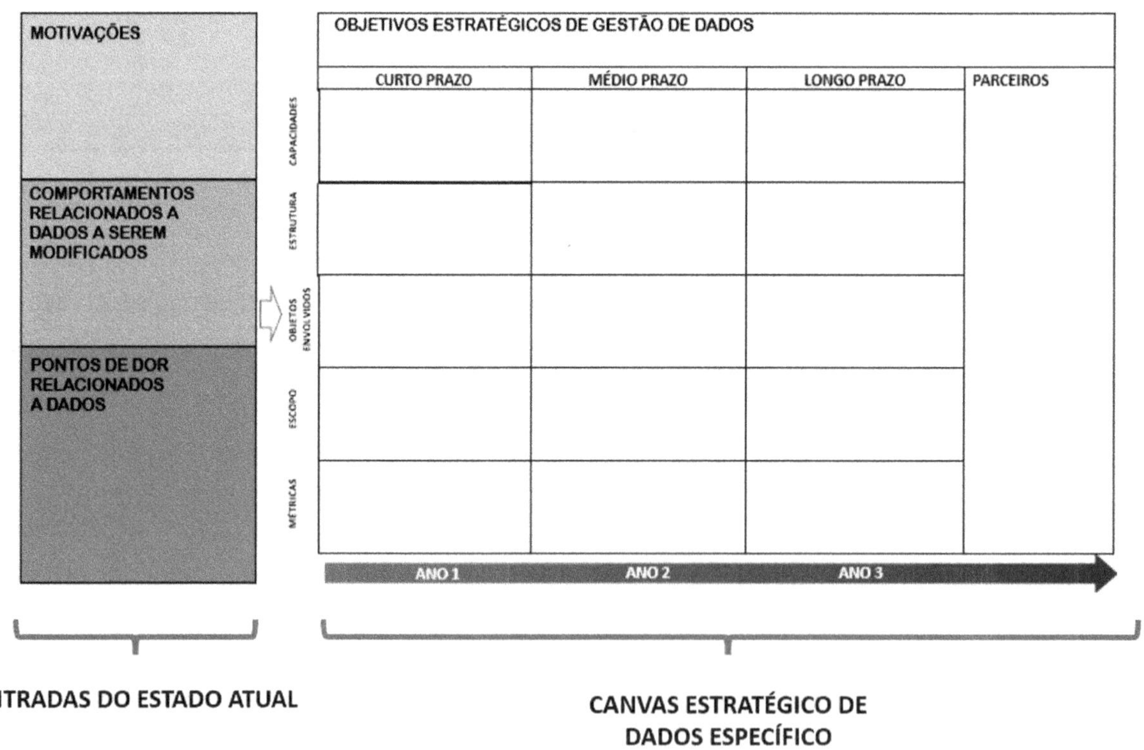

Copyright © 2023 María Guadalupe López Flores., Servicios de Estrategia y Gestión de Datos Aplicada, S.C., segda.com.mx

Figura 14- Entradas para Estratégias de Dados

3.3. Estratégia de alinhamento de dados

Comece alinhando-se aos Objetivos Estratégicos do Negócio (por exemplo, aumento de 15% nos clientes, aumento de 10% na lucratividade, aumento de 5% no Net Promoter Score, etc.). Isso parece óbvio, mas precisamos entender o que isso significa. A Estratégia de Alinhamento de Dados identifica os dados de que a organização precisa para executar sua Estratégia de Negócios.

Se houver lacunas entre o que a organização precisa e o que ela tem, então um dos objetivos dessa estratégia é abordá-las. Para fins da estratégia em si, não importa se os dados existem na organização. Se houver lacunas, esse é um problema que a estratégia deve planejar para resolver. Há um alinhamento bidirecional aqui. Na Figura 13, da esquerda para a direita, a Estratégia de Negócios deve definir a direção que a organização deve tomar. Ela representa a entrada fundamental para a Estratégia de Alinhamento de Dados . Da direita para a esquerda, a identificação de requisitos para novos dados ou percepções comerciais dos dados atuais pode ajudar a identificar novas oportunidades de negócios.

Essa primeira Estratégia de Dados também identifica os produtores e consumidores dos dados necessários. Os domínios de dados (por exemplo, clientes, produtos, fornecedores, funcionários, faturas etc.) identificados devem responder aos Objetivos Estratégicos do Negócio , às motivações do negócio e, mais importante, aos pontos problemáticos dos dados do negócio. É aqui que começam os desafios. Embora os insumos indicados na Figura 14 normalmente existam, muitas vezes eles não são documentados. Às vezes, o desafio é mais difícil quando a Estratégia de Negócios não está documentada. As partes interessadas devem concordar com as três principais declarações estratégicas que orientam seu trabalho.

Como exploraremos no Capítulo 4, para produzir essa primeira Estratégia de Dados, precisamos da participação das partes interessadas que representam todas as diferentes unidades organizacionais. Todos eles têm requisitos de dados e pontos problemáticos de dados. Essa Estratégia de Alinhamento de Dados estabelece a base, por exemplo, para os princípios de dados e a proposta de valor por trás do Gerenciamento de Dados com os quais as partes interessadas devem concordar. Chegar a um consenso não é uma tarefa fácil, mas podemos concluir isso com agilidade. No Capítulo 5, discutiremos a tela específica de cada Estratégia de Dados incluída neste Framework.

3.4. Estratégia de Gerenciamento de Dados

Uma vez definida a Estratégia de Alinhamento de Dados , a próxima coisa a fazer é priorizar o que deve ser feito sob a perspectiva do Gerenciamento de Dados. Isso inclui a consolidação dos pontos problemáticos dos dados identificados e priorizados pelas partes interessadas que participam da definição da estratégia. Acrescente as motivações da organização para ter um programa de Gerenciamento de Dados ou uma iniciativa de transformação orientada por dados . Como terceira entrada, liste os comportamentos das pessoas relacionados aos dados que precisam ser alterados. Veremos no Capítulo 4 que o grupo de partes interessadas que define a estratégia de Gerenciamento de Dados será menor do que aquele que define a estratégia de alinhamento de dados.

Um tópico importante a ser priorizado são as funções de Gerenciamento de Dados que serão formalmente abordadas, aquelas no meio do Framework (Figura 13). Cada caixa representa uma das fatias da roda DAMA. Quando ensino o Gerenciamento de Dados com base na roda DAMA, as pessoas frequentemente me dizem que não sabem por onde começar a trabalhar. Elas ficam sobrecarregadas quando entendem o que cada fatia da roda implica. É aqui que o Banco de Três Pernas ou a teoria do tripé baseada na Geometria Euclidiana tem um papel relevante na história.

A teoria diz que uma banqueta bem produzida com três pernas será mais estável do que uma com quatro pernas. Esse também é o princípio dos tripés. O motivo é simples, mas, para explicá-lo, precisamos recorrer aos axiomas da geometria euclidiana. Sabemos que um plano é uma superfície bidimensional formada por um número infinito de pontos de coordenadas "X" e "Y" localizados na mesma dimensão ou "Z". De acordo com Euclides, três pontos são suficientes para definir um plano devido à união desses pontos com linhas. Isso significa que a expressão mínima de um plano ou superfície é um triângulo. Quando uma banqueta tem quatro pernas, diferentes planos ou triângulos se formam com a combinação de três pontos; portanto, se a superfície for de alguma forma irregular, a banqueta balançará.

Usando essa analogia, não mais do que três funções de Gerenciamento de Dados podem ser abordadas formalmente ao mesmo tempo se quisermos ter sucesso e fazer um bom progresso. Essas são as três pernas do banco, e uma delas é sempre a Governança de Dados. As outras duas pernas são definidas com base nos pontos problemáticos de maior prioridade relacionados aos dados. Essa é uma dica prática para priorizar as funções de Gerenciamento de Dados nas quais se deve trabalhar. Isso é capturado na estratégia de Gerenciamento de Dados, geralmente definida com um horizonte de três anos. Portanto, a cada ano, podemos mudar uma ou duas pernas do banco. Obviamente, essa não é uma regra rígida, mas uma recomendação pragmática e realista.

Alguns outros aspectos exigem priorização. Dissemos que, seguindo a teoria do banquinho de três pernas, uma dessas três pernas será a Governança de Dados. Bem, a primeira coisa a priorizar é o estabelecimento de recursos de Governança de Dados. O Capítulo 2 discutiu os benefícios de seguir um modelo de maturidade de Gerenciamento de Dados baseado em recursos para orientar essa parte da estratégia de Gerenciamento de Dados. Mas também precisamos priorizar em quais domínios de dados devemos nos concentrar em cada estágio (curto, médio e longo prazo). Devemos priorizar as fontes de dados que serão gerenciadas.

Um dos benefícios da priorização é gerenciar as expectativas em toda a organização sobre o que deve ser alcançado com o programa de Gerenciamento de Dados. Portanto, também é relevante listar as iniciativas estratégicas em andamento para alavancar o início da aplicação das funções de Gerenciamento de Dados selecionadas. Também precisamos de uma visibilidade clara das iniciativas de Gerenciamento de Dados e do que esperamos que elas alcancem. Além disso, finalmente, precisamos identificar as métricas que nos permitirão saber se estamos progredindo conforme o esperado.

3.5. Estratégia de Governança de Dados

Quando concluímos a priorização abrangente da estratégia de Gerenciamento de Dados, é hora de passar para a estratégia de Governança de Dados , a única perna da banqueta com a qual sempre precisamos trabalhar. Nenhuma das estratégias deste Framework é isolada. Elas estão interconectadas, mas focadas em tópicos diferentes. O objetivo principal da estratégia de Governança de Dados é deixar claro o que se espera da equipe que trabalha nessa função. Tenho visto ao longo dos anos que a maioria dos conflitos surge devido à comunicação deficiente e à incapacidade de gerenciar as expectativas. Portanto, a estratégia de Governança de Dados tem como objetivo definir o escopo e estabelecer com precisão as prioridades de curto, médio e longo prazo. Ela deve incluir o que fazer para deixar claro o que não será feito. Com exceção da Estratégia de Alinhamento de Dados , que começa identificando os principais objetivos estratégicos do negócio, o restante das Estratégias identifica os objetivos estratégicos específicos para o tópico que a estratégia abrange (Gerenciamento de Dados, Governança de Dados, Arquitetura de Dados , Qualidade de Dados , etc.). Esses objetivos estratégicos, as motivações para ter um programa de Gerenciamento de Dados, os comportamentos a serem modificados e os pontos problemáticos relacionados aos dados são os insumos para a estratégia de Governança de Dados.

As categorias a serem priorizadas incluem:

1. **Capacidades** : Com base no modelo de maturidade de Gerenciamento de Dados da organização (consulte o Capítulo 2), devemos segmentar os recursos priorizados de Governança de Dados em três fases (curto, médio e longo prazo). Os recursos recomendados pelo modelo de maturidade de Gerenciamento de Dados selecionado ancoram o roadmap. Em torno desses recursos, adicionamos outros específicos da organização, como criar o inventário de políticas relacionadas a dados, incluir políticas de dados no processo de gerenciamento de políticas corporativas e assim por diante.

2. **Framework**: O Framework refere-se às diferentes funções que esperamos ter em curto, médio e longo prazos. Isso inclui as diferentes funções e o número de recursos previstos

(líder de Governança de Dados, líder de qualidade de dados , líder de gerenciamento de metadados , três administradores de dados de clientes, um modelador de dados, um arquiteto etc.). Inclui também os órgãos de governança (Conselho de Governança de Dados, Comitê de Administradores de Dados , grupo de trabalho do Glossário, etc.).

3. **Objetos a serem governados** : A priorização dos objetos a serem governados define o escopo da Governança de Dados. É aqui que o significado de governar os dados deve estar fundamentado em sua finalidade de apoiar os objetivos comerciais. Esses itens podem ser domínios de dados (clientes, produtos, faturas etc.), processos (vendas, abertura de contas, aquisição de dados, provisionamento de dados etc.), fontes de dados (data warehouse, data lake, dados mestres etc.) ou até mesmo relatórios (lucratividade, reclamações etc.).

4. **Unidades organizacionais no escopo**: Normalmente, as unidades organizacionais com maior prioridade de envolvimento são aquelas com os pontos problemáticos de dados mais significativos e que, portanto, têm maior probabilidade de se beneficiar do trabalho de Governança de Dados. Defina as expectativas quanto às áreas que esperarão até o médio ou longo prazo. A implementação da governança de uma só vez (o big bang) é complicada e provavelmente fracassará.

5. **Métricas** : Como planejamos medir o progresso e a eficácia do trabalho de Governança de Dados. As métricas devem evoluir, com base não apenas no escopo e na complexidade dos indicadores, mas também nos recursos implementados. Um exemplo disso é o indicador de políticas. Talvez no primeiro ano, queiramos medir o progresso e a integridade das políticas escritas e aprovadas em relação à lista de políticas esperadas. Por outro lado, o indicador de conformidade com as políticas é mais adequado para ser encontrado no longo prazo, quando as políticas forem aplicadas.

Identifique os parceiros que nos ajudarão a avançar na execução da estratégia de Governança de Dados . Um exemplo de grande parceiro é um líder de unidade de negócios, alguém no nível sênior com o maior impacto ou pontos problemáticos devido à falta de Governança de Dados. Eles estarão entre os primeiros beneficiários dessa prática. A Comunicação Interna Institucional é outro exemplo de uma unidade organizacional que queremos ter como parceira próxima.

3.6. Estratégias Específicas das Funções de Gestão de Dados

Depois que as expectativas para o Gerenciamento de Dados e a Governança de Dados forem definidas estrategicamente, deverá ser definida uma estratégia para cada função de Gerenciamento de Dados, começando pelas outras duas pernas do banquinho. A estratégia deve se basear nas motivações e nos pontos problemáticos e estar conectada aos objetivos comerciais. As entradas para essas estratégias de função de Gerenciamento de Dados são as mesmas das estratégias de Gerenciamento de Dados e Governança de Dados: Motivações, comportamentos relacionados aos dados a serem alterados e pontos problemáticos relacionados aos dados. A primeira etapa, novamente, será definir os objetivos estratégicos da função.

As categorias a serem priorizadas incluem:

1. **Capacidades** : Os recursos dependerão de cada função de Gerenciamento de Dados com a qual estamos trabalhando e da fase em que nos encontramos. Digamos que estejamos definindo a Estratégia de Dados para a qualidade dos dados. Alguns dos primeiros recursos a serem abordados podem ser o estabelecimento do processo de gerenciamento de qualidade de dados , a criação e aprovação de um programa de qualidade de dados e a geração de um processo para identificar elementos de dados críticos. Esses recursos são os que provavelmente serão sugeridos pelo seu Modelo de Maturidade de Governança de Dados. Alguns recursos adicionais e específicos precisariam ser identificados e priorizados, como o inventário de processos críticos para os negócios, a habilitação de perfis e a análise de causa raiz.

2. **Framework**: Esta seção lista os recursos específicos que esperamos para cada fase relacionada à função de Gerenciamento de Dados para a qual definimos a estratégia. Continuando com o exemplo da Qualidade de Dados , talvez no curto prazo esperemos apenas um líder de Qualidade de Dados e um analista de Qualidade de Dados. Ainda assim, em médio prazo, esperamos ter dois profilers de dados, três analistas de qualidade de dados e cinco administradores de dados.

3. **Objetos envolvidos**: Defina o escopo e estabeleça as expectativas do que deve ser abordado para a função de Gerenciamento de Dados que estamos descrevendo. No mesmo exemplo da Qualidade de Dados , poderíamos priorizar os Processos Críticos de Negócios para os quais os Elementos Críticos de Dados serão identificados e monitorados.

4. **Escopo**: Defina as expectativas e seja muito claro sobre o que está dentro do escopo de cada fase (curto, médio e longo prazo). Para continuar com nosso exemplo de qualidade de dados , talvez queiramos limitar o escopo da qualidade de dados aos dados do cliente.

5. **Métricas** : As métricas vinculam a estratégia à forma como ela é executada. Aqui priorizamos os indicadores e as medições que teremos ao longo do tempo, que podem variar de acordo com a função de Gerenciamento de Dados que estamos discutindo.

3.7. Função da estratégia de TI

Como a produção e o uso de dados dependem da tecnologia, é fundamental entender as Estratégias de Dados em relação à estratégia de TI . Os representantes de TI estarão entre as partes interessadas que definem as Estratégias de Dados (a serem discutidas no Capítulo 4). Ainda assim, uma vez definida a estratégia de Gerenciamento de Dados, ela precisa ser discutida com a equipe de TI para garantir que a estratégia de TI apoie as metas da Estratégia de Dados. Por exemplo, se a estratégia de Gerenciamento de Dados identificar a necessidade de estabelecer a prática de gerenciamento de metadados no curto prazo, devemos garantir que a estratégia de TI inclua a avaliação e a implementação da infraestrutura de gerenciamento de metadados no curto prazo. É claro que também devemos alinhar a estratégia de TI com a estratégia de Governança de Dados . Dessa forma, ela deve incluir a avaliação, a aquisição e a implementação das plataformas de tecnologia necessárias para dar suporte à estratégia de Governança de Dados.

3.8. Papel da estratégia de gerenciamento de mudanças

Muitas práticas de Gerenciamento de Dados são novas para algumas organizações, pelo menos em uma forma governada e articulada. Isso significa que elas exigem que as pessoas mudem sua forma de trabalhar. Portanto, é importante contar com o apoio da unidade de Gerenciamento de Mudanças da organização, caso ela exista. As Estratégias de Dados devem ser socializadas com a equipe de gerenciamento de mudanças e alinhadas com a estratégia correspondente, caso ela exista. A identificação e o treinamento dos "defensores da mudança" são componentes vitais que vinculam as Estratégias de Dados à estratégia de gerenciamento de mudanças.

3.9. Papel da estratégia de comunicação

Se você me pedisse para dar uma recomendação padrão para todas as Estratégias de Dados que discutimos, ela seria a recomendação 3C: comunicar, comunicar e comunicar. As estratégias em geral, e as Estratégias de Dados em particular, devem ser democratizadas. Todos na organização devem se sentir conectados com as Estratégias de Dados e tê-las facilmente acessíveis. Se houver uma área de comunicação interna corporativa ou institucional, socialize as Estratégias de Dados com ela. Alinhe-se com a estratégia deles e aproveite a infraestrutura existente para que nossos esforços de comunicação não colidam com suas campanhas de comunicação.

3.10. Iniciativas estratégicas

A maioria das organizações tem uma iniciativa estratégica em andamento. Uma iniciativa forte o suficiente para mover toda a organização. Por exemplo, a transformação digital, a transformação em uma organização orientada por dados , uma fusão ou até mesmo um desinvestimento. Håkan Edvinsson chama isso de "Gravidade", o que significa que "algo está se movendo na organização. Algo está agitando o prédio com energia suficiente para chamar a atenção das pessoas" (Edvinsson H. , 2020) .

Como essas iniciativas são as principais prioridades, elas geralmente são boas candidatas para começar a fornecer o valor da disciplina de Governança de Dados e as funções específicas de Gerenciamento de Dados para evitar pontos problemáticos relacionados aos dados.

3.11. Fontes de dados

As fontes de dados são objetos que estão sujeitos à governança. Existem diferentes tipos de fontes de dados, incluindo bancos de dados transacionais, bancos de dados operacionais, repositórios de dados históricos e fontes de dados não estruturados. Nos dados não estruturados, podemos encontrar gravações de áudio de uma central de atendimento e opiniões de clientes na Internet e e-mails. As fontes de dados devem ser priorizadas para orientar as ações de Governança de Dados.

Eventualmente, todas as diferentes fontes de dados precisam ser governadas. Abaixo está uma sugestão de classificação das fontes de dados para priorização da governança (observação: elas não são necessariamente mutuamente exclusivas):

- **Bancos de dados** : Geralmente são relacionais, mas ainda podemos encontrar bancos de dados hierárquicos relacionados a sistemas legados. Eles são, em sua maioria, preenchidos e atualizados por sistemas transacionais.

- **Big Data Cloud** : Refere-se a repositórios de dados principalmente para suporte operacional e análise. Em geral, eles combinam dados estruturados, não estruturados e semiestruturados. Normalmente, encontramos esses repositórios armazenados em nuvens, mas, como essa classificação tem mais a ver com tecnologia, também podemos incluir aqui repositórios no local.

- **Dados não Estruturados**: Refere-se a fontes de dados não estruturados em áudio, vídeo ou texto. Por exemplo, as gravações de áudio de um call center de suporte ao cliente. Esses dados podem ser textualizados e, em seguida, analisados para serem convertidos em dados estruturados significativos. Os dados não estruturados podem ser divididos em dados não estruturados repetitivos e não repetitivos (Inmon, Lindstedt, & Levins, 2019) .

- **Dados Semiestruturados** : Não estão em conformidade com um modelo de dados, mas têm alguma Estrutura. Não possuem um esquema fixo ou rígido. Os dados não residem em um banco de dados relacional, mas têm algumas propriedades organizacionais que facilitam a análise. Com alguns processos, podemos armazená-los em um banco de dados relacional (Geeks for Geeks, 2021) . Exemplos são e-mails, arquivos XML, pacotes TCP/IP e executáveis binários.
- **Documentos** : Os dados também podem ser encontrados como documentos físicos, que podem ser digitalizados, armazenados e gerenciados por meio de um sistema de gerenciamento de documentos.

3.12. Transações

Devemos considerar dois componentes principais do ecossistema de dados ao definir as Estratégias de Dados: Produtores de dados e Consumidores de dados . O ambiente transacional produz a maioria dos dados Estruturados. Isso inclui processos de negócios apoiados por sistemas transacionais e pessoas que usam esses sistemas, executando os negócios do dia a dia. Os dados transacionais geralmente são armazenados em tabelas normalizadas dentro de sistemas de processamento de transações on-line (OLTP) e projetados para integridade. Em geral, são integrados a repositórios de dados para serem preparados para consumo posterior pelo ambiente do Analytics. Os dados transacionais também podem ser fornecidos por fontes externas à organização. Ao definir quais objetos governar, é essencial ter um entendimento de alto nível desse ambiente para compreender como as diferentes fontes de dados são preenchidas.

3.13. Análises

Quando me perguntam por que o Analytics não faz parte da área de Funções de Gerenciamento de Dados, respondo que ele não faz parte do Gerenciamento de Dados. Essa tem sido uma discussão filosófica, pois ambos estão intimamente relacionados. Como os profissionais de análise trabalham muito para encontrar, entender e limpar dados, algumas pessoas podem pensar que essa é outra disciplina do Gerenciamento de Dados. Afirmo categoricamente que não é. O Gerenciamento de Dados é tudo o que você deve fazer ao longo do ciclo de vida dos dados para garantir que eles estejam saudáveis e em condições de boa qualidade para consumo. Analytics refere-se ao consumo de dados com o objetivo de gerar insights para o negócio, realizar previsões e, inclusive, recomendar ações a serem executadas. Os profissionais de Analytics atuam como consumidores de dados e devem ser considerados clientes dos processos de Gestão de Dados.

Eu o comparo a um jantar fino. O objetivo do Chef é criar ótimas experiências culinárias para que as pessoas que apreciam sua comida possam contar histórias inspiradoras. Você tem uma ótima experiência quando lhe é oferecido um prato criativo (arquitetura e design) com ingredientes de excelente qualidade (qualidade) combinados de forma única e equilibrada e com uma ótima harmonização de vinhos (integração). Você nunca espera ficar doente com as refeições que recebe (segurança), e toda a experiência é concluída com o serviço (operações) e a explicação do que está recebendo (Metadados). Mas o cozimento e o empratamento (visualização) são o que tornam os ingredientes prontos para serem consumidos (análise), e seu sucesso depende muito de todos os elementos mencionados anteriormente (Gerenciamento de Dados).

3.14. Conceitos-chave

Framework de Estratégias de Dados é uma Estrutura para visualizar os diferentes tipos de Estratégias de Dados a serem criadas, indicando como elas se relacionam entre si e com outras estratégias existentes na organização.

3.15. Coisas para ter em mente

1. A Estratégia de Dados não é singular. Ela é plural. É um conjunto de diferentes Estratégias de Dados, cada uma com uma perspectiva diferente.
2. Todas as Estratégias de Dados devem estar estreitamente relacionadas e alinhadas com outras estratégias existentes na organização (Estratégia de Negócios, estratégia de TI , estratégia de gerenciamento de mudanças e estratégia de comunicação).
3. O principal objetivo das Estratégias de Dados é priorizar o uso de recursos limitados ao longo do tempo e definir expectativas claras. As Estratégias de Dados devem ser democratizadas para que sejam fáceis de encontrar, entender e usar em toda a organização.

3.16. Entrevista sobre Estratégia de Dados

ESPECIALISTA ENTREVISTADO: **James Price** [34]

James Price é um líder de pensamento em Gerenciamento de Dados com mais de 30 anos de experiência no setor de informações. Reconhecido internacionalmente como autor e

[34] https://www.linkedin.com/in/james-price-experiencematters/

apresentador, ele é o fundador da Experience Matters, uma empresa que ajuda as organizações a proteger e maximizar o valor de seus dados, informações e conhecimento, para resolver o problema de que, embora os ativos de informação sejam de vital importância para as organizações, em geral, eles são muito mal governados e gerenciados. Seu trabalho com a University of South Australia foi descrito pela Gartner, a empresa de consultoria do setor de TI mais influente do mundo, como "tremendo" e a pesquisa como "inovadora". Ele é coautor do Manifesto de dados do líder e presidente da Organização de dados do líder (www.dataleaders.org).

Você tem uma vasta experiência como consultor no Gerenciamento de Dados e no mundo relacionado a dados. Com que frequência você encontra uma Estratégia de Dados horizontal bem definida orientando o trabalho relacionado a dados e respondendo à Estratégia de Negócios nas organizações de seus clientes?

O Dicionário da Oxford define uma estratégia como "um plano de ação projetado para atingir um objetivo geral ou de longo prazo". Para evitar dúvidas, uso a definição mais ampla de dados; ela inclui todos os dados, documentos, registros, conteúdo publicado e conhecimento. Uma Estratégia de Dados bem definida terá como objetivo fornecer as informações certas (de alta qualidade) para as pessoas certas (e não para as pessoas erradas) no momento certo (de forma oportuna e de fácil acesso).

Uma Estratégia de Dados bem definida abordará os dez domínios identificados no documento intitulado "Information Asset Management in organizations: Development of a holistic model" (Desenvolvimento de um modelo holístico), que pode ser encontrado aqui:

https://www.experiencematters.com.au/wp-content/uploads/2022/08/Information-Asset-Maturity-Model-2021.pdf

Nossa pesquisa global mostra que abordar cada um desses domínios é fundamental para o sucesso da estratégia.

É muito raro encontrar uma Estratégia de Dados horizontal bem definida que oriente o trabalho relacionado a dados e responda à Estratégia de Negócios nas organizações de seus clientes. Muitas organizações têm uma Estratégia de Dados que aborda o domínio do ambiente de ativos de informação, que inclui a Governança de Dados e o domínio dos sistemas de informação. Pouquíssimas organizações têm uma Estratégia de Dados que aborde os oito domínios restantes.

Em sua opinião, qual é o papel da Estratégia de Dados no sucesso ou no fracasso de uma iniciativa de transformação orientada por dados ?

Uma Estratégia de Dados é um guia essencial para uma iniciativa de transformação orientada por dados. Ela fornece o roteiro de como atingir as metas da iniciativa.

A transformação digital tem a ver com a centralização no cliente e com negócios sem atritos. Não é possível fazer isso sem um Gerenciamento de Dados eficiente e eficaz. Como você pode ter a centralização no cliente se não sabe quem são seus clientes? Como é possível fazer negócios sem atritos sem acesso instantâneo aos dados, às informações e ao conhecimento de que você precisa para tomar decisões de negócios e processar transações?

Uma Estratégia de Dados deve articular as práticas comerciais e de dados atuais da organização, as implicações comerciais dessas práticas, a visão de futuro da organização e como ir de onde a organização está para onde ela quer estar. Uma Estratégia de Dados é um facilitador essencial para uma transformação orientada por dados.

Do seu ponto de vista, quem você acha que deve conduzir a criação e a manutenção de uma Estratégia de Dados e quais partes interessadas precisam participar desse processo?

Para determinar quais partes interessadas precisam participar do processo de criação e manutenção de uma Estratégia de Dados, é fundamental entender a diferença entre governança de negócios, governança de ativos e gerenciamento de ativos. A governança diz respeito à supervisão e ao controle. A governança de negócios diz respeito a quem toma quais decisões. A governança de ativos trata de tomar essas decisões e implementá-las. O gerenciamento de ativos trata das operações cotidianas.

Ao governar a organização, o Conselho e o CEO (Presidente Executivo) decidem quem será responsável pela gestão dos ativos financeiros e indicam essa pessoa para o cargo de CFO (Diretor Financeiro). O CFO é realmente responsável pelos ativos financeiros e, se administrar mal o dinheiro da organização, será demitido e, se se apropriar indevidamente, será preso. Há uma verdadeira responsabilidade.

Ao administrar os ativos financeiros da organização, o CFO desenvolve a estratégia financeira e o orçamento anual, delega cuidadosamente a autoridade financeira e mede e relata as receitas e despesas.

Ao gerenciar os ativos financeiros da organização, as pessoas com autoridade financeira delegada são responsáveis por gastar o dinheiro da organização de acordo com a estratégia financeira e o orçamento anual.

O modelo é idêntico para dados, informações e ativos de conhecimento. A diretoria e o CEO devem responsabilizar alguém pela qualidade dos dados da organização. Essa pessoa, o equivalente em dados do diretor financeiro, talvez o diretor de Governança de Dados, precisa governar os dados. É essa pessoa que deve ser responsável pela Estratégia de Dados e pelos instrumentos e delegações necessários para gerenciar bem os dados. E a responsabilidade de gerenciar bem os ativos de dados é de todas as pessoas da organização. Com relação às funções, não devemos nos prender à diferença entre proprietários de dados, guardiões de dados, administradores de dados e assim por diante; isso só atrapalha as coisas. O que é necessário é uma clara prestação de contas e responsabilidade.

Como você recomendaria que um novo líder de Governança de Dados criasse consciência e obtivesse a adesão da gerência sênior sobre a relevância de criar uma Estratégia de Dados

integral e horizontal como base para um programa de Gerenciamento de Dados bem-sucedido?

A conscientização e a adesão da gerência sênior são obrigatórias. Acabamos de discutir a diferença entre governança e gerenciamento de negócios e de ativos e quem faz o quê, a governança deve ser feita pela gerência mais sênior da organização.

Mas há mais do que isso. Não adianta investir em um projeto; para que a transformação seja bem-sucedida, ela precisa de melhoria contínua no Gerenciamento de Dados, informações e conhecimento. O aprimoramento contínuo requer investimento contínuo. O investimento contínuo requer a medição contínua da qualidade dos dados e dos benefícios comerciais resultantes. Ao justificar o investimento, nenhum diretor financeiro sequer analisará um caso de negócios, a menos que perceba um problema comercial. Uma vez que o problema tenha sido identificado, o CFO deve estar convencido de que um retorno aceitável sobre o investimento será alcançado. E o CFO só reinvestirá se os benefícios projetados forem alcançados, não apenas para o projeto inicial, mas ao longo do tempo.

4. Estratégias de Dados: Quem deve ser envolvido

A abordagem diplomática se esforça para reduzir as formalidades e omitir as partes coercitivas da Governança de Dados tradicional.

Håkan Edvinsson

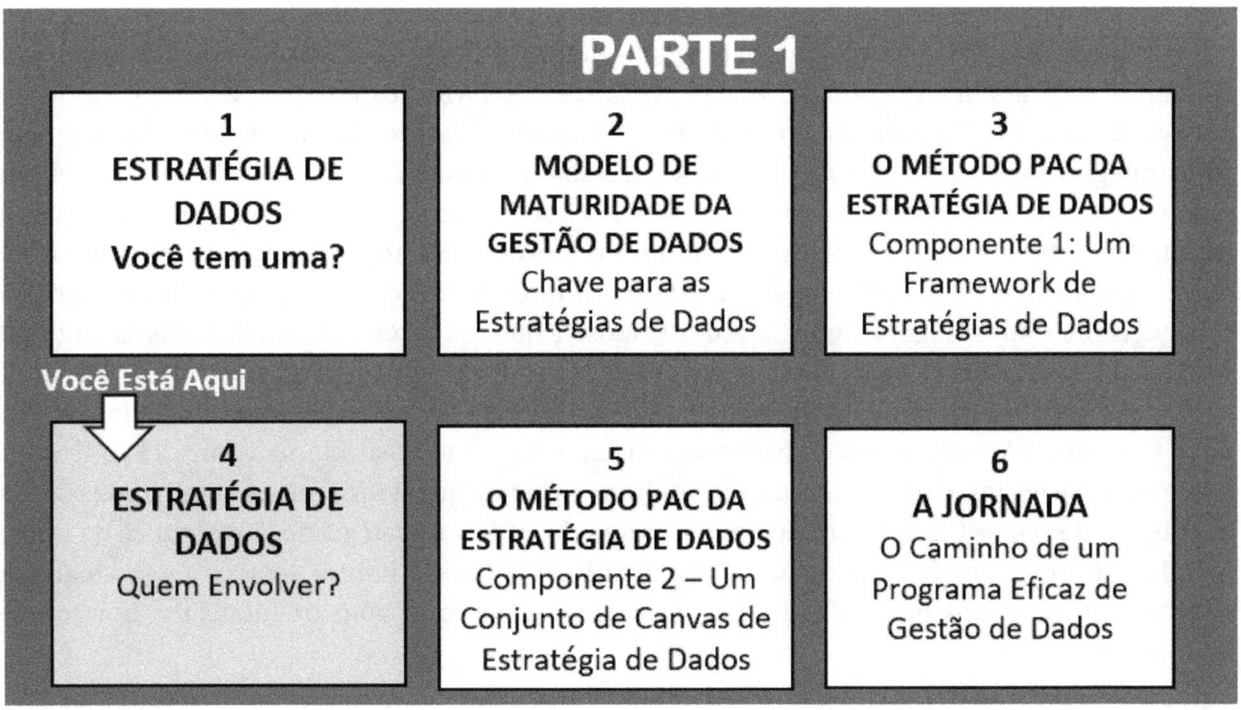

4.1. Quem deve definir as Estratégias de Dados?

Em geral, as estratégias de negócios são definidas exclusivamente por um número limitado de pessoas da alta administração. A elite. As estratégias de negócios raramente são amplamente comunicadas em toda a organização devido a um véu de sigilo. A "Estratégia de Dados", se é que existe algo com esse nome, geralmente se concentra na tecnologia, conforme definido pela alta gerência de TI. Seria mais preciso chamá-la de "Estratégia de Tecnologia". No entanto, queremos uma Estratégia de Dados integrada e totalmente alinhada à Estratégia de Negócios, considerando todas as partes da organização, abordando os dados necessários, os princípios, a proposta de valor, os recursos necessários, a priorização de recursos, as iniciativas estratégicas e as métricas, tudo isso respondendo às necessidades dos negócios e aos pontos problemáticos relacionados aos dados. Então, quem deve definir isso?

Durante meus primeiros anos em TI em um banco, testemunhei como, todos os anos, uma equipe muito seleta fazia uma Turnê Tecnológica para explorar novas tecnologias para dar suporte à Estratégia de Negócios, que era definida por outra equipe seleta. Os resultados poderiam ter sido amplamente divulgados, mas não foram. E essa é a história de muitas organizações. Se olharmos para trás na história, a ideia central por trás da estratégia era mantê-la em segredo. Como Sun Tzu aconselhou no século V a.C., "Esconda suas disposições e sua condição permanecerá secreta, o que leva à vitória; mostre suas disposições e sua condição se tornará patente, o que leva à derrota".

Geralmente pensamos em estratégia em termos de concorrência com outras organizações. Isso faz parte da estratégia, obter uma vantagem competitiva significa não mostrar a mão. Mas também é fundamental que a organização possa EXECUTAR a estratégia. Isso significa que as pessoas da organização precisam entendê-la. Ao contrário da abordagem de Sun Tzu, acho que as Estratégias de Dados devem ser democratizadas, não ocultas. Elas devem ser claramente definidas, amplamente comunicadas e acessíveis a todos que as utilizam. A democratização da Estratégia de Dados exige o envolvimento dos criadores/produtores e consumidores de dados em uma colaboração que atenda aos melhores interesses da organização. A Framework de Estratégias de Dados (Figura 13 no Capítulo 3) mostra que os representantes de todas as unidades de negócios e serviços compartilhados devem definir a Estratégia de Alinhamento de Dados (o nível mais alto de Estratégia de Dados). Esses representantes devem ser capazes de falar sobre seus pontos problemáticos relacionados aos dados. Conforme ilustrado na Figura 15, o tipo e o número de partes interessadas diretas diminuíram à medida que definimos os detalhes das outras Estratégias de Dados (estratégia de Gerenciamento de Dados, estratégia de Governança de Dados e cada estratégia de função de Gerenciamento de Dados). Porém, como a estratégia de alinhamento de dados orienta as outras estratégias, a conexão com os requisitos horizontais permanece.

O livro, *Open Strategy* , descreve como as empresas vencedoras se mantêm à frente da disrupção por meio da abertura (Stadler, Hautz, Matzler, & Friedrich von den Eichen, 2021) . O primeiro estudo de caso descreve a abordagem de Ashok Vaswani à estratégia quando, em 2012, ele assumiu o comando da empresa de varejo Barclays do Reino Unido

Vaswani acreditava que havia uma maneira melhor de definir estratégias. Se os funcionários comuns participassem da elaboração da estratégia desde o início, eles se sentiriam mais envolvidos nela, a entenderiam melhor e fariam o possível para executá-la. Enquanto isso, os líderes poderiam elaborar planos com mais nuances se tivessem contato com as preocupações da linha de frente e poderiam comunicar melhor a estratégia.

Foi exatamente assim que abordei as Estratégias de Dados! As Estratégias de Dados devem ser abertas e representar a organização de forma holística. A abertura começa com a identificação de quem deve participar da definição de cada Estratégia de Dados. Conforme descrito no Capítulo 7, a abordagem recomendada para definir as Estratégias de Dados é por meio de sessões de workshop.

A Figura 15 ilustra como identificar as partes interessadas para contribuir com as definições da Estratégia de Dados. Os detalhes serão diferentes entre as organizações. Embora esse modelo tenha sido desenvolvido para uma organização de médio e grande porte, as organizações de pequeno e médio porte também podem usá-lo. Ao identificar as partes interessadas, leve em conta quem trata dos diferentes aspectos envolvidos na administração da organização, como operações, finanças, governança, marketing e assim por diante. Aborde esse processo com o senso de abertura necessário para definir cada tipo de Estratégia de Dados, conforme descrito abaixo.

Estratégia de alinhamento de dados : Conforme discutido no Capítulo 3, ela deve ser definida em primeiro lugar, pois orienta as outras estratégias. Esse processo identificará:

- Os domínios de dados necessários para atender às motivações da organização (objetivos estratégicos de negócios)
- Comportamentos relacionados a dados a serem modificados ou adaptados
- Pontos problemáticos relacionados a dados.

Isso requer representantes de toda a organização (diferentes linhas de negócios "Bus (Unidades de Negócio)", Finanças, Jurídico, Recursos Humanos, TI, Governança de Dados, qualquer unidade relacionada a dados, arquitetura corporativa ou unidade semelhante com uma visão abrangente da organização etc.). Os pontos problemáticos dos dados podem existir em qualquer lugar.

As partes interessadas que definem a Estratégia de Alinhamento de Dados devem estabelecer um entendimento comum dos três a cinco objetivos estratégicos de negócios de prioridade máxima. Com um acordo sobre os objetivos estratégicos de negócios, as partes interessadas podem priorizar a motivação, os comportamentos e os pontos problemáticos dos dados. Essas prioridades serão o principal insumo para a definição da estratégia de Gerenciamento de Dados.

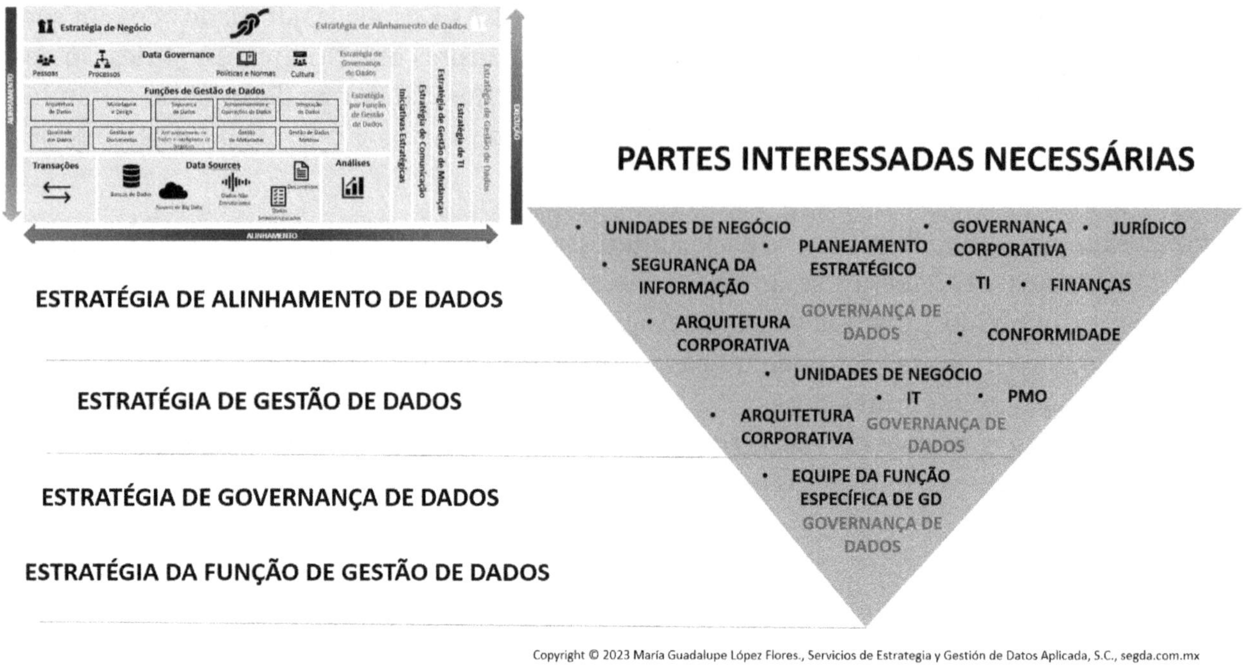

Figura 15- Estratégias de Dados - Partes interessadas necessárias

Estratégia de Gerenciamento de Dados: O principal insumo para definir a estratégia de Gerenciamento de Dados é a lista priorizada de motivações para o Gerenciamento de Dados, os comportamentos relacionados a dados a serem modificados ou adotados e os pontos de dor nos dados. Podemos identificar as partes interessadas do negócio para priorizar as funções de Gerenciamento de Dados com base na priorização definida por meio do alinhamento de dados. É obrigatório complementar essa equipe com a equipe de Governança de Dados e as partes interessadas de TI. A equipe de Governança de Dados supervisionará a execução das Estratégias de Dados, e a equipe de TI precisará dar suporte à tecnologia necessária para um Gerenciamento de Dados eficaz e eficiente. A Arquitetura Empresarial precisará manter uma visão empresarial que descreva o escopo holístico da Estratégia de Dados.

Estratégia de Governança de Dados : A Estratégia de Alinhamento de Dados e a Estratégia de Gerenciamento de Dados fornecem informações para a Estratégia de Governança de Dados, incluindo listas priorizadas de motivações, comportamentos e pontos de dor nos dados. Um dos objetivos da estratégia de Governança de Dados é definir os dados e os objetos a serem governados (por exemplo, relatórios regulatórios, repositórios de dados, processos comerciais etc.), bem como os recursos que serão governados ao longo do tempo. Essa definição inclui as funções necessárias para executar os recursos.

Como os membros da equipe de Governança de Dados orquestram a definição das Estratégias de Dados, eles conhecerão e entenderão a estratégia de alinhamento de dados e poderão usá-la para definir a estratégia de Governança de Dados . De acordo com a abordagem de estratégia aberta, todos os membros da equipe de Governança de Dados contribuem para essa estratégia, não apenas o líder de Governança de Dados .

Estratégia da função de Gerenciamento de Dados: As partes interessadas de cada Estratégia de Função de Gestão de Dados (Arquitetura de Dados, Modelagem de Dados, Integração de Dados, Qualidade de Dados, etc.) devem ser compostos pela equipe responsável pela execução da respectiva função, além da Equipe de Governança de Dados ou, ao menos, seu líder

4.2. Líder de Governança de Dados: Orquestrador mestre

Muitas pessoas têm interesse em definir as Estratégias de Dados, mas o processo não acontecerá magicamente só porque elas reconhecem esse interesse. Alguém deve orquestrar o processo de articulação das estratégias, garantindo sua execução e evoluindo-as ao longo do tempo. Essa orquestração é responsabilidade do líder de Governança de Dados . Essa função inclui:

- Envolver as partes interessadas
- Garantir que as estratégias sejam documentadas
- Atuar como guardião das Estratégias de Dados
- Socializar e comunicar as Estratégias de Dados
- Garantir que eles sejam incorporados ao planejamento estratégico anual da empresa

Essas atividades são necessárias para tratar os dados como um "ativo estratégico".

Durante anos, a função do líder de Governança de Dados esteve fortemente associada à elaboração de políticas e padrões, à supervisão do ecossistema de dados e à solução de problemas de dados. Em muitas organizações, a equipe de Governança de Dados é vista como coercitiva, impondo requisitos que a maioria das pessoas não entende e para os quais não vê propósito. Isso cria uma resistência considerável às iniciativas de Governança de Dados e a seguir as orientações da equipe. Håkan Edvinsson defende o benefício de trazer princípios diplomáticos para a Governança de Dados. Como ele aponta, "concentrar-se nos erros de dados é dar à Governança de Dados uma ambição muito baixa; isso implicaria passar de ruim para não ruim". (Edvinsson H. , 2020) A função da Governança de Dados deve ser muito mais ampla. Ela deve orientar a evolução do cenário e da cultura de dados, facilitando o alinhamento das estratégias de negócios e de dados.

Se olharmos novamente para a roda evolutiva da DAMA (veja a Figura 11 no Capítulo 3), o círculo externo contém todos os tópicos que a Governança de Dados deve promover na organização. Isso vai muito além das políticas. Na Figura 16, observe que o círculo externo inclui o tópico Estratégia, o que reforça meu argumento de que os líderes de Governança de Dados (e suas equipes) devem "orquestrar" as Estratégias de Dados.

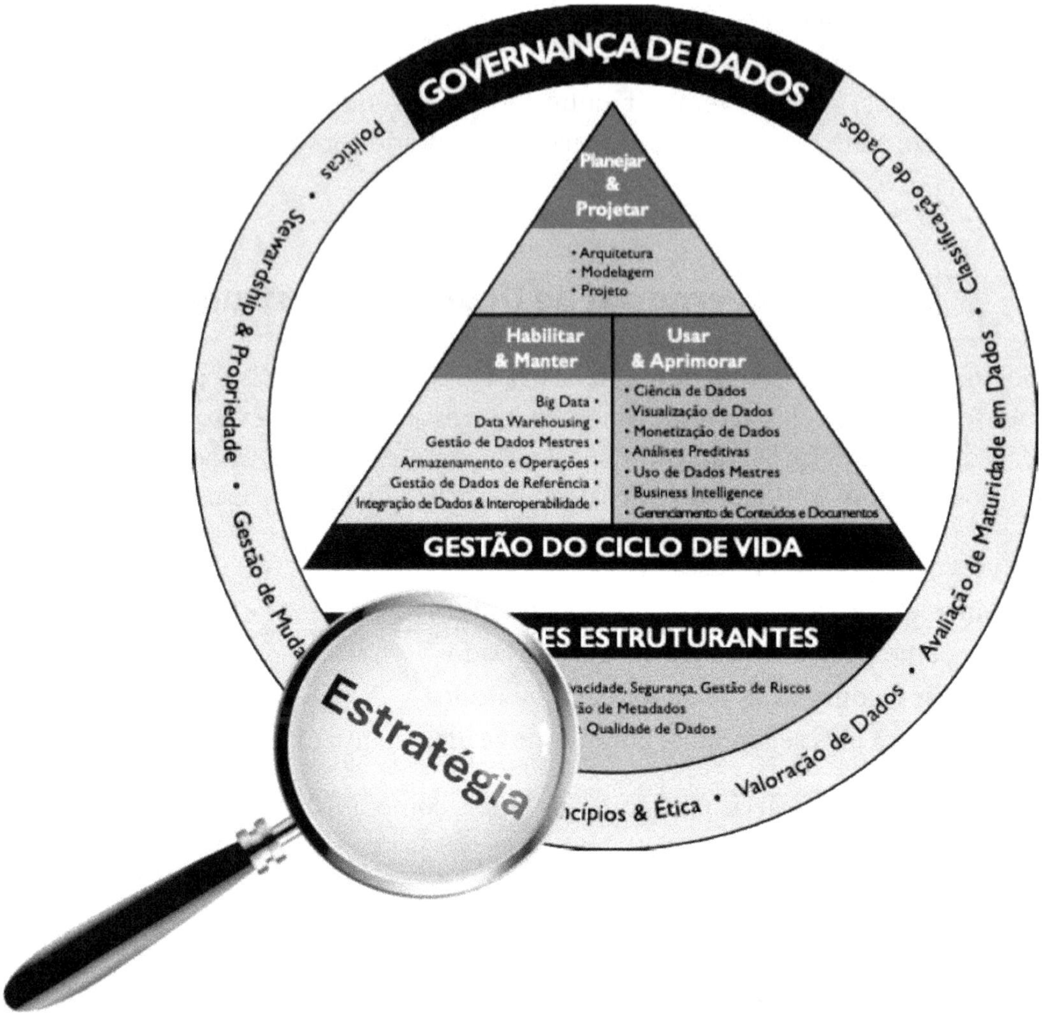

Figura 16- Framework da DAMA como uma das principais referências de Governança de Dados

A função do líder de Governança de Dados em orquestrar a definição, a comunicação, a manutenção e a execução das Estratégias de Dados é desafiadora. O mesmo acontece com a implementação de um programa de Gerenciamento de Dados eficaz e sustentável. Os maiores desafios incluem:

- Estabelecer a liderança e o compromisso da alta gerência
- Definir uma Estratégia de Dados clara e divulgá-la amplamente
- Descrição de um caso de negócios para o financiamento contínuo do programa
- Identificação de dados críticos para os quais faz sentido controlar a qualidade dos dados
- Planejar para obter dados melhores e fazer com que as pessoas implementem os planos
- Gerenciamento de metadados com a mesma atenção que o Gerenciamento de Dados

- Desenvolvimento de uma aliança sólida de negócios e TI para o Gerenciamento de Dados multifuncionais
- Gerenciamento de Dados em todo o seu ciclo de vida
- Ter a tecnologia que permite um suporte eficaz e ágil
- Ter uma estratégia de comunicação eficaz

A equipe de Governança de Dados contribui significativamente para a definição de uma Estratégia de Dados clara (o segundo item). Para superar esse ponto, surgem alguns desafios específicos:

- Engajar as partes interessadas certas para que participem da definição da Estratégia de Dados
- Geração de uma Estratégia de Dados alinhada à Estratégia de Negócios
- Orientar e monitorar o uso de dados em alinhamento com a Estratégia de Negócios como parte da execução da Estratégia de Dados
- Governar com base nos princípios definidos ao produzir a Estratégia de Dados, para tratar os dados como um ativo
- Definir políticas e uma forma de garantir a conformidade com elas, de acordo com a priorização definida na Estratégia de Dados
- Evitar a criação de uma governança coercitiva e, ao mesmo tempo, desenvolver um senso de propriedade
- Ser flexível e atingir o grau adequado de formalidade sem cair em controles rígidos que possam ser rejeitados
- Adotar um modelo de governança simples que as pessoas possam usar, levando em conta a cultura organizacional e aproveitando as estruturas s e os processos existentes
- Gerar métricas que mostrem a eficácia da abordagem em vez de simplesmente contar o que é fácil de contar
- Garantir que a Estratégia de Dados seja incorporada ao planejamento estratégico de negócios
- Garantir a execução da Estratégia de Dados
- Comunicação eficaz da Estratégia de Dados, do progresso da execução e do valor

O Capítulo 7 detalha as etapas necessárias para produzir as Estratégias de Dados, comunicá-las e incorporá-las ao planejamento estratégico de negócios. O "Orquestrador de Estratégias de Dados" será fundamental para o sucesso desse processo.

4.3. Identificação e Designação das Partes interessadas

Conforme discutido na seção 4.1, é essencial identificar quem deve participar da definição da estratégia de alinhamento de dados , pois algumas dessas partes interessadas também contribuirão para as Estratégias de Dados subsequentes, como Gerenciamento de Dados, Governança de Dados e estratégias de funções específicas. Nesse ponto, não há nenhuma exigência rigorosa quanto ao nível de cada parte interessada na organização. O mais importante é que cada participante tenha alguma influência, possua profundo conhecimento dos processos de negócios e entenda os pontos problemáticos dos dados. Muito provavelmente, a equipe incluirá pessoas da liderança e das operações. O principal requisito é que as pessoas envolvidas nesse trabalho compreendam totalmente os processos nos quais estão interessadas e os dados necessários para dar suporte a essas operações. Em geral, elas devem entender os problemas que normalmente enfrentam com relação aos dados. Podemos identificar esses principais participantes apresentando o caso de negócios para a produção de Estratégias de Dados em uma reunião do corpo diretivo da gerência sênior existente . É essencial obter a adesão e o compromisso da liderança para obter financiamento e definir prioridades para que as partes interessadas participem desse processo.

Veremos no Capítulo 6 que, antes de tentar definir uma Estratégia de Dados, é preciso garantir um entendimento básico dos conceitos de dados em toda a organização e avaliar a posição da organização em relação à prática de Gerenciamento de Dados. Atualmente, a maioria das organizações tem pelo menos algumas funções de Gerenciamento de Dados. Durante as sessões de treinamento e avaliação de maturidade, podemos convidar alguns dos principais participantes para definir as Estratégias de Dados. A participação deles nas sessões de treinamento e avaliação reflete o conhecimento e o domínio que têm dos processos de negócios e dos problemas que costumam enfrentar com os dados. Portanto, não pule essas etapas de treinamento e avaliação. Esses processos também contribuirão para o desenvolvimento de uma linguagem comum em torno dos dados, que é fundamental para uma cultura baseada em dados. É importante ressaltar que essas sessões de estado atual podem ajudá-lo a identificar as pessoas que podem contribuir para as estratégias.

4.4. O verdadeiro patrocinador não é apenas um provedor de fundos

É claro que, para começar a trabalhar nas Estratégias de Dados, precisamos ter a adesão da gerência sênior , o que pode ser um desafio. A maioria dos gerentes seniores dirá que os dados são essenciais e que é prioritário ter dados para apoiar as decisões de negócios. Entretanto, designar pessoas chave para participar de reuniões e definir as Estratégias de Dados é outra história.

Mas como podemos obter a adesão da gerência sênior para trabalhar em uma Estratégia de Dados holística? A pista está nos pontos problemáticos relacionados aos dados. Como aponta Håkan Edvinsson, não apenas os atuais pontos problemáticos dos dados são significativos, mas também os pontos problemáticos que podem surgir ao longo do caminho se uma boa Estratégia de Dados não for implementada. Uma perspectiva estratégica ajuda a organização a prever e atenuar os tipos de problemas que provavelmente surgirão de suas escolhas. Portanto, devemos nos concentrar na prevenção de problemas de longo prazo e no tratamento dos problemas atuais. Como muitas pessoas, quando se referem à dor física, as organizações querem resolver um problema específico (por exemplo, usuários com alto tempo de resposta ao acessar relatórios ou painéis de Inteligência de Negócios "BI"). Elas nem sempre pensam em evitar problemas futuros. A maioria das pessoas que contatei concorda que é importante ter uma boa Estratégia de Dados, mas não a criam porque acham que leva muito tempo e não resolve seus problemas imediatos.

Muitas empresas fazem investimentos significativos em plataformas tecnológicas para resolver problemas de dados, obter insights precisos sobre a organização e tomar decisões melhores. Na maioria das vezes, esses investimentos são seguidos de decepção e frustração. Quase todas as organizações têm pelo menos uma história sobre o fracasso de um investimento em tecnologia para gerar valor. Essas histórias podem ser aproveitadas para documentar casos de negócios para abordagens alternativas. Esse caso de negócios para o desenvolvimento de Estratégias de Dados deve abordar o custo dos problemas atuais de dados, o custo potencial de não realizar Estratégias de Dados e o valor de uma abordagem definida.

Da mesma forma que uma pessoa pode sofrer efeitos graves se continuar a tomar analgésicos sem encontrar e tratar adequadamente a causa raiz de sua dor, uma organização pode desperdiçar seu tempo e talento se não abordar os dados de forma estratégica. Precisamos encontrar uma maneira de descrever as consequências de longo prazo dessa falta de visão estratégica sobre os dados. A maioria das organizações precisa de uma abordagem que combine alívio imediato de curto prazo e prevenção de longo prazo.

Encontrar o patrocinador principal é essencial. Não há nenhuma regra sobre onde o patrocinador principal deve estar localizado, embora seja sempre melhor que o patrocínio esteja no lado comercial e não no de TI. Embora o financiamento seja importante, ele não é tudo o que estamos procurando. Também precisamos de alguém genuinamente interessado em ver o progresso, que possa fazer perguntas profundas sobre o trabalho realizado e compartilhar as realizações e os benefícios com a organização em diferentes fóruns. Outros patrocinadores que não necessariamente fornecem financiamento podem ser parceiros estratégicos. Geralmente, são gerentes seniores das unidades de negócios onde se encontra a maioria dos problemas de dados. Eles participarão e apoiarão as iniciativas de Governança de Dados ou de Gerenciamento de Dados que reduzam suas dificuldades. Quando sentirem o benefício, eles serão os melhores defensores dos benefícios de uma Estratégia de Dados exemplar para o sucesso de qualquer iniciativa relacionada a dados.

4.5. Principais fatores de sucesso

Ao aplicar o **Método PAC de Estratégia de Dados** em diferentes organizações, encontrei alguns fatores comuns de sucesso, incluindo

- **Obter a adesão à Estratégia de Dados:** Se a alta gerência não estiver convencida a investir financeiramente e também com o tempo de pessoas importantes na produção de Estratégias de Dados, não será fácil desenvolvê-las, pelo menos não de forma holística, horizontal e aberta.

- **Planeje para ter sucesso:** Quando houver adesão, será necessário um planejamento detalhado e cuidadoso para honrar a promessa e realizar o trabalho de forma pragmática e ágil. Deve-se ter extremo cuidado com o agendamento das reuniões, o envio adequado dos convites e a garantia de que os convidados estejam bem-informados sobre o objetivo, o processo e os compromissos de tempo. Eles devem receber uma mensagem forte da alta gerência incentivando-os a participar. O planejamento deve incluir como socializar os resultados, coletar aprovações e transmitir as Estratégias de Dados para toda a organização.

- **Gravação de uma mensagem das partes interessadas:** um vídeo de três minutos, que inclua uma mensagem forte destacando a relevância dos dados e como eles são tratados em toda a organização, será um ativo bom e reutilizável para comunicações. Essa é uma maneira pragmática e viável de iniciar reuniões com novos públicos, com uma mensagem forte de compromisso e incentivo para que a organização tenha dados melhores. Isso será de grande ajuda para obter um compromisso das partes interessadas.

- **Realize uma reunião inicial:** Uma maneira fácil e pragmática de designar as partes interessadas para trabalhar na definição das Estratégias de Dados é fazer uma apresentação inicial em uma reunião permanente de gerenciamento. Esse momento pode ser usado para que os gerentes identifiquem/comprometam os participantes a realizar o trabalho.

- **Conceitos de Gerenciamento de Dados de conjunto de níveis:** Esse é outro aspecto vital para facilitar a participação das partes interessadas. Comece com a definição de nível dos conceitos básicos de Gerenciamento de Dados. Isso aumentará a capacidade das partes interessadas de definir as Estratégias de Dados e reduzirá o tempo necessário.

- **Adote um modelo de maturidade de Gerenciamento de Dados** : Qualquer que seja o modelo selecionado, o uso dos recursos recomendados de Gerenciamento de Dados como marcos de ancoragem ajudará a priorizar o estabelecimento e a implementação de disciplinas ao longo do cronograma.

- **Envolver os patrocinadores que não estão financiando:** Durante a definição da Estratégia de Alinhamento de Dados , é muito viável identificar os patrocinadores não financiadores, mas que os apoiam. Eles precisam ser envolvidos em primeira mão para se tornarem defensores das Estratégias de Dados.

- **Envolver a comunicação institucional:** Se houver uma unidade de Comunicação Institucional dentro da organização, ela deve ser envolvida o mais cedo possível na iniciativa de Estratégias de Dados para ajudar a comunicar as Estratégias de Dados em toda a organização.

- **Criar consciência do ciclo anual da Estratégia de Dados:** Devemos tratar as Estratégias de Dados como outras estratégias organizacionais. Devemos revisitá-las e ajustá-las todos os anos. As partes interessadas devem entender suas funções e responsabilidades nesse processo.

- **Envolver o planejamento estratégico:** Para fechar o ciclo, quem supervisiona o Planejamento Estratégico de Negócios precisa estar envolvido para garantir que as Estratégias de Dados sejam incluídas no planejamento contínuo/anual.

4.6. Conceitos-chave

O orquestrador de Estratégias de Dados é a pessoa que identifica e envolve as partes interessadas para que participem da definição das Estratégias de Dados. Essa função também inclui a facilitação do processo, a comunicação das Estratégias de Dados resultantes e a visão geral de sua execução. Geralmente é o líder de Governança de Dados .

4.7. Coisas para ter em mente

1. As principais partes interessadas devem fornecer informações e feedback quando as Estratégias de Dados forem definidas.

2. O líder de Governança de Dados , ou função equivalente, é mais adequado para orquestrar e supervisionar a participação das principais partes interessadas na definição das Estratégias de Dados.

3. As sessões de treinamento e de avaliação da maturidade do Gerenciamento de Dados são bons fóruns para identificar algumas das principais partes interessadas que participarão da definição das Estratégias de Dados.

4.8. Entrevista sobre Estratégia de Dados

ESPECIALISTA ENTREVISTADO: **Håkan Edvinsson** [35]

Håkan Edvinsson é um consultor de Gerenciamento de Dados especializado em Governança de Dados e modelagem de decisões. É autor de *Data Diplomacy (Diplomacia de dados*), onde sugere como a inovação e a transformação dos negócios estão relacionadas à Governança de Dados não coercitiva. Sua principal mensagem é que isso pode ser feito usando uma abordagem diplomática, evitando a burocracia e tendo a organização de Governança de Dados mais enxuta possível. Ele também é um reconhecido instrutor e palestrante.

Considerando sua vasta experiência como consultor no mundo da Governança de Dados e da arquitetura de dados , com que frequência você encontra uma Estratégia de Dados horizontal bem definida (considerando toda a organização) que orienta o trabalho relacionado a dados e responde à Estratégia de Negócios nas organizações de seus clientes?

Isso costumava ser raro, ou até mesmo inexistente. Hoje em dia, as grandes organizações frequentemente expressam suas ambições de ter os dados como seu "recurso natural" vital, do qual se pode extrair fortunas. E muito dinheiro e esforço são investidos nisso. Um de meus clientes do setor automotivo afirmou que 50% da receita virá de serviços em 2030, em vez de apenas de veículos. Outros clientes estão formando estratégias semelhantes. No entanto, nem todos os setores são tão progressistas.

Até o momento, os investimentos que encontrei são para a Arquitetura de Dados e não consideram a Governança de Dados. Para ser franco, é centrado em TI, portanto, eu não me referiria a ele como "uma Estratégia de Dados horizontal bem definida", pois essa estratégia, ou sua implementação, é muito restrita.

---

[35] Håkan Edvinsson . https://www.linkedin.com/in/Hakanedvinsson/

Como disse o professor James H. Davenport: "Em uma conferência de encanadores, ninguém fala sobre água limpa" ao se referir aos profissionais de TI como encanadores (com foco em armazenamentos, tubos e conexões).

Em sua opinião, qual é o papel da Estratégia de Dados no sucesso ou no fracasso de uma iniciativa de transformação orientada por dados ?

Acredito que não separar a Estratégia de Dados de outras estratégias da organização é fundamental. Os "dados" não são uma coisa separada, pois refletem o que está acontecendo em uma empresa e com o que a organização lida. Uma transformação centrada em dados bem-sucedida requer insights profundos sobre os dados, que, por sua vez, devem ter insights sobre as operações comerciais detalhadas. Minha receita é não apenas envolver o conhecimento comercial, mas também tornar a empresa responsável por ele. É uma Estratégia de Negócios, não uma estratégia de TI. Isso se aplica a qualquer transformação de negócios.

Em última análise, não precisamos de uma Estratégia de Dados; em vez disso, temos estratégias de negócios que também consideram os dados.

Basta olhar para uma empresa de serviços públicos. Ela pode comprar energia que coloca em sua rede e distribui aos clientes. Todo o seu negócio são, na verdade, dados sobre a energia; quanto compramos e quanto nossos clientes usaram? As medidas de milhares de medidores são coletadas, processadas e, em seguida, formam a base para as transações financeiras. Em um ambiente como esse, você nunca separa a energia dos dados sobre a energia, em nenhuma etapa.

As organizações que estão se tornando centradas em dados agora tendem a perder esse ponto simplesmente porque nunca tiveram esse tipo de dados.

Do seu ponto de vista, quem você acha que deve conduzir a criação e a manutenção de uma Estratégia de Dados e quais partes interessadas precisam participar desse processo?

Vamos começar com o que é uma estratégia: ela é o meio expresso para alcançar os resultados desejados em uma perspectiva de longo prazo. Uma estratégia é sempre algo que diz respeito ao nível da diretoria e, portanto, é decidida nesse nível . Acredito que as pessoas que atuam na qualidade e na Governança de Dados devem contribuir para a estratégia, complementando as intenções orientadas à TI empresarial. Funções como líderes de Governança de Dados, arquitetos-chefes de empresas e arquitetos de dados corporativos devem, portanto, influenciar uma Estratégia de Dados.

O aspecto mais importante de uma estratégia é a sua implementação. Uma Estratégia de Dados precisa ser traduzida em diretrizes de projeto, descrições de cargos, indicadores de desempenho e assim por diante. Em minha experiência, não é incomum que tudo pareça estar no lugar, mas ainda assim nada esteja acontecendo. Por isso, proponho que uma estratégia não deve ter apenas indicadores que mostrem se a estamos alcançando ou não, e se é a estratégia certa ou não. Também devemos ter indicadores que mostrem se estamos realmente implementando-a ou não.

Meu princípio geral é ter esses indicadores formados e mantidos vivos perto de sua fonte natural, como perto das iniciativas de transformação quando elas são identificadas, planejadas, formadas, executadas e avaliadas. Isso incluiria funções como patrocinadores e gerentes de portfólio de projetos.

Como você recomendaria que um novo líder de Governança de Dados criasse consciência e obtivesse a adesão da gerência sênior sobre a relevância de criar uma Estratégia de Dados integral e horizontal como base para um programa de Gerenciamento de Dados bem-sucedido?

Faça sua lição de casa; se a qualidade dos dados for um problema, qual é a gravidade dele? Quais são as implicações comerciais disso? Se a maneira normal de melhorar a Arquitetura de Dados não está ajudando, por quê? Qual é o ponto de partida para a transformação que, até o momento, está faltando na supervisão dos dados comerciais?

Antes de abordar a gerência sênior, entenda qual é a posição dela em relação a isso. Qual é a ideia que eles têm sobre a transformação que os espera? O que eles sabem sobre o assunto? Comece de onde eles estão e use o que já existe. Por exemplo, suas preocupações, seus desafios e o que os motiva. Fale a língua deles. Se precisar educá-los para entender o que está propondo, você está no caminho errado.

5.O método PAC de Estratégia de Dados : Componente 2 - Um conjunto de Canvas

A comunicação eficaz ajuda a manter a equipe trabalhando nos projetos certos com a atitude certa.

Alex Langer

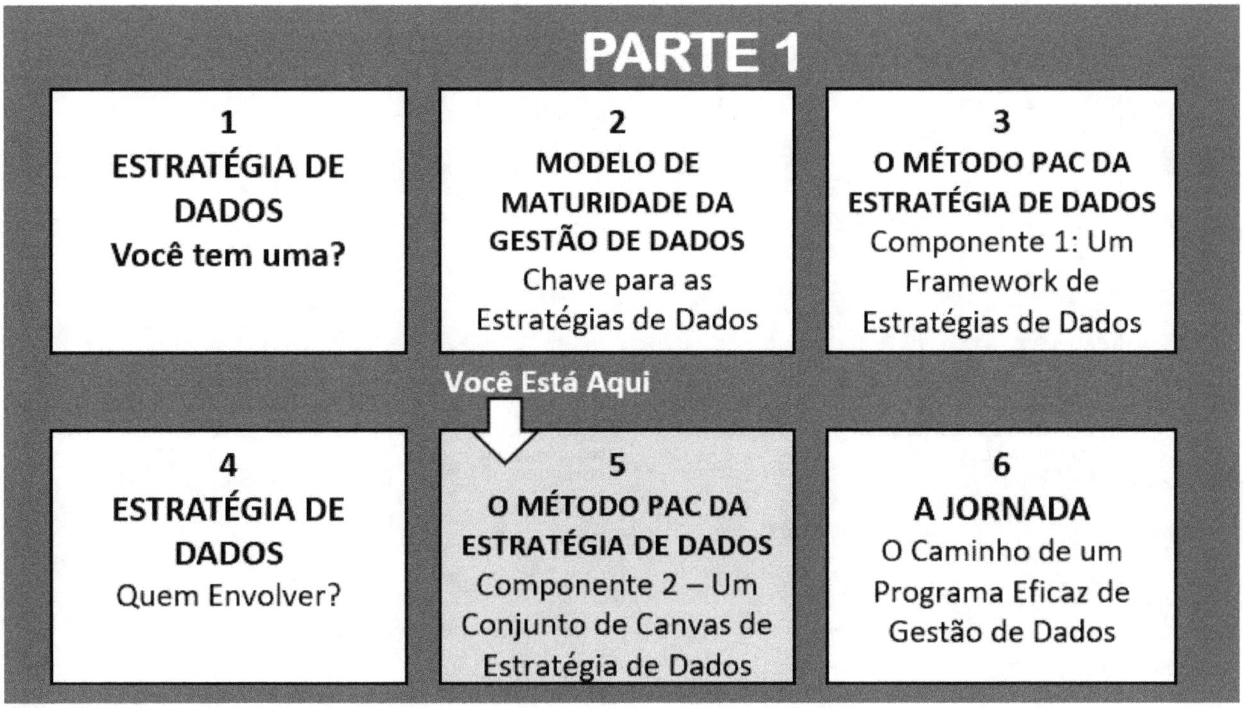

5.1. Canvas do Modelo de Negócio, a principal fonte de inspiração

No Capítulo 4, discutimos a importância de uma Estratégia de Dados aberta, para a qual muitas pessoas contribuam, entendam e tenham interesse, uma estratégia que seja democratizada. Depois de definirmos as Estratégias de Dados, o próximo desafio é comunicá-las de forma eficaz, especialmente para as pessoas que devem executá-las. Embora as informações preencham nossas vidas, tendemos a ler menos. Pelo menos, dedicamos menos tempo à leitura de um único documento. Passamos de um tópico para outro em questão de minutos. Portanto, o compartilhamento de informações relevantes e sintetizadas em um único slide é poderoso. Essa necessidade de informações sintetizadas foi abordada no "*The Business Model Canvas", O Canvas do Modelo de Negócio – de Alexander Osterwalder, 2005*, que descreve como "pintar" informações essenciais sobre uma empresa em um único slide (Figura 17).

Tenho usado o Canvas do Modelo de Negócio desde 2006. Primeiro, para entender o que devo fazer ao iniciar uma nova função na vida corporativa ou ao iniciar um projeto empresarial. A técnica me ajuda a entender claramente quem são meus clientes, que proposta de valor posso oferecer a eles e por meio de quais recursos e atividades. A partir daí, posso explicar isso aos outros de forma direta.

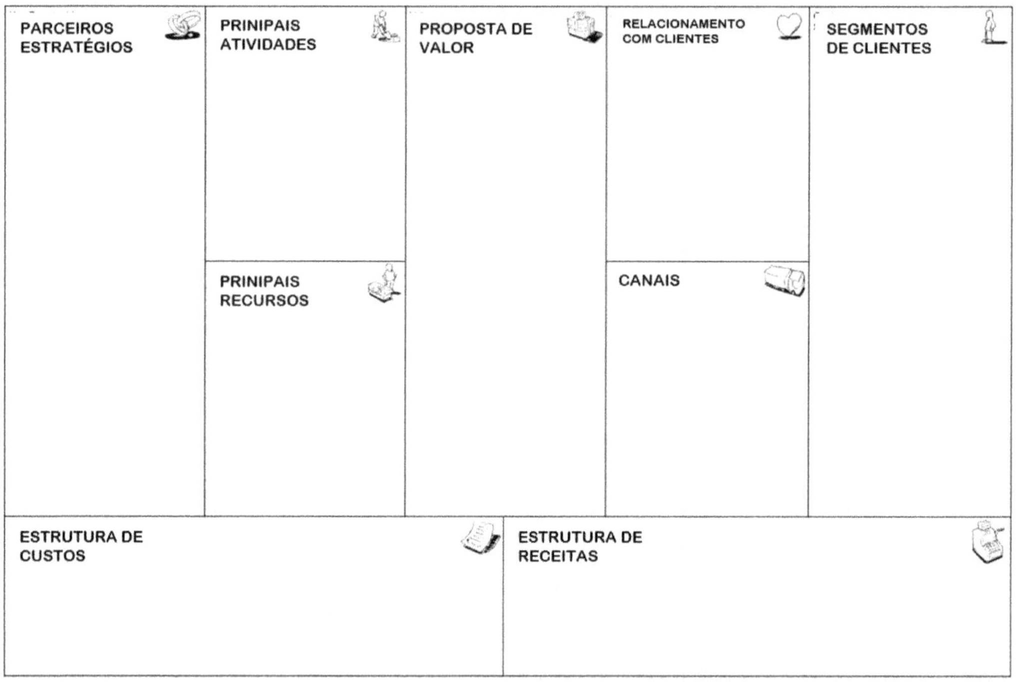

O Canvas de Modelo de Negócios Licença CC A. Osterwalder, Strategyzer.com www.strategyzer.com

Figura17 - Canvas de Modelo de Negócios de Alexander Osterwalder

O conceito de Canvas se desenvolveu significativamente desde que Osterwalder descreveu pela primeira vez o Canvas de Modelo de Negócios.

Os modelos de gestão ensinados em cursos de MBA incluem o Canvas de Modelo de Negócios[53]. Os profissionais de gerenciamento de projetos usam o Modelos Canvas de Projetos.[36] Pesquise na Internet e você encontrará Canvas para tópicos muito diversos. Todos

36 https://bit.ly/3dbW4Md

os Modelos Canvas compartilham uma ideia comum: simplificar a comunicação de um modelo e aumentar a possibilidade de obter um entendimento comum.
Algumas equipes não conseguem se unir e colaborar porque não entendem seu objetivo principal: a quem servem e como servem seus clientes. Um Canvas pode ajudar a definir as expectativas entre as pessoas envolvidas nas atividades descritas pelo Canvas e os clientes dessas atividades.

Este capítulo apresentará e explicará como os **Modelos Canvas da Estratégia de Dados** podem comunicar diferentes níveis das Estratégias de Dados alinhadas e descritas no Capítulo 3. O objetivo é descrever cada estratégia em um único slide. A produção de um Canvas eficaz exige muito trabalho de BackOffice. É necessário sintetizar várias entradas e manter o significado claro. (Discutiremos a metodologia de implementação no Capítulo 7).

5.2. Entradas para Estratégias de Dados

As Estratégias de Dados devem estar alinhadas com as estratégias de negócios. Assegure-se de que esse alinhamento comece com a identificação dos objetivos estratégicos do negócio . Esses objetivos nem sempre são documentados. Em alguns casos, eles podem ser publicados internamente, mas essa não é uma prática generalizada. Na maioria das vezes, precisamos perguntar sobre eles porque (conforme discutido no Capítulo 4) estão envoltos em sigilo. Os objetivos Estratégicos do Negócio são essenciais na estratégia de Alinhamento de Dados Canvas (consulte a seção 5.3). Devemos fazer referência a eles ao definir as Estratégias de Dados descritas no Capítulo 3 (O Framework de Estratégias de Dados).

Embora sejam essenciais, os Objetivos Estratégicos de Negócios não são o único fator determinante das Estratégias de Dados. Outras entradas incluem:

- Perguntas sobre negócios
- Pontos problemáticos relacionados a dados
- Motivações
- Comportamentos a serem mudados

Elas não serão encontradas escritas em lugar algum e devem ser descobertas por meio de sessões guiadas com os principais interessados (consulte o Capítulo 4).

5.2.1 Perguntas sobre negócios

Pessoas em níveis de liderança em toda a organização fazem perguntas diariamente. São perguntas comerciais relacionadas ao seu âmbito específico de responsabilidade. Na maioria dos casos, essas perguntas podem ser respondidas com ativos de informação atuais, como relatórios, painéis e aplicativos interativos. Mas respondê-las pode levar muito tempo (por exemplo, um relatório de segmentação de clientes disponível duas semanas após o final do mês). Em outros casos, a organização não tem os dados necessários para responder às perguntas.

Alguns exemplos de perguntas desse tipo são:

- Como a lucratividade atual do produto x se compara à lucratividade de dois anos atrás?
- Qual é a lucratividade das agências nas zonas com o maior índice de insegurança?
- Qual é o número médio de produtos comprados pelo mesmo cliente?
- Quais são os canais usados pelos clientes mais lucrativos?
- Existe uma relação entre as ausências dos alunos e suas notas nos testes?
- Quantos clientes inativos foram reativados no último mês?
- Que infraestrutura foi usada nas filiais mais lucrativas?
- Quais são os códigos postais dos clientes mais frequentes?

Listar e priorizar as perguntas dos líderes de toda a empresa é a primeira etapa para identificar o tipo de dados necessários para respondê-las, mesmo que os dados ainda não existam na organização. Ao definir as Estratégias de Dados, não queremos chegar ao nível do elemento de dados. Em vez disso, comece com categorias amplas de dados (domínios, como clientes, contas, pedidos, fornecedores, produtos, filiais etc.) necessárias para responder às perguntas comerciais. A prioridade das perguntas influenciará a prioridade dos domínios de dados nas estratégias de Gerenciamento de Dados e Governança de Dados.

5.2.2 Pontos problemáticos relacionados a dados

Os pontos problemáticos relacionados aos dados são outra contribuição importante para as Estratégias de Dados. Comece com os problemas que afetam atual e diretamente a organização. Por exemplo,

- Relatórios inconsistentes apresentados por Vendas, Finanças e Operações
- Um aumento nas multas incorridas por um banco por enviar dados de baixa qualidade aos órgãos de análise de crédito
- Uma baixa taxa de capacidade de contato com o cliente por parte de uma seguradora
- Capacidade limitada de vendas cruzadas
- Inventário impreciso devido a métodos inconsistentes de identificação de produtos

Cada unidade da organização terá pontos problemáticos. Você precisará ser muito seletivo ao abordá-los. Aqueles com maior impacto devem ser a prioridade máxima. A compreensão do impacto e a priorização dos itens de ação do requerem a participação das mesmas partes interessadas vitais que priorizaram as Perguntas de Negócios .

Embora você deva começar com os pontos problemáticos atuais, o processo também deve identificar riscos, problemas que não são evidentes neste momento, mas que podem se transformar em pontos problemáticos graves, com efeitos dramáticos se não forem mitigados por meio da Estratégia de Dados. Por exemplo,

- Requisitos de conformidade novos ou emergentes
- Regulamentos que ainda não estão sendo abordados
- Iniciativas para se tornarem globais sem considerar as regulamentações de outros mercados
- Falta de centralização no cliente
- Gerenciamento distribuído de catálogos de produtos

5.2.3 Motivação

Duas entradas adicionais serão necessárias ao definir a estratégia de Gerenciamento de Dados. O primeiro é a motivação. É importante reconhecer e expressar o que leva a organização a investir no Gerenciamento de Dados. Se a organização deseja se tornar uma empresa orientada por dados ou recuperar a posição no mercado por meio de insights sobre o comportamento dos clientes, essas motivações ajudarão a priorizar os aspectos do Gerenciamento de Dados que a estratégia deve abordar.

5.2.4 Comportamentos a serem alterados

O último insumo necessário para as Estratégias de Dados é entender como as pessoas da organização se comportam em relação aos dados. Esses comportamentos descrevem como as pessoas interagem com os dados, como usam os dados e como entendem sua responsabilidade em relação aos dados aos quais estão expostas. As Estratégias de Dados precisam abordar o comportamento para aprimorar uma cultura orientada a dados. Exemplos desse tipo de contribuição incluem:

- Os designers de relatórios não documentam as fontes de dados que usam em seus relatórios
- Os requisitos de dados não são registrados corretamente (ou seja, os requisitos de negócios são definidos no nível da funcionalidade e não incluem dados)
- Os gerentes de projeto não levam em conta a produção de metadados ou o gerenciamento da qualidade dos dados ao criar o orçamento do projeto

- Os projetistas de soluções não se referem ao Modelo de Dados Corporativo (quando ele existe) para definir/atualizar modelos de dados no nível do projeto.
- Os desenvolvedores reutilizam campos existentes em uma estrutura de dados sem documentar a mudança de finalidade

Como mostram os exemplos, esses comportamentos podem ser a causa direta de problemas de qualidade de dados.

5.3. Tela de estratégia de alinhamento de dados

A Figura 18 mostra o Canvas usado para definir a primeira Estratégia de Dados, a Estratégia de Alinhamento de Dados . Essa é uma estratégia essencial. Por meio dela, alinharemos as necessidades comerciais e os objetivos estratégicos com o restante das Estratégias de Dados.

À esquerda estão as entradas para definir as estratégias. Sempre os mantemos à vista para garantir que nos lembremos a que as estratégias estão respondendo. As entradas para a Estratégia de Alinhamento de Dados incluem objetivos estratégicos empresariais priorizados, questões comerciais e pontos problemáticos relacionados aos dados.

Domínios de dados : O principal objetivo desse primeiro Canvas é identificar as categorias de alto nível de dados agrupados logicamente (domínios de dados, como clientes, produtos, fornecedores e contas) necessárias para responder às perguntas comerciais e apoiar os objetivos estratégicos da empresa, bem como aqueles relacionados aos pontos problemáticos dos dados. Todos os domínios de dados identificados devem ser listados, mesmo que a organização não tenha dados para domínios específicos.

Provedores de dados: É aqui que listamos as entidades, entendidas como unidades organizacionais ou fontes externas relacionadas aos domínios de dados identificados. Queremos identificar os processos de negócios de alto nível em que os dados são produzidos. Lembre-se de que este é o nível mais alto das Estratégias de Dados, portanto, não estamos falando sobre o que conhecemos como fontes de dados; elas entrarão em cena em outras Estratégias de Dados.

Consumidores de dados : Da mesma forma, precisamos identificar as organizações (internas ou externas) ou indivíduos que consomem os dados relacionados aos domínios listados.

Princípios de dados: Håkan Edvinsson descreve o benefício de usar princípios, em vez de regras, como base para a Governança de Dados. Os princípios dependem da confiança e geram confiança porque se conectam a um objetivo comum. (Edvinsson H. , 2020) Exemplos dos princípios de Edvinsson incluem:

- Confiar nas pessoas
- Sempre os dados corretos de minha parte
- Capturar dados próximos ao local de origem
- Oportunidade é poder

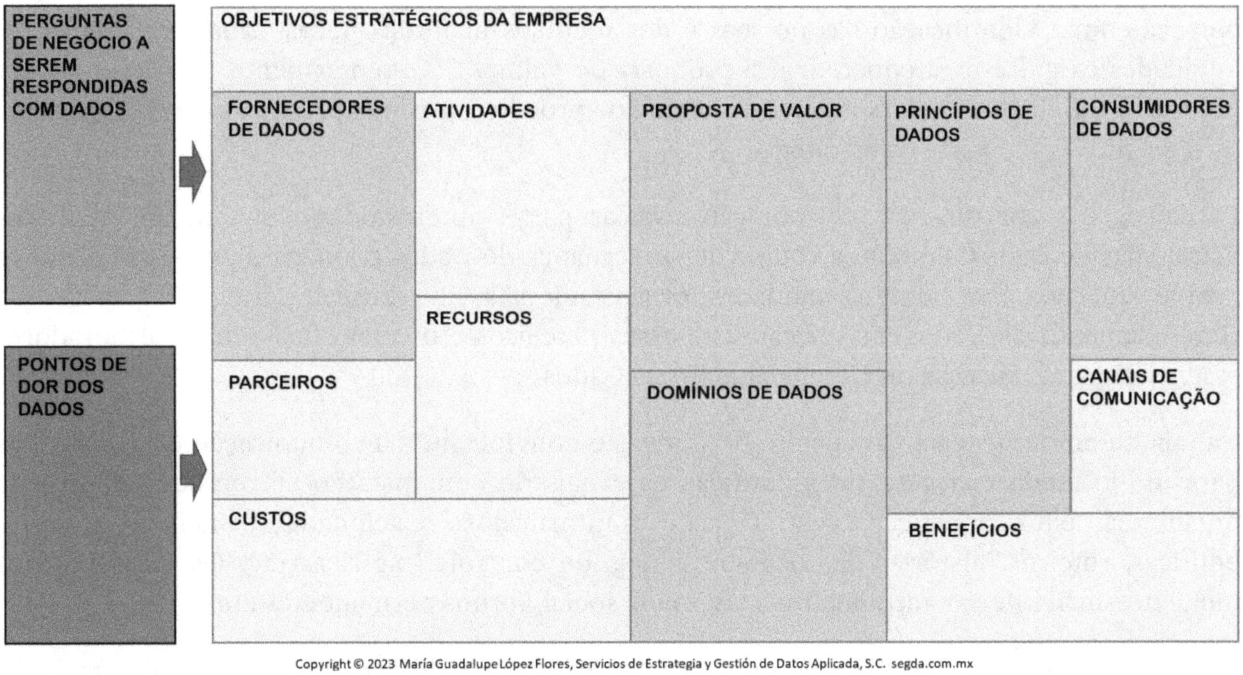

Figura 18- Canvas de estratégia de alinhamento de dados

Essa primeira Estratégia de Dados deve incluir os princípios que orientam o comportamento em relação aos dados. Todos devem segui-los. Por exemplo:

- Respeitamos a fonte oficial de cada dado.
- Comprometemo-nos a garantir a confidencialidade, a segurança e a integridade dos dados de outras pessoas, seguindo os padrões que esperamos para nossos próprios dados.
- Nossas práticas de manuseio de dados devem considerar o respeito às pessoas, tomando cuidado para maximizar os benefícios e minimizar os possíveis danos.

Proposta de valor : Como essa é a Estratégia de Dados de mais alto nível e o Canvas contará a história do que fazer na área de dados, é essencial definir a proposta de valor da Estratégia de Dados. Essa proposta de valor dá suporte às Estratégias de Dados, em geral, afirmando o valor de um melhor tratamento dos dados em toda a organização.

Atividades: As Estratégias de Dados definem as expectativas para o Gerenciamento de Dados, os requisitos de recursos e as prioridades. O que fazer para Gerenciar os Dados, quando, com quais recursos e em que ordem? É essencial ter clareza sobre as atividades que impulsionam um programa de Gerenciamento de Dados bem-sucedido. Esta seção lista as atividades de alto nível, incluindo o desenvolvimento de estratégias adicionais no Framework de Estratégias de Dados .

Recursos: As Estratégias de Dados devem vincular a implementação a ações específicas. Isso começa com a identificação das pessoas e dos recursos materiais necessários para realizar as atividades exigidas para concretizar a proposta de valor . O Gerenciamento de Dados requer pessoas. É difícil obter recursos posteriormente no processo se não expressarmos explicitamente os requisitos como parte da estratégia.

Parceiros : A abertura e a colaboração com as partes interessadas resultam em melhores Estratégias de Dados. Embora a equipe de Governança de Dados conduza o processo, ela deve fazê-lo em parceria com as unidades organizacionais que buscam atingir as metas de Gerenciamento de Dados. Esta seção lista esses parceiros e os identifica como colaboradores essenciais para o sucesso do Gerenciamento de Dados.

Canais de comunicação: O conceito de Canvas é convincente na comunicação de ideias. Mas para usá-lo ainda é necessário identificar os canais de comunicação apropriados dentro da organização para comunicar as estratégias e as informações relacionadas: princípios, padrões, políticas, roteiros, histórias de sucesso, painéis de controle, métricas etc. Os canais óbvios incluem e-mail interno, intranet, revistas, mídia social, fóruns permanentes etc.

Custos: A seção de custos do Canvas pode ajudar a definir as expectativas relacionadas à adoção ou não adoção das práticas de Gerenciamento de Dados. Não é necessário expressar os custos em termos econômicos precisos se essas informações não estiverem disponíveis. O objetivo é identificar os itens que representam o custo de levar a estratégia a um estágio acionável.

Benefícios: As contrapartidas dos custos são os benefícios. A seção Benefícios deve incluir benefícios qualitativos e quantitativos. Assim como no caso dos custos, se os números exatos não estiverem disponíveis, não é obrigatório incluí-los, mas é importante identificar as categorias de benefícios.

5.4. Tela de estratégia de Gerenciamento de Dados

Depois que a estratégia de alinhamento de dados for definida e documentada, é hora de priorizar as ações e os recursos para desenvolver a tela da estratégia de Gerenciamento de Dados. Nesse momento, duas entradas adicionais entram em cena: As motivações para estabelecer um programa de Gerenciamento de Dados e os comportamentos relacionados aos dados a serem alterados (Figura 19). Os pontos problemáticos relacionados aos dados usados como entrada para a estratégia de alinhamento de dados também são cruciais para a estratégia de Gerenciamento de Dados e, portanto, aparecem novamente à esquerda dessa tela.

Os Objetivos Estratégicos de Gerenciamento de Dados, conforme definidos e priorizados pelas partes interessadas, encabeçam essa tela.

Colunas (CURTO, MÉDIO E LONGO PRAZO): Essa tela ajuda a alocar recursos ao incluir três colunas: curto prazo, médio prazo e longo prazo. Normalmente, essas colunas podem ser representadas por anos, mas essa não é uma regra rígida. Considerar uma progressão lógica de objetivos ao longo do tempo é "*designar recursos de forma inteligente para trabalhar de maneira integrada a fim de atingir metas relacionadas a dados e contribuir para alcançar objetivos estratégicos de negócios*".

Parceiros : Esta seção lista as unidades e funções organizacionais que são de importância fundamental para o sucesso do programa de Gerenciamento de Dados. Isso pode incluir todos ou um subconjunto dos parceiros listados na Estratégia de Alinhamento de Dados Canvas , incluindo Comunicação Corporativa, PMO, Conformidade, Arquitetura Empresarial e assim por diante.

Governança de Dados: Todas as Estratégias de Dados precisam estar relacionadas. O link deste Canvas para a Estratégia de Governança de Dados Canvas é a linha denominada Governança de Dados. Aqui, listamos os recursos de Governança de Dados que precisamos estabelecer a curto, médio e longo prazo. Esses recursos são baseados no Modelo de Maturidade de Governança de Dados da organização. Eles também podem incluir requisitos específicos da organização. A Governança de Dados aparece na primeira linha dos elementos a serem priorizados devido ao seu papel fundamental na supervisão das outras disciplinas de Gerenciamento de Dados.

Figura 19- Canvas de estratégia de Gerenciamento de Dados

Funções : Esta seção refere-se às áreas de conhecimento de Gerenciamento de Dados da DAMA : Governança de Dados, Arquitetura de Dados , Modelagem e projeto de dados, Armazenamento e operações de dados , Segurança de dados, Integração e interoperabilidade de dados, Gerenciamento de conteúdo e documentos de dados, Dados mestre e de referência, Armazenamento de dados, Metadados e Qualidade de dados (Figura 10) (DAMA International, 2017) . Esta tela se refere a eles como Funções para transmitir o senso de ação e seu objetivo de, eventualmente, tornar-se " Rotina operacional ".

Domínios de dados : Identificamos os domínios de dados na Estratégia de Alinhamento de Dados Canvas. Esta seção prioriza a curto, médio e longo prazo a aplicação das funções de Gerenciamento de Dados e dos recursos de Governança de Dados a esses domínios.

Fontes de dados: Uma parte essencial da priorização de esforços e da definição de expectativas é indicar quais fontes de dados devem ser abordadas quando os recursos de Governança de Dados ou as funções de Gerenciamento de Dados forem implementados. Por exemplo, a linha "Data Domains" (Domínios de Dados) pode mostrar não apenas que os clientes são a prioridade máxima, mas também que os dados dos clientes a serem governados são os dados do Data Warehouse, do CRM e do banco de dados mestre como fontes autorizadas desses dados.

Iniciativas : A melhor maneira de abrir caminhos para a implementação do Gestão de Dados é aproveitar as iniciativas estratégicas em andamento que já foram reconhecidas como de alta prioridade. Geralmente, essas iniciativas têm orçamentos aprovados e a atenção das principais partes interessadas. Listá-las aqui associa a estratégia de Gerenciamento de Dados à Estratégia de Negócios. A aprovação da estratégia de Gerenciamento de Dados impulsionará o engajamento das pessoas envolvidas com essas iniciativas e a adoção de práticas de Gerenciamento de Dados a curto, médio e longo prazo.

Métricas : Uma estratégia sem ação não tem valor. Para serem compreendidas, as ações devem ser medidas. A estratégia deve incluir KPIs claros para mostrar que está sendo implementada. Esta última linha indica como medimos a implementação dos recursos de Governança de Dados e das funções de Gerenciamento de Dados . Essa linha pode mostrar a evolução das métricas à medida que os recursos de Gerenciamento de Dados evoluem.

5.5. Tela de estratégia de Governança de Dados

É hora de detalhar como abordamos a Governança de Dados. Podemos ver isso como um detalhamento da linha de Governança de Dados do Canvas da Estratégia de Gestão de Dados (Figura 19). Essa tela descreve a Framework organizacional para dar suporte à Governança de Dados, quais elementos governar e onde dentro da organização (Figura 20).

Figura 20- Canvas de estratégia de Governança de Dados

Precisamente as mesmas entradas que usamos para o Canvas da Estratégia de Gestão de Dados podem ser transferidas aqui para mantê-las presentes durante a documentação do conteúdo desse Canvas. Assim como aconteceu com a estratégia de Gerenciamento de Dados, os objetivos estratégicos de Governança de Dados devem ser definidos primeiro pelas partes interessadas que trabalham nessa estratégia.

Recursos : Este é o link direto para a estratégia de Gerenciamento de Dados. Os mesmos recursos aparecem na primeira linha de ambas os Canvas.

Framework: O Framework refere-se à organização da função de Governança de Dados. Aqui, devemos ter clareza sobre as funções e o número de pessoas necessárias para executar o programa. No início, provavelmente encontraremos o líder de Governança de Dados, dois assistentes de Governança de Dados e alguns administradores de dados para unidades organizacionais selecionadas no curto prazo. À medida que a implantação da Governança de Dados se expandir para outras áreas, o número de administradores de dados e outros funcionários poderá aumentar. Esta seção do Framework também é o local para indicar os órgãos de governança. No curto prazo, não criamos um órgão específico de Governança de Dados. Em vez disso, aproveitamos os órgãos de governança permanentes para promover o programa de Governança de Dados. Por exemplo, o líder de governança pode solicitar tempo na agenda da equipe de liderança para discutir questões de dados, relatar o progresso da iniciativa de Governança de Dados ou solicitar outras informações da gerência sênior.

Objetos para governar : Esta seção é fundamental para definir as expectativas sobre o que a equipe de Governança de Dados fará. A Governança de Dados ainda é um conceito muito abstrato para muitas pessoas. Na melhor das hipóteses, um entendimento geral reconhece que a Governança de Dados define as políticas de dados e, em seguida, supervisiona a adesão. A tentativa de implantar práticas de Governança de Dados em toda a organização de uma só vez geralmente termina em fracasso e pode aumentar a resistência à ideia de Governança de Dados. A implementação deve ser planejada e intencional. Ela começa com a identificação dos objetos a serem governados a curto, médio e longo prazo. Um objeto pode ser um processo comercial, um repositório de dados, um relatório regulatório, um processo de integração de dados, um processo de migração de dados, uma fonte de dados, um domínio de dados etc. As colunas de curto, médio e longo prazo documentarão diferentes objetos a serem governados. Isso comunica o conceito de implementação incremental.

Unidades organizacionais no escopo: Continuando com a ideia de implantação incremental da prática de Governança de Dados, essa linha indica a prioridade das áreas organizacionais que a Governança de Dados atenderá. As ações relacionadas à governança de uma unidade podem incluir a identificação de administradores de dados, treinamento, aplicação de políticas, documentação de termos comerciais no glossário, identificação de elementos de dados críticos, documentação de metadados comerciais , etc.

Parceiros : Conforme mencionado no Canvas da Estratégia de Gestão de Dados, devemos listar as unidades ou funções organizacionais que ajudarão a adotar e implantar a prática de Governança de Dados. Entre os parceiros típicos da Governança de Dados estão a unidade de políticas institucionais, a unidade de conformidade e a auditoria interna, pois elas ajudam a facilitar o gerenciamento e a aplicação das políticas de Governança de Dados nos órgãos e processos de governança existentes.

Métricas : Essa linha mostrará a evolução e a maturidade das métricas ao longo do tempo. No curto prazo, a maioria dos KPIs está relacionada à implementação e à implantação dos processos de Governança de Dados, com base no modelo de maturidade de Gerenciamento de Dados da organização .

5.6. Tela de estratégia de função específica de Gerenciamento de Dados

Depois que as três funções de Gerenciamento de Dados forem selecionadas de acordo com a teoria do banco de três pernas (Seção 3.4), devemos documentar cada estratégia (Figura 21). Mantemos as entradas (motivações, comportamentos relacionados aos dados a serem modificados e pontos problemáticos dos dados) identificadas ao documentar a estratégia de alinhamento de dados. No entanto, devemos destacar aqueles que afetam a função específica de Gerenciamento de Dados.

Capacidades : Os recursos do Modelo de Maturidade de Gerenciamento de Dados da organização aparecerão nesta seção do Canvas e ancorarão o roteiro de implementação. Podemos complementá-los com recursos específicos da organização. Por exemplo, se o Modelo de Maturidade não incluir a Função de Gerenciamento de Dados específica (por exemplo, o DCAM não inclui a Integração de Dados), os recursos deverão ser definidos com base nos processos e nos capacitadores necessários para executá-los.

Framework: Cada disciplina de Gerenciamento de Dados exige a participação de diferentes funções, algumas das quais são comuns a outros campos, como os administradores de dados, e não precisarão ser replicadas aqui, pois devem ser incluídas na estratégia de Governança de Dados Canvas. Nesta linha, inclua apenas as funções e os órgãos de governança específicos da função de Gerenciamento de Dados descrita pelo Canvas.

Objetos envolvidos: Como foi feito na Estratégia de Governança de Dados Canvas , identifique os objetos nos quais a função de Gerenciamento de Dados será aplicada. Para ilustrar, se a função for Arquitetura de Dados e o objeto for o Domínio de dados dos clientes , isso significa que os clientes são a "coisa" relevante para a organização que precisamos documentar como parte do Modelo de Dados Corporativos (MDC).

Escopo: Definir o escopo é fundamental para estabelecer expectativas. Essa linha mostrará o escopo de curto, médio e longo prazo da função de Gerenciamento de Dados. Por exemplo, se, para a Qualidade de Dados, os objetos envolvidos se concentrarem no Domínio de Dados do Cliente, poderemos limitar o escopo de curto prazo aos elementos de dados de contato do Cliente.

Parceiros : Conforme descrito nos Canvas anteriores, esta seção lista as funções ou unidades organizacionais identificadas como parceiros principais na execução da função específica de Gerenciamento de Dados.

Métricas : As métricas descrevem os KPIs específicos da função de Gerenciamento de Dados. Se estiverem incluídas no Modelo de Maturidade do Gerenciamento de Dados , a pontuação esperada para curto, médio e longo prazo deve ser incluída nas colunas apropriadas.

Figura 21 - Estratégia da função de Gerenciamento de Dados Canvas

5.7. Modelo de negócios de Governança de Dados

É fundamental que as pessoas da organização, começando pela equipe de governança, desenvolvam um entendimento comum do que a Governança de Dados significa para a organização. A melhor maneira de comunicar isso é por meio de um Canvas do Modelo de Negócio. Veja cada função de Gerenciamento de Dados como um negócio individual dentro da organização. É fundamental que os membros da equipe conheçam seus clientes (internos), as principais atividades e sua proposta de valor.

Observe na Figura 22 que o Modelo de negócios de Governança de Dados usa as mesmas entradas que os Canvas de estratégias de Gerenciamento de Dados e Governança de Dados.

Cliente : A equipe de Governança de Dados deve entender claramente seus clientes, incluindo unidades de negócios organizacionais, unidades de desenvolvimento de TI, administradores de bancos de dados, o CDO e assim por diante. Os clientes não devem ser presumidos. Identificá-los explicitamente ajuda a focar no trabalho e em como ele deve ser orientado.

Proposta de valor : Depois de identificar os clientes, considere a proposta de valor de cada grupo. As declarações da proposta de valor devem ressoar na mente dos clientes para levá-los a procurar o apoio e a participação da equipe de Governança de Dados. Complemente essa seção com a lista de serviços de Governança de Dados (o que a Governança de Dados vende/oferece aos clientes?) por meio dos quais realizamos a proposta de valor. Fazer essa conexão ajuda a tornar o conceito abstrato de Governança de Dados muito concreto.

Canais: Esta seção lista os meios de comunicação com os clientes para que eles entendam o modelo de negócios e o Framework da Governança de Dados, os serviços e como solicitá-los, as políticas, os padrões, as histórias de sucesso, os painéis etc. Exemplos desses canais incluem portais de intranet, e-mail, revistas, boletins informativos etc.

Relacionamento com o cliente : Em muitas empresas, a parte mais fácil é conquistar novos clientes. A parte difícil é manter um relacionamento com os clientes existentes e criar fidelidade. Um dos resultados de uma implementação bem-sucedida da Governança de Dados é que as pessoas apreciarão o valor da equipe de Governança de Dados. Os clientes que tiverem uma ótima experiência e benefícios tangíveis recomendarão o trabalho dessa equipe. Na seção Relacionamento com o cliente do Canvas, identifique os meios para manter o interesse dos clientes. Por exemplo, notificar sobre atualizações nas fontes de dados, oferecer suporte para identificar e documentar termos comerciais, treinamento e assim por diante.

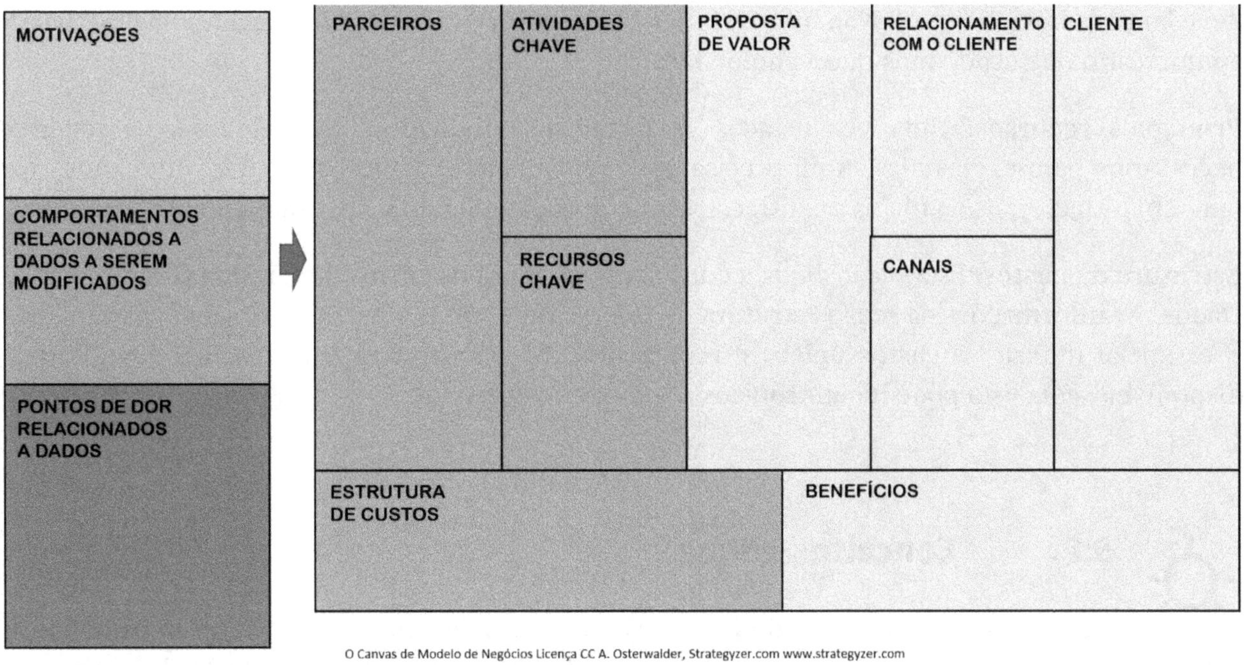

Figura 22- Modelo de Negócios de Governança de Dados

Benefícios: É essencial expressar os benefícios da Governança de Dados para a organização em termos comerciais. Adicionar elementos quantitativos é ótimo quando possível, mas não é obrigatório. À medida que a operação amadurecer, inclua números de benefícios quantitativos em versões atualizadas deste Canvas .

Parceiros : A implantação e a execução da Governança de Dados requerem o apoio e a colaboração de diversas áreas da organização. Um exemplo claro é o Escritório de Gerenciamento de Projetos. Como todos os projetos passam por esse escritório, ele pode determinar atividades para aprimorar o Gerenciamento de Dados, como a documentação de metadados e a aplicação de requisitos por meio do orçamento do projeto. Outro parceiro importante é a equipe de design de soluções de TI ou a equipe de arquitetura. Os arquitetos de soluções podem ser treinados para identificar a falta de padrões de dados e orientar os líderes de projeto a aderir aos padrões.

Principais atividades: Não é incomum ouvir as equipes de Governança de Dados reclamarem que precisam realizar diversas atividades relacionadas aos dados, mas não à Governança de Dados. Isso se deve principalmente à falta de compreensão da Governança de Dados. E esse é exatamente o objetivo deste Canvas. Portanto, o Canvas é o lugar certo para listar as principais atividades nas quais a equipe de Governança de Dados se concentrará. Listá-las aqui evitará que a organização atribua todas as atividades de dados à equipe de Governança de Dados. Os exemplos incluem a produção de políticas e o gerenciamento do inventário de fontes de dados, o glossário de negócios e o processo de qualidade de dados (muitas vezes, as condições não permitem uma equipe separada para a qualidade de dados , e a equipe de Governança de Dados deve lançá-la inicialmente). Não há atividades-chave certas e erradas. Esta tela tem o objetivo de comunicar o que esperamos que a equipe faça.

Principais recursos: Uma vez listadas as principais atividades, identificamos os recursos necessários para executá-las. Aqui precisamos registrar não apenas os recursos humanos, mas também os materiais na forma de infraestrutura, licenças, plataformas, equipamentos etc.

Estrutura de custos: Esta seção ajuda a conscientizar sobre os custos de ter uma Governança de Dados. As informações da seção estrutura de custos são obtidas a partir dos principais recursos. É essencial indicar os custos únicos e recorrentes. Se não houver informações quantitativas disponíveis, essa lista pode incluir tópicos a serem considerados.

5.8. Conceitos-chave

Os Canvas de Estratégia de Dados são um meio de comunicar os diferentes níveis de Estratégia de Dados de forma sintetizada, de modo que cada Estratégia de Dados possa ser descrita em um único slide.

5.9. Coisas para ter em mente

1. O poder do Canvas reside em sua capacidade de comunicar várias ideias relacionadas em um único slide que pode ser claramente compreendido por diferentes públicos.
2. Cada Canvas da Estratégia de Dados tem uma finalidade específica e está relacionado ao restante dos Canvas das Estratégias de Dados. Coletivamente, eles contam uma história completa sobre o que acontecerá no Gerenciamento de Dados.
3. Os Canvas de Estratégia de Dados ajudam a definir expectativas em toda a organização sobre como o Gerenciamento de Dados agregará valor à organização.

5.10. Entrevista sobre Estratégia de Dados

ESPECIALISTA ENTREVISTADO: **Tom Redman** [37]

---

[37] Tom Redman https://www.linkedin.com/in/tomredman/

Tom Redman , mais conhecido como "Data Doc", é um especialista reconhecido internacionalmente em qualidade de dados e autor de vários títulos nessa área. Ele é coautor do Manifesto de Dados para Líderes. Ele tem ajudado líderes e empresas a entender seus problemas e oportunidades mais importantes no espaço de dados, a traçar um curso e a desenvolver os recursos organizacionais necessários para a execução. De startups a grandes multinacionais, de executivos seniores e diretores de dados a pessoas que estão no meio da luta para começar algo, ele ajuda a construir futuros orientados por dados. Para isso, ele combina a perspectiva de um visionário sobre o cenário de dados com uma profunda experiência em análise e qualidade de dados.

Considerando sua vasta experiência como consultor em qualidade de dados , com que frequência você encontra uma Estratégia de Dados horizontal bem definida que orienta o trabalho relacionado a dados e responde à Estratégia de Negócios nas organizações de seus clientes?

Até o momento, não encontrei uma Estratégia de Dados que atenda aos critérios que você definiu. Deixe-me apresentar alguns antecedentes. Em minha opinião, a questão fundamental da "estratégia" é: "Como pretendemos competir no mercado?" A "Estratégia de Dados" e a "Estratégia de Negócios" devem ser inseparáveis na resposta a essa pergunta.

Em segundo lugar, não acho que as empresas devam pensar muito sobre estratégia até que tenham os fundamentos estabelecidos. Uma boa estratégia deve ser factível e, até que tenham os fundamentos estabelecidos, as empresas não têm como especular sobre o que podem alcançar. Já vi muitos planos estrelados que não passaram no "teste da viabilidade".

Por fim, sei que muitas pessoas que trabalham com dados estão tentando alinhar seu trabalho à Estratégia de Negócios. Isso é ótimo, mas não é suficiente. Os empresários também devem se perguntar como podem criar uma vantagem competitiva a partir dos dados.

Em sua opinião, qual é o papel da Estratégia de Dados no sucesso ou no fracasso de uma iniciativa de transformação orientada por dados ?

Não consigo imaginar que você possa transformar qualquer coisa sem um plano de dados sólido.

Mas, para deixar claro, sou muito cético quanto à possibilidade de muitas iniciativas que vejo rotuladas como "transformação". A transformação é difícil, requer uma gama de talentos, um senso de urgência, uma visão muito convincente e coragem. Simplesmente não estou vendo as empresas reunirem esses elementos. Muita conversa, pouco trabalho duro.

Do seu ponto de vista, quem você acha que deve conduzir a criação e a manutenção de uma Estratégia de Dados e quais partes interessadas precisam participar desse processo?

As pessoas que têm mais a ganhar devem conduzir a criação da Estratégia de Dados. Os profissionais de dados têm muito a ganhar, mas geralmente não tanto quanto os empresários.

Conheço um CDO que está liderando o processo, mas ele está colocando em prática o básico, talvez a empresa esteja pronta para uma estratégia em mais um ano.

Portanto, em geral, a empresa deve conduzir. O pessoal de dados pode trabalhar nos bastidores, talvez até em parceria, mas, na maioria das vezes, deve haver uma liderança comercial.

Duas outras coisas: Você não perguntou sobre execução, mas isso é fundamental. E a maioria dos recursos está na empresa, o que reforça ainda mais a necessidade de liderança empresarial. Em segundo lugar, já observei que poucas empresas estão prontas para uma Estratégia de Dados em toda a empresa. No entanto, por enquanto, incentivo as unidades individuais, até o nível da equipe, a definir e buscar estratégias bastante agressivas. As empresas aprendem fazendo.

Como você recomendaria que um novo líder de Governança de Dados criasse consciência e obtivesse a adesão da gerência sênior sobre a relevância de criar uma Estratégia de Dados integral e horizontal como base para um programa de Gerenciamento de Dados bem-sucedido?

Quero ser um pouco cauteloso aqui. Acho que muitos profissionais de dados querem que os líderes sêniores “entendam os dados". Assim, eles (a gerência sênior) poderão realmente ajudar. Mas essa é uma tarefa tola. Há muito tempo estou envolvido em tudo o que se refere a dados e sinto que estou apenas começando a entendê-los. Como um executivo sênior, gastando apenas alguns minutos com o assunto, pode realmente entender os dados?

Em vez disso, os profissionais de dados devem pensar muito mais sobre a ajuda que realmente precisam dos líderes seniores. Já vi profissionais de dados tentarem fazer com que os líderes sêniores aprovassem regras de negócios complicadas. Os líderes sêniores não sabem nada sobre elas, não podem realmente ajudar e são rapidamente rejeitados. Além disso, não é disso que o programa de dados precisa.

Descobri que quase toda a gerência sênior quer ajudar, a maioria simplesmente vê isso como seu trabalho. É melhor pedir a eles o que você realmente precisa. Por exemplo, um cliente meu precisava criar uma rede de gerentes de dados incorporados. Então, ela esclareceu exatamente o que queria e por que fez uma solicitação específica. É claro que o pedido foi atendido. Outro cliente pediu a um líder sênior que reservasse quinze minutos para os dados durante uma reunião corporativa e que falasse com sinceridade sobre como ele achava que os dados se encaixavam na missão da Divisão. Esse líder fez um trabalho melhor do que essa pessoa poderia imaginar.

Em resumo, os profissionais de dados NÃO devem pedir aos líderes seniores que façam seu trabalho por eles. Mas eles devem pedir ajuda aos líderes sênior onde precisarem, com isso e com a capacidade organizacional. Eles devem fazer suas solicitações da forma mais específica possível.

6. A jornada: O Caminho para um programa eficaz de Gerenciamento de Dados

A jornada é tão importante quanto o objetivo.

Kalpana Chawla

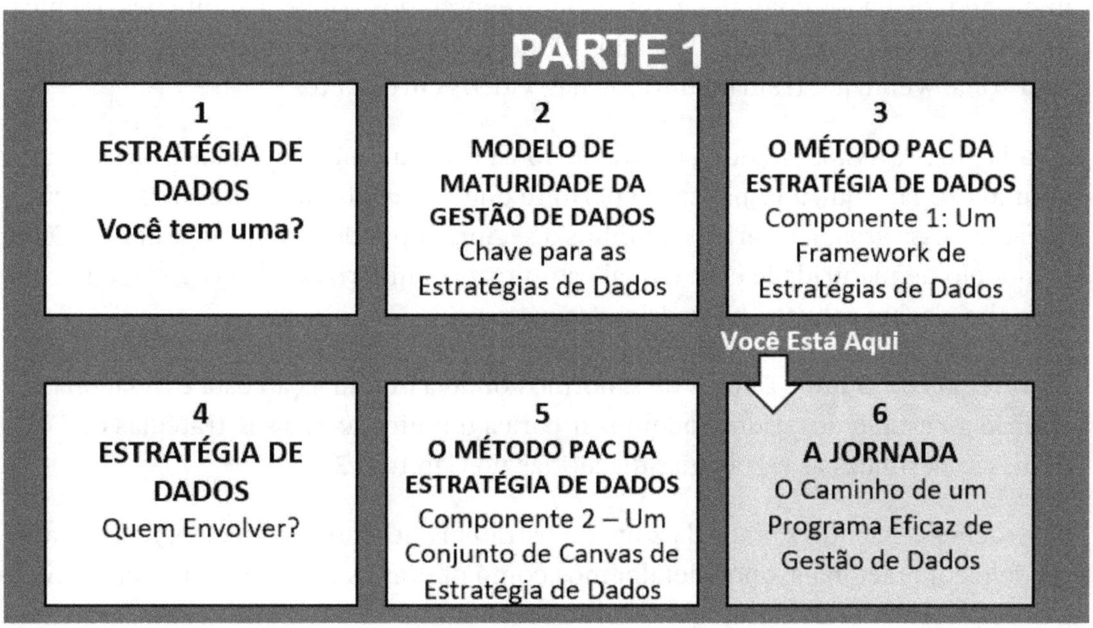

Toda vez que termino de ministrar um curso básico de Gerenciamento de Dados, ouço perguntas recorrentes: "Por onde devemos começar?" "Todas as funções de Gerenciamento de Dados devem ser abordadas simultaneamente?" "Quais são os fatores de sucesso de um programa de Gerenciamento de Dados?" Normalmente, eu respondo mostrando a eles o mapa da Figura 23 com quatro zonas a serem percorridas para produzir um programa eficaz de Gerenciamento de Dados. Essas zonas incluem:

1. Educar a organização sobre os fundamentos do Gerenciamento de Dados e definir um programa de treinamento permanente

2. Avaliação da Maturidade do Gerenciamento de Dados
3. Desenvolvimento de Estratégias de Dados para priorizar o trabalho com dados
4. Projetando modelos operacionais, começando com Governança de Dados e qualidade de dados .

Este capítulo descreve a jornada descrita por meio desses quatro tópicos (novamente, Figura 23).

Imagine o momento em que você usa um aplicativo de mapas para descobrir como chegar ao seu destino. O aplicativo mostrará diferentes opções para chegar ao mesmo lugar. Algumas opções podem incluir uma estrada com pedágio. Outras podem não ter pedágios, mas podem demorar mais. O mapa da Figura 23 mostra quatro áreas ou zonas pelas quais devemos passar para chegar ao nosso destino: o Programa de Gerenciamento de Dados.

- **Educação**: A primeira zona é a Educação, pois começamos a disseminar conceitos básicos de dados por toda a organização. Isso contribuirá para a criação de uma linguagem de dados comum e para a compreensão dos conceitos, funções, técnicas e métricas do Gerenciamento de Dados. Pode haver diferentes maneiras de transitar por essa zona: webinars, treinamento formal, vídeos curtos, etc.
- **Avaliação** : A Avaliação de Maturidade do Gerenciamento de Dados representa a segunda zona. Aqui, a visualização permite que você entenda onde a organização se encaixa nessa área. Há vários caminhos a seguir, dependendo do orçamento disponível. O modelo de maturidade com o qual estou mais familiarizado é o DCAM, que considero uma abordagem robusta, baseada em recursos.
- **Estratégias de Dados**: Depois de sabermos onde a organização está e as lacunas em relação ao estado desejado, podemos ir para a terceira zona, as Estratégias de Dados, onde são definidas as estratégias discutidas no Capítulo 3.
- **Operações** : Quando saímos da zona de Estratégia de Dados, vamos para a zona de modelos operacionais, onde detalhamos como operar as funções de Gerenciamento de Dados priorizadas na estratégia de Gerenciamento de Dados. Nessa zona, podemos produzir um plano operacional ou um conjunto de atividades para o programa de Gerenciamento de Dados.

Figura 23- Rota para chegar a um programa eficaz de Gerenciamento de Dados

6.1. Educação

Alfabetização em dados tornou-se uma das palavras-chave mais importantes nos últimos anos. A alfabetização em dados é a base absoluta para o desenvolvimento de uma cultura de dados.

Alfabetização em dados é a capacidade de ler, analisar, trabalhar e se comunicar com dados Projeto de Alfabetização em Dados (Data Literacy Project), 2021 . Atualmente, ela é tão essencial para as empresas que foi considerada o segundo idioma dos negócios. A natureza cada vez mais difundida dos dados faz com que seja fundamental que todos os funcionários aprendam a "falar dados". (Gartner Group, 2018)

Laura Sebastian-Coleman descreve a construção da alfabetização em dados como parte do Desafio das Pessoas, um dos cinco desafios da Qualidade de Dados Gerenciamento . Ela compara a alfabetização de dados com qualquer alfabetização:

Qualquer tipo de alfabetização pode ser entendido como uma combinação de conhecimento, habilidades e experiência. A alfabetização começa quando uma pessoa aprende o alfabeto e reconhece como as palavras são representadas na forma escrita. Ela se desenvolve por meio de um conhecimento explícito da estrutura da linguagem escrita, frases, parágrafos e capítulos. Mais importante ainda, à medida que um leitor lê mais, ele começa a entender as nuances dos textos. A experiência na leitura de literatura aprimora as habilidades de ver conexões, compreender o Framework e reconhecer como as escolhas do autor ao revelar informações enriquecem a experiência da história. A experiência de ler textos de não-ficção, ciência, história e até mesmo informações técnicas tem efeitos semelhantes, pois todos eles exigem que a pessoa abstraia informações e as compreenda de diferentes perspectivas. A leitura de dados exige conhecimentos e habilidades semelhantes. O conhecimento é adquirido e as habilidades são aprimoradas por meio da experiência de usar e, assim, interpretar dados. (Sebastian-Coleman, 2022) .

Portanto, desenvolver a alfabetização em dados em uma organização é um processo contínuo. Devemos considerar muitos aspectos, que vão desde o conhecimento dos dados até a experiência adquirida ao trabalhar com eles. Laura Sebastian-Coleman agrupa todos os componentes da alfabetização de dados em três componentes gerais principais de alfabetização: Conhecimento, habilidades e experiência.

A educação sobre os fundamentos do Gerenciamento de Dados, assim como o ensino do alfabeto, permitirá que as pessoas desenvolvam habilidades para aplicar na obtenção de experiência em qualquer uma das funções do Gerenciamento de Dados. É como os blocos de construção essenciais para criar uma cultura de dados e desenvolver a alfabetização em dados .

Para governar e gerenciar dados, é preciso haver um programa de educação sobre dados. Um programa que reconheça as necessidades educacionais e de treinamento das pessoas em toda a organização com base em sua função e exposição aos dados. Nem todos precisam do mesmo nível de treinamento, mas todos precisam conhecer o alfabeto: os conceitos básicos fundamentais do Gerenciamento de Dados. É impressionante a quantidade de mal-entendidos sobre o Gerenciamento de Dados que encontro toda vez que começo uma aula, mesmo quando muitos alunos já trabalham com dados há algum tempo. Alguns profissionais especializados precisarão de treinamento para certificar seu conhecimento e experiência.

Para passar por essa primeira zona, comece definindo uma combinação de diferentes mídias para atingir o público mais amplo da organização e comunicar os conceitos essenciais do Gerenciamento de Dados. Isso poderia incluir uma palestra executiva realizada em diferentes intervalos de tempo, gravada e publicada na intranet. Podemos integrar a educação sobre dados em um programa educacional corporativo para torná-la obrigatória. Em seguida, complementá-los com "cápsulas de dados" transmitidas como parte de um programa articulado e coordenado com a equipe de comunicação interna.

O próximo nível de treinamento sobre os fundamentos do Gerenciamento de Dados inclui o ensino sobre o Gerenciamento de Dados. Por exemplo, o que é cada função de Gerenciamento de Dados e como ela se relaciona com o restante das funções e com as metas comerciais. Mesmo para pessoas que se dedicaram por vários anos a trabalhar em uma função específica, como Integração de Dados ou Operações de Dados, torna-se essencial entender como as outras áreas devem interagir para gerenciar os dados de forma eficaz. Aprender os fundamentos do Gerenciamento de Dados normalmente motiva as pessoas a aprender mais ou a se envolver mais profundamente em uma função específica para desenvolver habilidades e adquirir experiência.

Os eventos educacionais ou de treinamento podem ser benéficos quando os públicos de negócios e de TI se misturam, pois eles também podem aprender com as perspectivas dos outros. Um benefício adicional é que as sessões de treinamento podem ajudar a identificar as principais partes interessadas necessárias para participar da Avaliação de Maturidade do Gerenciamento de Dados e da definição das Estratégias de Dados.

6.2. Avaliação

O Capítulo 2 discutiu os benefícios de usar um Modelo de Maturidade de Gerenciamento de Dados baseado em capacidades ao definir a Estratégia de Gerenciamento de Dados. Também analisamos os modelos mais reconhecidos. Agora, voltamos a abordar esse tópico como a segunda zona de nossa jornada, na qual precisamos entender a posição da organização em relação às funções de Gerenciamento de Dados.

Frequentemente, ouço de líderes de organizações que eles estão apenas começando um programa de Gerenciamento de Dados e, por isso, acham que não precisam de uma avaliação. Eles presumem que a organização está no primeiro nível de maturidade. No entanto, entender como as partes interessadas de diferentes partes da organização a veem e comparar essa percepção com um modelo de referência ajuda a identificar as motivações que servem de insumo para as Estratégias de Dados. As lacunas identificadas ajudarão na priorização em cada fase da definição da estratégia.

Seja qual for o modelo de maturidade adotado, a chave para o sucesso é envolver os principais interessados de toda a organização na avaliação. A colaboração é fundamental. E a avaliação de maturidade é outra excelente oportunidade de identificar participantes para definir as Estratégias de Dados.

6.3. Estratégias de Dados

Chegamos à zona de Estratégias de Dados depois de realizar a avaliação da maturidade do Gerenciamento de Dados . No Capítulo 3, discutimos o Framework de Estratégias de Dados e identificamos os tipos de Estratégias de Dados necessários. As Estratégias de Dados fundamentais a serem definidas no primeiro estágio são a estratégia de alinhamento de dados , a estratégia de Gerenciamento de Dados e a estratégia de Governança de Dados . A ordem e o ritmo em que produzimos as estratégias da função de Gerenciamento de Dados dependem de sua priorização na estratégia de Gerenciamento de Dados.

No Capítulo 4, enfatizamos a importância de envolver as partes interessadas na definição das Estratégias de Dados. Os líderes das unidades organizacionais identificarão essas pessoas durante as sessões educacionais e de avaliação.

Capítulo 7, O método PAC de Estratégia de Dados : Componente 3 - Ciclo da Estratégia de Dados , descreve o que acontece nessa terceira zona da jornada, de modo que não vou me aprofundar nisso aqui. Vale a pena mencionar que, depois de priorizar as metas por meio das estratégias de Gerenciamento de Dados e Governança de Dados (Capítulo 3), é fácil obter um roteiro anual para usar no gerenciamento de expectativas. Juntas, essas três estratégias fornecem informações essenciais para os modelos operacionais.

6.4. Modelos operacionais

Na última zona de nossa jornada rumo a um programa abrangente de Gerenciamento de Dados, desenvolvemos projetos conceituais dos modelos operacionais para as funções de Gerenciamento de Dados de prioridade máxima (conforme identificado na estratégia de Gerenciamento de Dados). A Governança de Dados é sempre a prioridade. Há diferentes considerações para projetar esse modelo. Por exemplo:

- David Plotkin fornece um estudo completo sobre a administração de dados, que ele define como "o aspecto operacional de um programa geral de Governança de Dados, onde o trabalho diário real de governar os dados de uma empresa é realizado" (Plotkin, 2021) .
- Robert Seiner defende a Governança de Dados não invasiva, "em que uma Governança de Dados menos intrusiva, mas mais eficaz, pode ser muito útil. Talvez você queira aumentar seu modelo de Governança de Dados aproveitando outras estruturas de governança já existentes na organização" (Seiner, 2014) .
- Você pode complementar essa abordagem com a abordagem diplomática e não coercitiva de Håkan Edvinsson : "A abordagem diplomática se esforça para reduzir as formalidades e remover as partes coercitivas da Governança de Dados tradicional" (Edvinsson H. , 2020) .

Você pode usar essas referências para determinar quais componentes farão parte do modelo (por exemplo, administração, comitês permanentes, grupos de trabalho, políticas) e como eles trabalharão juntos (por exemplo, princípios de colaboração, tomada de decisões, nível de formalidade). Lembre-se de que o objetivo é projetar o melhor modelo operacional de Governança de Dados da sua organização . É fundamental considerar sua cultura organizacional (como novas ideias e processos são recebidos, como as decisões são tomadas, como as mudanças são gerenciadas etc.). Também é essencial considerar os recursos disponíveis para operar o modelo. O projeto conceitual deve atender às necessidades atuais e futuras e deve funcionar para uma implantação gradual em toda a organização.

Uma vez definidos os modelos operacionais para Governança de Dados e as funções priorizadas de Gerenciamento de Dados (qualidade de dados , Arquitetura de Dados , segurança de dados etc.), é hora de elaborar um plano operacional. Esse plano detalhado será derivado do roteiro de alto nível. O programa de Gerenciamento de Dados, nosso destino nesta jornada, é um programa plurianual. Ele exigirá um plano operacional para cada ano. Com os planos definidos, entramos em um ciclo de execução e controle para implementar os modelos e executar os planos.

Em muitas organizações, as equipes iniciam a Governança de Dados sem uma direção clara. Depois, pretendem governar todos os dados da organização. Em outras palavras, elas encontram atalhos e tentam pular para o final do processo sem passar pelas zonas que descrevi. Na maioria dos casos, o resultado é que a equipe de Governança de Dados se perde. Uma vez perdida, ela chega facilmente a um ponto em que não sabe qual caminho seguir.

6.5. Conceitos-chave

A Jornada de Gerenciamento de Dados descreve o caminho que uma organização percorre para criar um Programa de Gerenciamento de Dados. Ela começa com a educação da organização e a promoção de uma linguagem comum para os dados. Ela continua com a avaliação da maturidade do Gerenciamento de Dados, a definição de Estratégias de Dados e a implementação de um modelo operacional de Governança de Dados e de um plano operacional.

6.6. Coisas para ter em mente

1. Um programa educacional de dados deve ser implementado para fornecer o nível de treinamento necessário para cada função exposta aos dados na organização.
2. Treinamento sobre os ABCs do Gerenciamento de Dados e avaliação da maturidade do Gerenciamento de Dados sessões podem ser bons fóruns para identificar as principais partes interessadas para a definição de Estratégias de Dados.
3. Os roteiros anuais podem ser derivados das estratégias de Gerenciamento de Dados e Governança de Dados e se tornar a entrada para os planos operacionais do programa de Gerenciamento de Dados.

6.7. Entrevista sobre Estratégia de Dados

ESPECIALISTA ENTREVISTADO: David Plotkin [38]

David Plotkin é gerente de governança e qualidade de dados com experiência em Arquitetura de Dados, Data Marts, modelagem lógica e física de dados, projeto de banco de dados, requisitos e regras de negócios, gerenciamento de metadados , qualidade de dados, criação de perfis, integridade de dados e administração de dados. Experiência nas áreas de serviços financeiros (em grandes bancos e empresas de gestão de patrimônio), energia/engenharia, saúde, recursos humanos, seguros, educação (ensino fundamental e médio) e varejo. Palestrante procurado para conferências da DAMA , Governança de Dados e Universidades. Especialista em trabalhar com equipes de TI na implementação de grandes sistemas com processos complexos, ele é autor do livro Administração de Dados "*Data Stewardship*" e apresentador de um curso de dois dias sobre a implementação do Data Stewardship.

Dada a sua vasta experiência como profissional de Gerenciamento de Dados e, especificamente, como promotor de gerenciamento de administração e metadados no mundo corporativo, com que frequência você encontrou o comprometimento da gerência sênior com a produção de uma Estratégia de Dados horizontal bem definida, orientando o trabalho relacionado a dados e respondendo à Estratégia de Negócios nas organizações com as quais você colaborou?

A gerência sênior geralmente parece resistir à implementação de uma Estratégia de Dados bem definida para orientar o trabalho relacionado a dados e responder à Estratégia de Negócios. Nos casos em que há uma necessidade urgente de uma "solução" específica relacionada a dados (como Gerenciamento de Dados mestres, dados de referência, Governança de Dados ou melhoria da qualidade dos dados), a criação de uma Estratégia de Dados é vista como uma perda de tempo. É claro que NÃO é uma perda de tempo, pois a Estratégia de Dados fornece a orientação e a infraestrutura a partir das quais as decisões táticas podem e devem ser tomadas. O que também afeta a disposição de criar uma Estratégia de Dados como primeira etapa é a percepção de que são necessários muitos meses para chegar a uma estratégia robusta e, enquanto isso, o outro trabalho urgente fica em espera.

A chave para superar essa resistência é convencer a gerência sênior de que a Estratégia de Dados pode ser construída rapidamente se for inicialmente apenas um Framework , que orienta os outros trabalhos e é preenchida à medida que outros trabalhos são realizados e mais se aprende. É um erro pensar em uma Estratégia de Dados como "fixa" e imutável; em vez disso, ela deve ser flexível para que possa ser alterada à medida que a Estratégia de Negócios for melhor compreendida.

---

[38] David Plotkin https://www.linkedin.com/in/davidnplotkin/

Em sua opinião, qual é o papel da Estratégia de Dados no sucesso ou no fracasso de uma iniciativa de transformação orientada por dados ?

Uma Estratégia de Dados é uma parte importante de uma iniciativa de transformação orientada por dados e contribui diretamente para o sucesso de tal esforço. A transformação orientada por dados afeta o modelo de negócios, os processos e até mesmo a cultura organizacional. Por trás de todas essas mudanças estão enormes quantidades de dados. Na verdade, o cerne da transformação orientada por dados (como você pode perceber pelo nome!) é que as decisões que a empresa toma em resposta às mudanças nas condições, às ações dos concorrentes e das agências reguladoras e às mudanças nos processos são orientadas por dados. Portanto, o gerenciamento adequado dos dados é crucial. Uma Estratégia de Dados orienta como a empresa gerencia os dados e os metadados, como ela governa esses dados, decide quais dados usar, se (e como) melhorar a qualidade dos dados para que possam ser usados e como transformar e otimizar o uso dos dados para atender às metas de negócios. Sem uma Estratégia de Dados, a transformação digital provavelmente será menos eficaz e poderá até fracassar completamente.

Do seu ponto de vista, quem você acha que deve conduzir a criação e a manutenção de uma Estratégia de Dados e quais partes interessadas precisam participar desse processo?

Uma das respostas mais óbvias para "quem deve conduzir a criação e a manutenção de uma Estratégia de Dados" seria a arquitetura corporativa. Mas o fato de ela ser uma boa escolha depende da cultura da empresa. Embora a arquitetura corporativa seja conhecida por CRIAR estratégias, ela geralmente (embora nem sempre) não é muito boa em implementar essas estratégias para obter vantagens comerciais. Ou seja, se a estratégia criada não for prática, não considerar os imperativos do negócio ou exigir liderança e conhecimento especializado que os arquitetos corporativos não possuem, ela poderá se mostrar inútil. Descobri que pode ser difícil encontrar um arquiteto corporativo que seja bom em criar E executar estratégias, incluindo encontrar as partes interessadas no negócio, o apoio executivo, convencer o negócio a participar por causa do valor agregado e orientá-lo para um produto final, incluindo a designação das táticas necessárias para executar a estratégia.

Outra possibilidade é uma combinação de profissionais experientes em Gerenciamento de Dados, como os líderes das principais iniciativas de dados, como Governança de Dados, Gerenciamento de Dados mestres, data warehouse/lago de dados, gerenciamento de metadados e qualidade de dados . Orientados por alguém que saiba como construir uma Estratégia de Dados, esses especialistas no assunto podem trabalhar juntos para garantir que a Estratégia de Dados contenha todos os componentes necessários para a execução dessas áreas cruciais. Além disso, cada um desses componentes tem suas próprias partes interessadas que estão conduzindo a execução e que podem fornecer informações comerciais sobre quais metas comerciais são mais importantes.

Como você recomendaria que um novo líder de Governança de Dados criasse consciência e obtivesse a adesão da gerência sênior sobre a relevância de criar uma Estratégia de Dados

integral e horizontal como base para um programa de Gerenciamento de Dados bem-sucedido?

Eu recomendaria que um novo líder de Governança de Dados se unisse aos tipos de pessoas que mencionei acima, para participar da conscientização e da adesão da gerência sênior . Dito isso, não acho que um novo líder de Governança de Dados deva se concentrar nisso, mas sim apoiá-lo. Os profissionais e líderes de Governança de Dados têm muito a fazer e não são necessariamente especialistas em criar e "vender" Estratégias de Dados, não foi para isso que foram contratados. Eles devem apoiar o esforço porque a Governança de Dados contribui e se beneficia de uma Estratégia de Dados sólida.

PARTE 2

Implementação do método

A Parte 1 explicou os dois primeiros componentes do **Método PAC de Estratégia de Dados** : o Framework de Estratégias de Dados e o Conjunto de Canvas de Estratégia de Dados . A Parte 2 detalha o terceiro componente do método: O ciclo da Estratégia de Dados . Se você pulou a Parte 1, consulte os capítulos anteriores para obter um melhor entendimento ao aplicar as dez etapas do Ciclo de Estratégia de Dados.

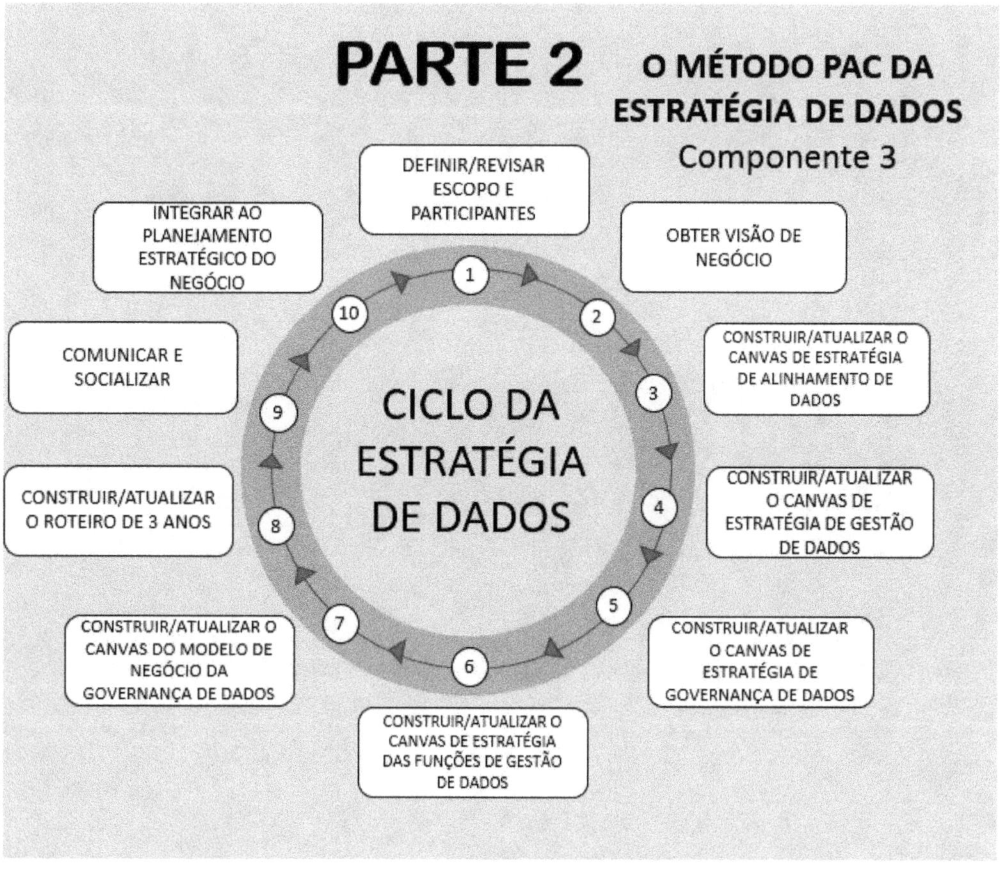

Figura 24- Dez etapas do Ciclo de Estratégia de Dados

7. O Método PAC de Estratégia de Dados: Componente 3 - Ciclo da Estratégia de Dados

É de bom senso usar um método e experimentá-lo. Se ele falhar, admita-o francamente e tente outro. Mas, acima de tudo, tente alguma coisa. Franklin D. Roosevelt

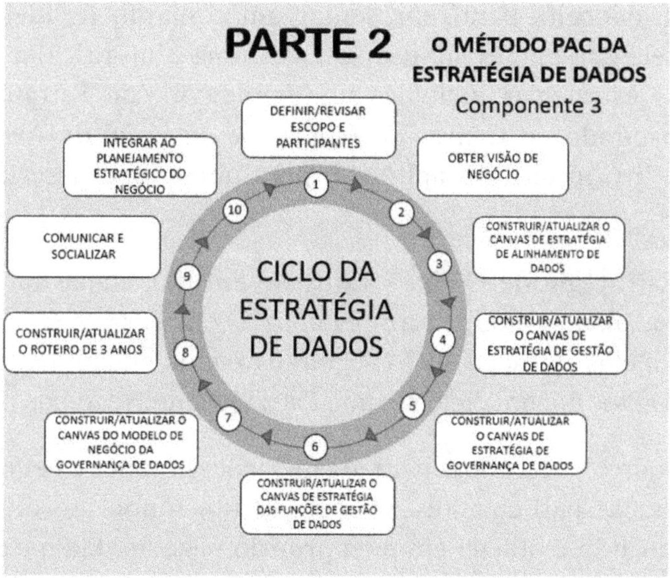

7.1. Introdução ao ciclo de dez etapas da Estratégia de Dados [39]

Está na hora de percorrer as dez etapas do **Ciclo de Estratégia de Dados** , o terceiro componente do **Método PAC de Estratégia de Dados** . Se você leu os seis capítulos anteriores, já tem todo o contexto necessário para entender o Método. Você sabe de onde ele veio e por que foi definido. Se você começar diretamente com a metodologia ,

[39] Inspirado nos DEZ PASSOS para Dados de Qualidade e Informação Confiável™ de Danette McGilvray – http://www.gfalls.com/

encontrará referências aos capítulos anteriores à medida que for lendo as etapas do ciclo. Elas o direcionarão aos detalhes e ao contexto adicional

PAC significa "**Pragmatic**" **(Pragmático)**, "Agile" (Ágil) e "Communicable" (De fácil comunicação) (usando seu significado de comunicação de ideias). [40] A Figura 25 mostra novamente seus três componentes:

1. **Um Framework de Estratégias de Dados** : Isso representa o motivo pelo qual precisamos de um conjunto de Estratégias de Dados fortemente interligadas em vez de uma só. Esse Framework rastreia a Estratégia de Negócios até os marcos em um roteiro de Governança de Dados e, a partir daí, até o plano operacional de Governança de Dados. Consulte o Capítulo 3.

2. **Um conjunto de Canvas de Estratégia de Dados:** Descrevem as Estratégias de Dados. Uma tela é um conceito para representar um conjunto de ideias em um único slide (simulando a tela que um artista usa ao fazer uma pintura). Em nosso caso, os Canvas representam as estratégias incluídas no Framework de Estratégias de Dados . Esse conceito foi inspirado no *Canvas do Modelo de Negócio*, de Alexander Osterwalder e colaboradores. [41] Consulte o Capítulo 5 para obter uma descrição detalhada de cada Canvas.

3. **Um ciclo de Estratégia de Dados** : Consiste em dez etapas que devem ser repetidas anualmente no planejamento estratégico da empresa para manter as estratégias conectadas às metas de negócios. (Seguir os ciclos anuais não impede a revisão das Estratégias de Dados em um ciclo se uma Estratégia de Negócios mudar).

A simplicidade do método o torna eficaz para organizações grandes e pequenas; a única diferença será o número de pessoas participantes. O método funcionou até mesmo para mim, como consultor individual, quando o utilizei em meu próprio negócio. Ele me ajuda a entender o que devo fazer e para quem, para que eu possa me comunicar de forma eficaz com os outros. Em grandes organizações, as partes interessadas que representam cada unidade organizacional devem definir os Canvas de Estratégia de Dados. Isso torna a Estratégia de Dados holística (considerando todas as necessidades das unidades organizacionais) e aberta, conforme discutido no Capítulo 3.

---

[40] https://dictionary.cambridge.org/dictionary/english-spanish/communicable

[41] Alexander Osterwalder https://www.alexosterwalder.com/ Business Model Canvas https://bit.ly/3LSV4bb

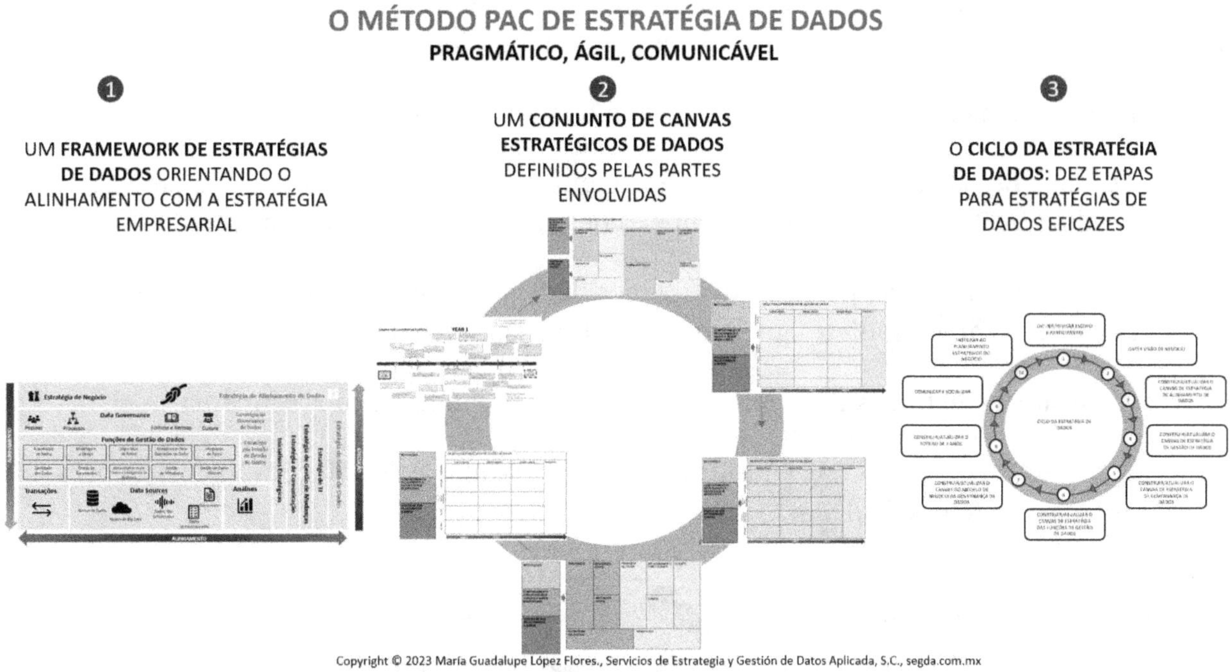

Figura 25- Componentes do método PAC de Estratégia de Dados

A Figura 26 indica a ordem em que definimos as diferentes Estratégias de Dados.

1. **Estratégia de alinhamento de dados** : Essa estratégia responde aos objetivos estratégicos da empresa, aos requisitos de dados e aos pontos problemáticos relacionados aos dados. Para definir essa estratégia, identificamos e priorizamos essas entradas.

2. **Estratégia de Gerenciamento de Dados**: Usando a Estratégia de Alinhamento de Dados como entrada, essa estratégia prioriza as Funções de Gerenciamento de Dados a serem configuradas ou amadurecidas (no centro do Framework), bem como as unidades organizacionais e os domínios de dados onde as funções serão aplicadas.

3. **Estratégia de Governança de Dados** : Essa estratégia prioriza os recursos de Governança de Dados a serem estabelecidos e os objetos (processos, relatórios, domínios de dados, fontes de dados, repositórios de dados etc.) a serem governados.

4. **Estratégia específica da função de Gerenciamento de Dados**: Cada função de Gerenciamento de Dados priorizada na estratégia de Gerenciamento de Dados deve ter sua própria estratégia.

A Figura 24 ilustra as etapas para produzir as Estratégias de Dados. Neste capítulo, exploraremos cada uma dessas etapas. Antes de executar as etapas, obtenha a adesão da gerência sênior . Embora quase todo mundo diga que é importante ter uma Estratégia de Dados e melhorar a qualidade das informações, geralmente há resistência em dedicar tempo e dinheiro para trabalhar nesses aspectos. A resistência pode soar mais ou menos assim:

- Já temos uma Estratégia de Dados... estamos transferindo nossos dados para a nuvem.
- Ter uma Estratégia de Dados é uma boa ideia, mas ela é muito cara e leva meses para ser produzida. Precisamos urgentemente colocar em prática os dados mestre.
- A operação não pode parar. Não podemos dedicar pessoas para escrever uma Estratégia de Dados. Vamos pedir a alguém que a escreva para nós.
- A Estratégia de Dados não tem valor. Estamos operando há anos sem uma.
- A Estratégia de Dados não é prática. O que precisamos é de soluções imediatas para nossos problemas de dados.

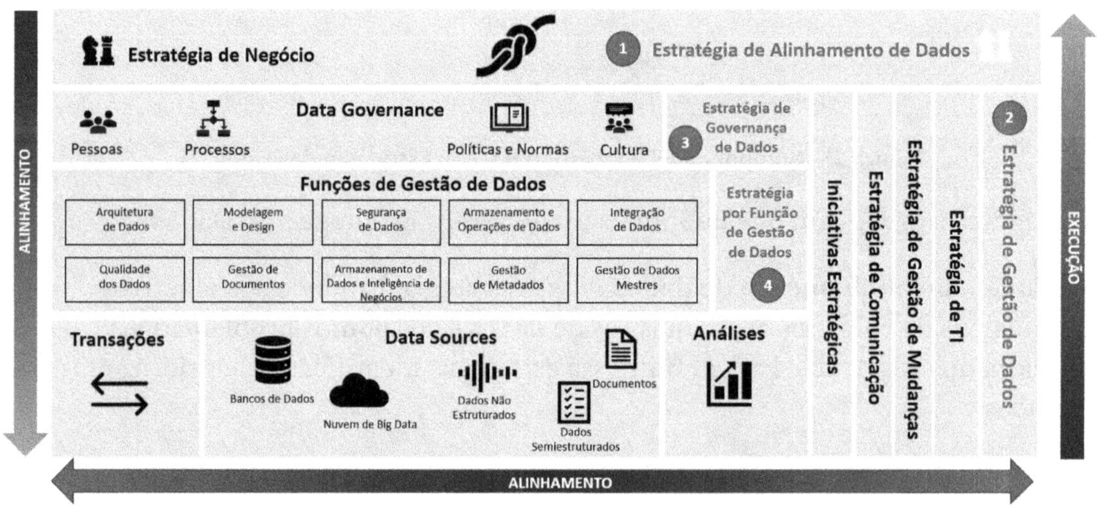

Copyright © 2023 María Guadalupe López Flores, Servicios de Estrategia y Gestión de Datos Aplicada, S.C. segda.com.mx

Figura 26- Ordem para produzir Estratégias de Dados

Antes de solicitar a adesão, prepare-se para refutar esses argumentos com ideias como estas:

- **Holística**: Para obter resultados eficazes, a Estratégia de Dados deve ir além de como desenvolver plataformas e soluções técnicas. Ela deve abordar de forma holística as necessidades comerciais, as motivações, os pontos problemáticos relacionados aos dados, os comportamentos indesejáveis relacionados aos dados e, o mais importante, os objetivos estratégicos comerciais. Também deve ser uma estratégia aberta; as partes interessadas de toda a organização devem contribuir para ela e participar de sua definição. Isso lhes dará motivos para apoiar sua execução. Por fim, ela deve ser fácil de ser encontrada e compreendida por todos na organização.
- **Planejado**: Prepare um cronograma que esclareça quanto tempo será necessário para desenvolver a primeira iteração das Estratégias de Dados. A elaboração inicial da

Estratégia de Alinhamento de Dados, da Estratégia de Gestão de Dados, da Estratégia de Governança de Dados, do Modelo de Negócio da Governança de Dados e do Roteiro de Implantação da Governança de Dados pode ser realizada em nove semanas.

- **Aberta/inclusiva:** Em grandes organizações, se uma única pessoa ou um consultor definir a Estratégia de Dados, será difícil executá-la, pois a maioria das partes interessadas só se identificará com a estratégia se tiver participado de sua definição. Inclua as partes interessadas de toda a organização.

- **Apoio com evidências:** Documente um caso em que a organização investiu em plataformas ou soluções tecnológicas para remediar dados sem obter o resultado esperado.

- **De fácil comunicação:** Prepare um folheto com o Termo de Abertura da Estratégia de Dados para comunicar a abordagem prática, o cronograma, os recursos necessários e o benefício esperado.

A definição de Estratégias de Dados não deve ser um esforço isolado para apoiar as iniciativas de TI e as operações de dados. Integre o processo ao planejamento estratégico anual da organização. Esse ciclo se fecha quando você incorpora as Estratégias de Dados ao planejamento estratégico de negócios.

Antes de entrar no ciclo da Estratégia de Dados , defina todas as etapas como se estivesse fazendo isso pela primeira vez. As Estratégias de Dados, uma vez definidas, são documentos vivos que devem ser atualizados se houver mudanças na estratégia empresarial . Revisite e atualize as Estratégias de Dados definidas aqui pelo menos uma vez por ano usando as dez etapas descritas aqui. Essa revisão anual leva muito menos tempo à medida que a organização começa a executá-la com maturidade, porque, como era de se esperar, modificar uma tela existente é sempre mais fácil do que começar uma do zero.

7.2. Seguindo o ciclo da Estratégia de Dados

7.2.1 Etapa 1: Definir/revisar o escopo, os participantes e os recursos

Copyright © 2023 María Guadalupe López Flores., Servicios de Estrategia y Gestión de Datos Aplicada, S.C., segda.com.mx

Essa primeira etapa se concentra na identificação das partes interessadas que definirão as Estratégias de Dados. A abordagem holística requer partes interessadas de toda a organização. Para organizações de grande porte, especialmente corporações multinacionais, defina o escopo dessa iniciativa nesse momento. A iniciativa começará em nível corporativo e será transmitida às unidades de negócios? Ou será uma iniciativa local com definições corporativas como entrada? Primeiro, precisamos de um patrocinador da Estratégia de Dados com forte influência organizacional para determinar a melhor abordagem. Essa pessoa deve fazer a proposta de escopo e obter a adesão da alta gerência.

Como haverá a participação de várias partes interessadas, você deve propor cuidadosamente um cronograma que se ajuste às agendas delas e aos prazos da organização.

Etapa 1 Fluxo do processo

1. **Tenha um patrocinador para a Estratégia de Dados:** Seu patrocinador pode ser da área comercial ou de TI. As características mais importantes do patrocinador são que ele esteja comprometido com uma Estratégia de Dados holística e aberta em e que possa influenciar

outras pessoas da alta gerência com relação a financiamento, colaboração e envolvimento das partes interessadas.

2. **Definir o escopo e identificar os participantes**: A intenção é ter o maior número possível de unidades organizacionais representadas. Não há nenhuma regra sobre o nível das partes interessadas dentro da organização, o grupo pode incluir tanto a gerência sênior quanto o pessoal operacional. Todos devem conhecer os processos e os problemas relacionados aos dados em suas unidades. E eles precisam se manifestar e não se sentir intimidados quando a gerência sênior estiver na sala.

3. **Tenha um Termo de Abertura da Estratégia de Dados de uma página**: o termo de uma página deve se concentrar nas informações essenciais: **o que** é proposto, **por que** é proposto, **como** será implementado, **quem** deve participar, **quando** será alcançado e seus **benefícios.** Inclua slides de apoio para comunicar a iniciativa da Estratégia de Dados, os perfis dos participantes e o tempo exigido deles.

4. **Tenha uma mensagem robusta e envolvente:** Prepare uma mensagem poderosa para ser compartilhada com pessoas de todos os níveis da organização. Peça ao seu patrocinador para gravar um vídeo curto (de três a cinco minutos) com foco na mensagem. Use-o para abrir suas reuniões de trabalho quando encontrar um público pela primeira vez e envolva as partes interessadas nessa iniciativa. Os patrocinadores geralmente fazem parte da alta gerência, com agendas muito complicadas. A gravação da mensagem permite que o patrocinador ofereça suporte contínuo sem sobrecarregar os cronogramas.

5. **Decidir sobre o formato do workshop**: A condução desse trabalho pode ser realizada por meio de workshops presenciais ou, alternativamente, por reuniões virtuais, conforme a conveniência e disponibilidade dos envolvidos. A segunda opção permite a participação de pessoas em diferentes locais. Decida isso e providencie as instalações correspondentes.

6. **Decidir as técnicas e ferramentas a serem usadas**: As técnicas de Design Thinking [44], introduzidas por Herbert Simon em 1969 em sua obra "The Sciences of the Artificial" (As Ciências do Artificial), atualmente em sua terceira edição (Simon, 2019), são muito eficazes para este tipo de trabalho.[42] Essas técnicas nos permitem coletar as informações necessárias para definir as Estratégias de Dados de uma forma que crie um ambiente empático. Para reuniões no local, a técnica do "papel marrom" funciona muito bem. Você cobre as paredes da sala de reunião com papel pardo, no qual pode desenhar caixas para entradas (Perguntas, Motivações, Objetivos Estratégicos de Negócios , Comportamentos, Pontos de Dor) ou Canvas diferentes, dependendo da sessão. Os participantes circulam pela sala e fornecem conteúdo em post-its ("Notas autoadesivas"). Alguns escritórios têm

---

[42] Design Thinking https://www.strategyzer.com/business-models-the-toolkit-to-design-a-disruptive-company

salas de reunião com paredes de vidro que funcionam bem para essa técnica. Uma dinâmica semelhante pode ser obtida por meio de ferramentas de colaboração quando a reunião é virtual. Os participantes podem compartilhar suas ideias e, em seguida, cada participante verá todo o conjunto de ideias e votará nas 10 melhores. Ao selecionar sua ferramenta, certifique-se de que ela tenha o recurso de votação.

7. **Agendar os workshops**: O objetivo é ter o maior número possível de partes interessadas participando ativamente. Portanto, é essencial escolher os melhores dias e horários para as reuniões. Planeje um cronograma para todas as reuniões necessárias para as etapas 2 a 8. Certifique-se de que o público receba os convites com pelo menos duas semanas de antecedência. Evite coincidir com datas críticas da organização, como o final do mês.

8. **Defina uma mensagem clara e envolvente para o convite**: Elabore cuidadosamente o convite para a reunião, desde o assunto até o conteúdo. Se possível, faça com que ele seja enviado pelo patrocinador ou por outra pessoa a quem os participantes provavelmente prestarão atenção.

9. **Garanta a pontualidade**: Envie convites pelo menos duas semanas antes do evento, seguidos de lembretes para manter o evento no radar.

Considerações para pequenas empresas/organizações: Etapas semelhantes se aplicam a organizações pequenas, onde pode haver um menor número de partes interessadas. Em organizações menores, uma única pessoa pode desempenhar várias funções.

Tabela 3- Resumo da etapa 1

Etapa 1. Definir/revisar o escopo e os participantes	
Objetivo	• Com base no escopo definido. Identifique as unidades organizacionais que devem ser representadas na definição/revisão das Estratégias de Dados. • Identificar as partes interessadas individuais para participar dos workshops de Estratégia de Dados. • Organize as agendas para que os participantes saibam o que esperar. • Programe os workshops, garantindo que você evite grandes conflitos. • Gerenciar a logística e a lista de verificação de prontidão para garantir a presença dos participantes, bem como a disponibilidade de instalações e ferramentas.
Finalidade	• Garantir que as condições sejam definidas para produzir uma Estratégia de Dados holística com a participação das principais partes interessadas que representam toda a organização. • Certifique-se de que o patrocinador envie uma mensagem forte para as áreas participantes.

Etapa 1. Definir/revisar o escopo e os participantes	
	• Garantir que as unidades organizacionais que usam ou têm impacto sobre os dados possam influenciar as Estratégias de Dados. • Garantir o envolvimento de todas as unidades organizacionais selecionadas. • Faça o melhor uso possível do tempo das pessoas, garantindo que os participantes das reuniões do workshop de Estratégias de Dados tenham um bom conhecimento dos processos em suas unidades e do tipo de problemas existentes relacionados a dados. • Certifique-se de que tudo esteja pronto para começar a realizar os workshops de definição da Estratégia de Dados.
Entradas	• Definição do escopo (corporação/empresa/país/subsidiárias) • Organogramas • Órgãos de governança existentes
Técnicas e ferramentas	• Pirâmide das partes interessadas em Estratégias de Dados (Figura 15) • Questionário de facilitação • Termo de Estratégia de Dados • Lista de verificação de prontidão
Saídas	• Termo de Estratégia de Dados • Lista de verificação de prontidão • Lista de unidades organizacionais incluídas no processo. • Lista de participantes, incluindo suas unidades organizacionais, funções e reuniões do workshop das quais precisam participar. • Calendário de workshops, agendas e mensagem para convidar participantes. • Gravação da mensagem envolvente do patrocinador
Participantes	• Líder de Governança de Dados ou equivalente • Patrocinador da Estratégia de Dados • Órgão de governança que inclui os principais gerentes mais relevantes
Ponto de controle	• Tenha um patrocinador de Estratégia de Dados. • Definir o escopo e os participantes. • Tenha um Termo de Estratégia de Dados de uma página. • Certifique-se de que o patrocinador registre uma mensagem forte e envolvente. • Decidir o formato do workshop. • Decidir as técnicas e ferramentas a serem usadas. • Definir a melhor programação para os workshops. • Defina uma mensagem clara e envolvente para os convites.

Etapa 1. Definir/revisar o escopo e os participantes	
	• Envie os convites com pelo menos duas semanas de antecedência. • Assegure-se de que os convites sejam confirmados.

7.2.2 Etapa 2: Obter Visão Estratégica do Negócio

Copyright © 2023 María Guadalupe López Flores., Servicios de Estrategia y Gestión de Datos Aplicada, S.C., segda.com.mx

Dedique a segunda etapa à compreensão da organização. O ideal é começar analisando a Estratégia Empresarial . Às vezes, essa estratégia não está documentada. Quando está, não é necessariamente compreendida da mesma forma em toda a organização. Essa etapa visa obter um consenso sobre os principais objetivos estratégicos do negócio como o principal insumo para produzir as Estratégias de Dados.

No Capítulo 5, discutimos outras entradas para a definição de Estratégias de Dados:

- Perguntas sobre negócios
- Pontos problemáticos relacionados a dados
- Motivações
- Comportamentos a serem mudados
- Iniciativas estratégicas

Os objetivos desta etapa são identificar e priorizar esses insumos no interesse da organização como um todo, e não apenas das unidades de negócios individuais. Para isso, é necessária a participação ativa de todas as partes interessadas identificadas na Etapa 1.

Esse é o primeiro encontro com as partes interessadas da organização, onde se reúnem uma mistura de gerentes de alto escalão, diretores e especialistas em assuntos operacionais, todos com agendas muito apertadas e ciosos de seu tempo, portanto, você pode esperar ceticismo na reunião. É por isso que é essencial começar com uma introdução concisa, explicando por que você os convidou e o que espera do grupo.

Etapa 2 Fluxo do processo

1. **Reúna os objetivos estratégicos de negócios mais recentes** : Essa tarefa inclui a coleta de informações contextuais para agilizar a definição das Estratégias de Dados. Em uma organização de médio ou grande porte, a equipe da Área de Planejamento pode ser o primeiro ponto de contato para os objetivos comerciais. Ou os objetivos podem ser incluídos em uma Estratégia Empresarial, normalmente documentada com um horizonte de cinco anos e atualizada anualmente. Se você tiver sorte, a gerência pode ter publicado essa estratégia na intranet da organização. Pode ser difícil encontrar informações documentadas sobre mais do que os objetivos e as motivações do negócio. Você reunirá a maioria das informações adicionais durante os Workshops de Visão Estratégica do Negócio.

2. **Prepare suas ferramentas**: Antes de realizar as reuniões do workshop, você deve preparar as ferramentas do "Design Thinking" para cada atividade. Crie modelos que permitam que os participantes preencham suas ideias. Tenha alguns itens de base ou exemplos para cada tópico para iniciar as discussões e ilustrar sua solicitação. Preencha esse conteúdo na ferramenta antes das sessões para agilizar as atividades durante as reuniões:

   a) **Objetivos estratégicos do negócio** : Com base no que você encontrou como contexto no item 1, crie uma lista de todos os Objetivos Estratégicos do Negócio. Durante o Workshops de Visão Estratégica do Negócio, peça aos participantes que adicionem objetivos à lista se algo estiver faltando e que priorizem os três a cinco principais objetivos, caso ainda não tenham sido priorizados.
   b) **Perguntas sobre negócios** : Peça a todos os participantes que listem as perguntas comerciais que fazem para administrar seus negócios. Isso é difícil, pois pessoas diferentes interpretarão a ideia de uma "pergunta de negócios" de forma diferente. A melhor maneira de esclarecer isso é apresentar de três a cinco exemplos de perguntas no modelo em que os participantes colocarão suas perguntas.
   c) **Motivações para o Gerenciamento de Dados:** Peça aos participantes que expressem suas motivações para iniciar ou aprimorar o programa de Gerenciamento de Dados. Com base no que você aprendeu sobre a organização, identifique três motivações para o programa de Gerenciamento de Dados e adicione-as ao modelo em que os participantes colocarão suas motivações.
   d) **Pontos problemáticos dos dados**: A quarta atividade será listar todos os pontos problemáticos relacionados aos dados, portanto, novamente, prepare o modelo. Por fim, todos os participantes devem votar nos dez principais pontos problemáticos.

e) **Priorizar os comportamentos a serem alterados:** a última atividade desta seção é identificar e priorizar os comportamentos indesejáveis relacionados aos dados que precisam ser alterados. Para essa atividade, prepare um local para uma lista simples. Você pode elaborar alguns exemplos (por exemplo, designers de relatórios que não indicam a fonte de dados usada em seus relatórios). Depois de criar a lista com as ideias dos participantes, peça a eles que votem nos cinco primeiros.

3. **Programar os workshops:** Como as pessoas têm agendas lotadas, é importante enviar convites para todas as sessões do workshop com bastante antecedência, pelo menos duas semanas antes da reunião inicial, para que as pessoas bloqueiem seus calendários.

4. **Conduzir os workshops:** Os workshops devem ser ágeis. Por isso, a preparação é essencial. Use um cronômetro. As primeiras sessões têm os seguintes objetivos

    a) **Priorizar os três principais objetivos estratégicos do negócio** : Usando o modelo com o rascunho do conteúdo produzido em (2. a), os participantes devem acrescentar algo à lista, se necessário. Depois disso, faça com que o grupo chegue a um acordo sobre a prioridade dos objetivos.

    b) **Priorize as perguntas de negócios** : Peça a todos os participantes que listem as perguntas que fazem para administrar seus negócios. Use o modelo com o conteúdo rascunhado produzido em (2. b). Peça a todos os participantes que votem nas 10 principais perguntas relevantes para toda a organização.

    c) **Priorize as motivações do Gerenciamento de Dados:** Peça aos participantes que expressem suas motivações para iniciar ou aprimorar o programa de Gerenciamento de Dados. Peça-lhes que votem nas cinco principais.

    d) **Priorizar os pontos problemáticos dos dados**: Peça aos participantes que listem os pontos problemáticos relacionados aos dados. Eles podem começar com problemas relacionados à infraestrutura, como não ter capacidade suficiente ou tempos de resposta elevados. Talvez você precise orientá-los a identificar problemas relacionados aos dados em si, como relatórios inconsistentes devido à má qualidade dos dados. Os participantes devem votar nos dez principais pontos problemáticos.

    e) **Priorizar os comportamentos a serem alterados:** a última entrada a ser identificada e priorizada é representada pelos comportamentos indesejáveis relacionados aos dados que precisam ser alterados. Os exemplos que você preparar para essa atividade ajudarão a orientar o público. Depois de criar a lista com as ideias de todos os participantes, peça a eles que votem nos cinco primeiros.

    f) **Identificar e priorizar iniciativas estratégicas** : Um elemento adicional a ser considerado nas estratégias de Gerenciamento de Dados e Governança de Dados é a lista priorizada de programas ou projetos em andamento ou prestes a serem iniciados com a mais alta prioridade na organização para apoiar o cumprimento dos objetivos estratégicos do negócio. Essas iniciativas são as melhores candidatas a se beneficiar da prática de Gerenciamento de Dados.

Tabela 4- Resumo da etapa 2

Etapa 2. Obter informações comerciais	
Objetivo	• Identificar os objetivos estratégicos atuais da empresa • Identificar as principais questões comerciais que levam à tomada de decisões • Identificar todos os fatores e motivações comerciais para definir ou aprimorar um programa de Gerenciamento de Dados • Identificar todas as iniciativas estratégicas em andamento na organização • Identificar os pontos problemáticos relacionados aos dados na organização • Identificar comportamentos indesejáveis relacionados aos dados
Finalidade	• Coletar todas as informações necessárias para definir as Estratégias de Dados • Priorizar os insumos coletados • Obter consenso sobre os pontos em que o Gerenciamento de Dados deve ser focado com prioridade
Entradas	Se disponível: • Planejamento estratégico empresarial • Inventário de iniciativas estratégicas • Requisitos/drivers regulatórios/legais/de auditoria • Estratégias de Dados existentes
Técnicas e ferramentas	• Ferramentas colaborativas para brainstorming e pontuação (por exemplo, Mural, MS365 Whiteboard etc.) • Técnica do papel marrom para workshops presenciais • Workshop para coletar e priorizar objetivos estratégicos de negócios, questões de negócios, comportamentos relacionados a dados e pontos problemáticos relacionados a dados
Saídas	• Priorização dos objetivos estratégicos do negócio • Priorização de questões-chave de negócios • Motivadores/motivações comerciais priorizados para o Gerenciamento de Dados • Priorização de comportamentos indesejáveis relacionados a dados • Priorização dos pontos problemáticos relacionados aos dados

Etapa 2. Obter informações comerciais	
Participantes	Dependendo do escopo definido e das áreas existentes: • Um representante de cada linha de negócios • Um representante da Governança Corporativa • Um representante do Departamento Jurídico • Um representante do Planejamento Estratégico • Um representante da Segurança da Informação • Um representante da Arquitetura Empresarial • Um representante de TI • Líder de Governança de Dados e equipe
Ponto de controle	• Reunir toda a documentação existente para os elementos necessários como entrada • Prepare sua ferramenta colaborativa selecionada ou seus materiais e modelos de papel pardo • Prepare uma apresentação introdutória que indique claramente o local do processo e as expectativas • Certifique-se de que a reunião seja agendada para o workshop, a fim de coletar as percepções do negócio e confirmar a participação • Realizar a reunião para obter informações sobre o negócio • Classifique as informações coletadas durante os workshops do

7.2.3 *Etapa 3: Criar/atualizar a estratégia de alinhamento de dados Canvas*

Copyright © 2023 María Guadalupe López Flores., Servicios de Estrategia y Gestión de Datos Aplicada, S.C., segda.com.mx

Na Etapa 3, começamos a definir as Estratégias de Dados, iniciando com a estratégia de alinhamento de dados (Figura 26). Na Etapa 2, reunimos representantes de toda a organização para priorizar os objetivos estratégicos de negócios e as questões críticas de negócios. A Etapa 3 concentra-se na identificação dos dados necessários para responder a essas perguntas, independentemente de existirem ou não. Essa primeira estratégia requer apenas três das entradas identificadas na Etapa 2:

- Objetivos estratégicos do negócio
- Perguntas sobre negócios
- Pontos problemáticos relacionados a dados

A Estratégia de Alinhamento de Dados é definida por meio de workshops com a participação de todas as partes interessadas relevantes (Etapa 2). Em preparação para os workshops, o líder de

Governança de Dados preencherá o conteúdo da linha de base (listas) para cada célula do Canvas da Estratégia de Alinhamento de Dados. Os participantes acrescentarão (ou talvez removam) itens dessas listas. Normalmente, conclua o trabalho em três sessões de duas horas. As duas primeiras sessões serão para identificar os elementos de cada categoria e priorizá-los. Na terceira reunião, apresente aos participantes o site com a tela preenchida com todas as informações das sessões anteriores. Nesse momento, faremos mais alguns ajustes para finalizar o Canvas. A primeira vez que a equipe passar pelo Ciclo de Estratégia de Dados será a versão 1. Se a equipe estiver envolvida em uma revisão anual do Canvas, seu ponto de partida será o Canvas existente. A meta da primeira reunião será identificar alterações no conteúdo de cada célula. Na segunda reunião, o objetivo será revisar o Canvas atualizado.

As revisões anuais geralmente são mais fáceis de trabalhar, pois a estratégia já existe. Ainda assim, as discussões podem exigir o mesmo número de sessões, dependendo das mudanças no ambiente (interno e externo).

Etapa 3 Fluxo do processo

1. Prepare-se para os Workshops de Estratégia de Alinhamento de Dados:
    a. Preencher a tela.
        i. Observação: A Figura 27 indica a ordem a ser seguida ao preencher e ler a Estratégia de Alinhamento de Dados Canvas .
        ii. Definimos o conteúdo das células de tela 1, 2 e 3 na Etapa 2. Preencha essas células antes do workshop.
        iii. Com base nas informações coletadas, prepare uma lista de itens para as células 4-14. Neste momento, não se preocupe se as informações estiverem incorretas ou incompletas. Este é apenas um ponto de partida. Se estiver revisando a Estratégia de Alinhamento de Dados como parte da revisão anual, o ponto de partida é o conteúdo aprovado no ano anterior.
    b. Prepare sua ferramenta de colaboração selecionada com o layout e os modelos para o workshop e o conteúdo de suas listas de itens.
    c. Prepare alguns slides para abrir a sessão. É apropriado que a primeira sessão defina o cenário, descrevendo a iniciativa, as áreas participantes, a mecânica das sessões e as metas dos workshops. Não se esqueça de apresentar a linha do tempo, marcando onde a sessão se encontra dentro dela. Nas sessões subsequentes, você pode incluir um resumo da sessão anterior e a meta para a sessão atual.
    d. Confirme se as sessões estão programadas e se os participantes estão confirmados. As sessões não devem durar mais de duas horas, portanto, certifique-se de ter uma agenda clara com o tempo atribuído a cada atividade. Designe um cronometrista.

2. Conduzir as reuniões do workshop:

    a. São necessárias pelo menos duas sessões para capturar o conteúdo das células 4-8. Use a primeira sessão para trabalhar nas células 4, 5 e 6. Essas etapas se concentram em domínios de dados, provedores de dados e consumidores de dados.

    b. Abra a sessão com seus slides de introdução para definir as expectativas do público em relação à sessão.

    c. Para cada uma das células:

        i. Explique o propósito da célula e forneça alguns exemplos ilustrativos do conteúdo.

        ii. Peça aos participantes que escrevam, individualmente, suas ideias de itens para a célula específica.

        iii. Dê tempo para que todos os participantes leiam todas as ideias de outras partes interessadas e votem nas cinco mais relevantes. Isso definirá a prioridade.

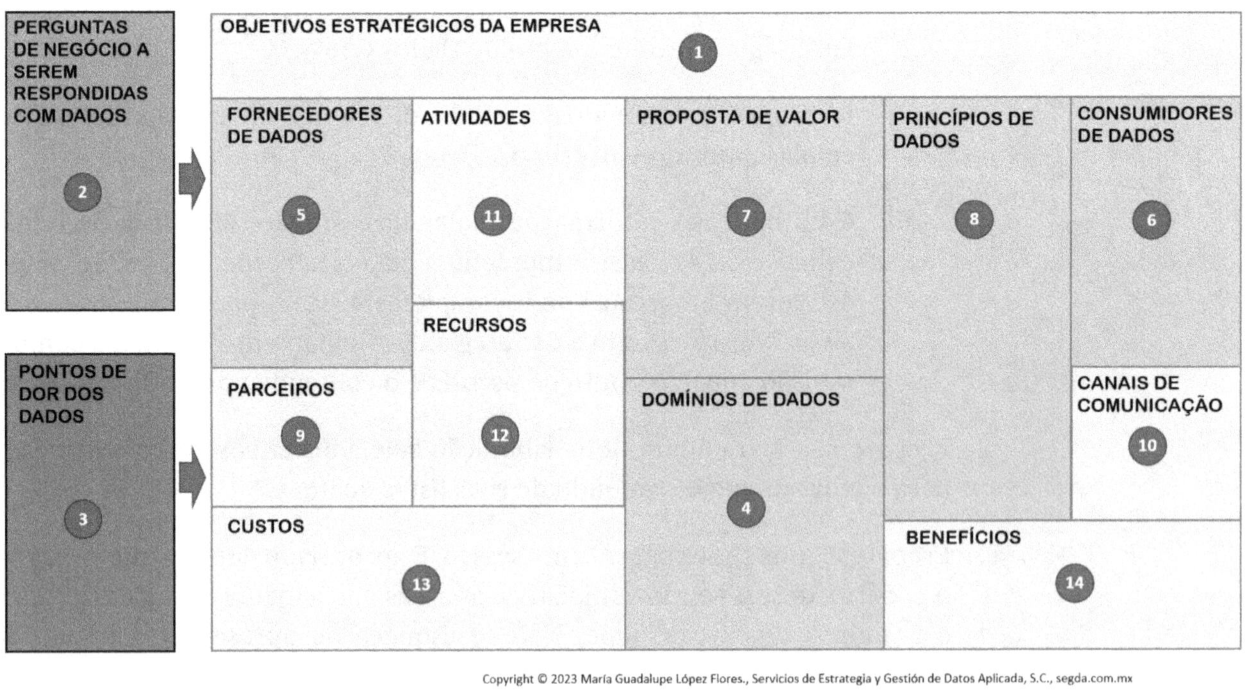

Figura 27- Ordem de preenchimento e leitura da Estratégia de Alinhamento de Dados Canvas

3. Preencha a Estratégia de Alinhamento de Dados Canvas :

a. Este é um exercício de síntese. Nas células 4-8, você deve encaixar todas as ideias propostas pelas partes interessadas na ordem de prioridade. Conforme observado, as células 4 a 6 concentram-se em domínios de dados, produtores de dados e consumidores de dados. As células 7 e 8 concentram-se nos princípios de dados e na proposta de valor do Gerenciamento de Dados. Essa combinação permite que você desenvolva uma imagem de como alinhar os dados para atender às necessidades do negócio. Todos os materiais reunidos ao longo da jornada são o pano de fundo para sustentar o conteúdo desta parte da Estratégia de Dados, portanto, certifique-se de armazená-los como referência e suporte.

b. Com base no seu conhecimento da organização e nos dados que você tem agora das Etapas 1 e 2, você pode preencher as células 9-14, que se concentram nos fatores exigidos pelo programa Gestão de Dados. (Consulte o Capítulo 5 para saber o que deve ser preenchido em cada célula).

4. Solicitar feedback:

   a. Realize a terceira sessão com as partes interessadas para apresentar a Estratégia de Alinhamento de Dados completa Canvas . Obtenha feedback, de modo geral, sobre as células 9-14, que você não preencheu com eles.

   b. Produza sua versão final da Estratégia de Alinhamento de Dados Canvas.

   c. Certifique-se de que o Canvas resultante tenha informações válidas de data e versão.

   d. Adicione uma marca d'água DRAFT à tela.

   e. É hora de testar seus recursos de síntese e clareza enviando o rascunho do Canvas a todas as partes interessadas para obter o feedback final. Defina um prazo para o envio do feedback e deixe claro que, a menos que receba uma resposta, você presumirá que as pessoas aceitaram o conteúdo.

5. Obter aprovação:

   a. Faça todos os ajustes com base no feedback recebido.

   b. Atualizar o controle de versão e remover a marca DRAFT.

   c. Envie a Estratégia de Alinhamento de Dados Canvas para as partes interessadas e solicite a aprovação. Inclua um prazo para aprovação.

   d. Obter todas as aprovações das partes interessadas.

   e. Apresentar os resultados ao patrocinador para obter aprovação.

6. Vá para a Etapa 9 - Comunicação e socialização

Tabela 5- Resumo da etapa 3

Etapa 3. Criar/atualizar a estratégia de alinhamento de dados Canvas	
Objetivo	• Identificar o tipo de dados necessários para atender às necessidades da empresa • Identificar produtores e consumidores de dados • Identificar os princípios sobre como gerenciar dados • Identificar a proposta de valor das Estratégias de Dados • Identificar as principais atividades necessárias para estabelecer um programa de Gerenciamento de Dados sustentável • Identificar os custos e benefícios de alto nível de ter um Gerenciamento de Dados
Finalidade	Independentemente de ser a primeira vez que ela é elaborada ou se for uma revisão anual subsequente, o objetivo da elaboração dessa estratégia é: • Alinhar as categorias de dados (domínios) necessárias para atender aos Objetivos Estratégicos de Negócios e às perguntas de negócios, bem como àquelas relacionadas aos pontos problemáticos dos dados • Criar consenso sobre os princípios que a organização deve seguir para produzir e usar os dados • Priorizar as categorias de dados nas quais o Gerenciamento de Dados deve se concentrar • Priorizar os principais produtores e consumidores de domínios de dados • Criar consenso sobre a proposta de valor das Estratégias de Dados e de um programa de Gerenciamento de Dados • Tornar explícitas as principais atividades e recursos necessários para materializar as Estratégias de Dados
Entradas	• Objetivos estratégicos de negócios priorizados • Perguntas comerciais classificadas e priorizadas • Motivações priorizadas para o Gerenciamento de Dados • Priorização de comportamentos indesejáveis relacionados a dados • Pontos problemáticos de dados priorizados
Técnicas e ferramentas	• Workshop para revisar/atualizar a Estratégia de Alinhamento de Dados • Modelo de Canvas da Estratégia de Alinhamento de Dados • Ferramentas colaborativas para brainstorming e pontuação (por exemplo, Mural, MS365 Whiteboard, etc.) • Técnica do papel marrom para workshops presenciais
Saídas	• Estratégia de alinhamento de dados Canvas

Etapa 3. Criar/atualizar a estratégia de alinhamento de dados Canvas	

Participantes	• Líder de Governança de Dados e equipe
	• Um representante de:
	  o Cada linha de negócios
	  o Governança corporativa
	  o Legal
	  o Planejamento estratégico
	  o Segurança da informação
	  o Arquitetura corporativa
	  o TI

Ponto de controle	• Ter todas as entradas classificadas e priorizadas • Prepare sua ferramenta colaborativa selecionada ou seus materiais e modelos de papel pardo • Prepare uma apresentação introdutória que indique claramente o local do processo e as expectativas para essa etapa específica • Preencha previamente o Canvas da Estratégia de Alinhamento de Dados com as informações que você identificou até o momento • Certifique-se de que a reunião seja agendada para o workshop para revisar/atualizar a Estratégia de Alinhamento de Dados Canvas • Realizar a reunião, revisar/atualizar a Estratégia de Alinhamento de Dados • Obter feedback final • Obter aprovações

7.2.4 Etapa 4: Criar/atualizar o Canvas de Estratégia de Gerenciamento de Dados

Copyright © 2023 María Guadalupe López Flores., Servicios de Estrategia y Gestión de Datos Aplicada, S.C., segda.com.mx

Ao chegar à Etapa 4, conhecemos os objetivos estratégicos de negócios para os quais um bom programa de Gerenciamento de Dados pode contribuir. Também sabemos quais são os domínios de dados necessários para apoiá-los e a ordem em que devemos abordar esses domínios. Chegou a hora de identificar e priorizar as funções de Gerenciamento de Dados para apoiar o programa e a Estratégia de Negócios. A priorização dessas funções é fundamental para a construção do programa geral.

A Etapa 4 é dedicada à produção do Canvas da Estratégia de Gestão de Dados com base nos motivadores ou motivações para o Gerenciamento de Dados (ponto 2, na Figura 28). Ele define as expectativas sobre o que deve ser alcançado pelas funções priorizadas de Gerenciamento de Dados em um período de três anos em apoio à Estratégia de Dados.

Etapa 4 Fluxo do processo

1. Prepare-se para os workshops da Estratégia de Gestão de Dados:
    a. Com base nas entradas da Etapa 2, na Estratégia de alinhamento de dados produzida na Etapa 3 e em toda a documentação de apoio, prepare uma lista de itens para cada célula da tela mostrada na Figura 28.
        i. O conteúdo das células 2-5 vem da Etapa 2.
        ii. Para a primeira sessão do workshop, preencha a célula 1 e, em seguida, desenhe listas preliminares para as células 6-14.
        iii. As células 15-23 serão abordadas na segunda sessão. Se você tiver conteúdo para elas, prepare-o, mas não o preencha até depois do primeiro workshop.
    b. Prepare sua ferramenta de colaboração selecionada com o layout e os modelos para o workshop e o conteúdo de suas listas de itens.
    c. Prepare alguns slides para abrir a sessão. É apropriado que a primeira sessão defina o cenário, descrevendo a iniciativa, as áreas participantes, a mecânica das sessões e as metas dos workshops. Não se esqueça de apresentar a linha do tempo, marcando onde a sessão se encontra dentro dela. Nas sessões subsequentes, você pode incluir um resumo da sessão anterior e a meta para a sessão atual.
    d. Com base nas informações que você tem no momento, preencha o Canvas da Estratégia de Gestão de Dados (Figura 28).
    e. Agende pelo menos duas reuniões de workshop para ter tempo suficiente para identificar e priorizar os itens das células 1 e 6-23.
    f. Verificar a confirmação dos participantes.
2. Conduzir as reuniões do workshop:
    a. Use a primeira sessão para trabalhar no conteúdo das células 1 e 6-14
    b. Abra a sessão com seus slides de introdução para definir as expectativas do público.
    c. Para a célula 1:
        i. Explique o propósito da célula e forneça alguns exemplos ilustrativos do conteúdo.

    ii. Peça aos participantes que escrevam suas ideias de itens para a célula específica individualmente.

    iii. Dê tempo para que todos os participantes leiam todas as ideias de outras partes interessadas e votem nas cinco mais relevantes.

  d. Para as células 6-14, use a tela já preenchida para orientar a conversa.

    i. Peça aos participantes que deixem ou abandonem os itens listados e sugiram novos itens.

    ii. Peça aos participantes que votem nos três principais tópicos; a prioridade resultará disso.

3. Refine o Canvas da Estratégia de Gestão de Dados:

  a. Preencha as células 2, 3, 4 e 5 com os resultados da Etapa 2.

  b. Este é um exercício de síntese. Você deve encaixar nas células 1, 6 a 23 do Canvas todas as ideias propostas pelas partes interessadas na ordem de prioridade definida na Etapa 2 (consulte o Capítulo 5 para obter uma descrição completa do que vai em cada célula).

4. Solicitar feedback:

  a. Certifique-se de que o Canvas resultante tenha informações válidas de data e versão.

  b. Adicione à tela uma marca d'água de RASCUNHO.

  c. Envie o Canvas preenchido a todas as partes interessadas que participaram de sua definição para que elas forneçam feedback. Defina um prazo para o envio do feedback e deixe claro que, a menos que receba uma resposta, você presumirá que as pessoas aceitaram o conteúdo.

Figura 28- Ordem de preenchimento e leitura do Canvas da Estratégia de Gestão de Dados

5. Obter aprovação:

    a. Fazer todos os ajustes derivados do feedback recebido

    b. Atualizar o controle de versão e remover a marca DRAFT

    c. Envie o Modelo de Negócio da Governança de Dados para aprovação dos stakeholders envolvidos no processo de definição. Certifique-se de que o prazo para retorno esteja claramente indicado.

    d. Coletar todas as aprovações das partes interessadas

    e. Apresentar ao patrocinador e obter aprovação

6. Vá para a Etapa 9 - Comunicação e socialização

Tabela 6- Resumo da etapa 4

Etapa 4. Criar/atualizar o Canvas da Estratégia de Gestão de Dados	
Objetivo	• Identificar os objetivos estratégicos do Gerenciamento de Dados • Identificar os recursos de Governança de Dados necessários para atender às necessidades da empresa • Identificar as funções de Gerenciamento de Dados necessárias para atender às necessidades da empresa • Identificar iniciativas estratégicas contínuas para testar a prática de Gerenciamento de Dados • Identificar métricas e KPIs de Gerenciamento de Dados para medir o progresso da execução da estratégia • Identificar os principais parceiros para executar a estratégia de Gerenciamento de Dados
Finalidade	• Priorize as funções de Gerenciamento de Dados a serem abordadas de forma governada para responder às motivações comerciais, aos comportamentos a serem modificados e aos pontos problemáticos • Priorizar os Domínios de Dados nos quais as Funções de Gerenciamento de Dados selecionadas serão aplicadas • Priorizar as fontes de dados nas quais as funções de Gerenciamento de Dados selecionadas serão aplicadas • Priorizar as iniciativas estratégicas nas quais as Funções de Gerenciamento de Dados selecionadas serão aplicadas • Priorizar as métricas e os KPIs da estratégia de Gerenciamento de Dados
Entradas	• Estratégia de alinhamento de dados • Motivações priorizadas para o Gerenciamento de Dados • Comportamentos indesejáveis relacionados a dados priorizados • Pontos problemáticos de dados priorizados
Técnicas e ferramentas	• Workshop para revisar/atualizar a estratégia de Gerenciamento de Dados • Modelo Canvas da Estratégia de Gestão de Dados • Ferramentas colaborativas para sessão de ideias "brainstorming" e pontuação (por exemplo, Mural, MS365 Whiteboard, etc.) • Técnica do papel marrom para workshops presenciais
Saídas	• Tela de estratégia de Gerenciamento de Dados
Participantes	• Líder de Governança de Dados e equipe • Um representante de cada linha de negócios • Um representante da Segurança da Informação • Um representante da Arquitetura Empresarial • Um representante de TI • Um representante do PMO

Etapa 4. Criar/atualizar o Canvas da Estratégia de Gestão de Dados	
Ponto de controle	• Prepare sua ferramenta colaborativa selecionada ou seus materiais e modelos de papel pardo • Prepare uma apresentação introdutória que indique claramente o local do processo e as expectativas para essa etapa específica • Preencha previamente o Canvas da Estratégia de Gestão de Dados com as informações que você identificou até o momento • Certifique-se de que a reunião seja agendada para o workshop para revisar/atualizar o Canvas da Estratégia de Gestão de Dados • Realizar a reunião para revisar/atualizar o Canvas da Estratégia de Gestão de Dados • Obter feedback final • Obter aprovações

7.2.5 *Etapa 5: Criar/atualizar a estratégia de Governança de Dados Canvas*

Copyright © 2023 María Guadalupe López Flores., Servicios de Estrategia y Gestión de Datos Aplicada, S.C., segda.com.mx

Na etapa 4, priorizamos as funções de Gerenciamento de Dados , começando com os recursos de Governança de Dados . A Etapa 5 se aprofundará nos detalhes da Governança de Dados. Todas os Canvas da Estratégia de Dados definem as expectativas do que será alcançado ao longo do tempo por meio da aplicação das práticas de Gerenciamento de Dados. A Governança de Dados é a função de Gerenciamento de Dados mais visível e orienta as outras funções (Arquitetura de Dados, qualidade de dados, gerenciamento de metadados, integração de dados etc.). Nesta etapa, definiremos os objetivos estratégicos da Governança de Dados, os recursos a serem implementados ao longo do tempo e quem dará vida a essa função. Um dos aspectos mais importantes é definir quais objetos (processos de negócios, relatórios regulatórios, repositórios de dados etc.) serão priorizados para a governança.

É altamente recomendável que, antes de planejar a Governança de Dados estratégica, você já tenha selecionado um modelo de maturidade de Gerenciamento de Dados focado em recursos (consulte o Capítulo 2).

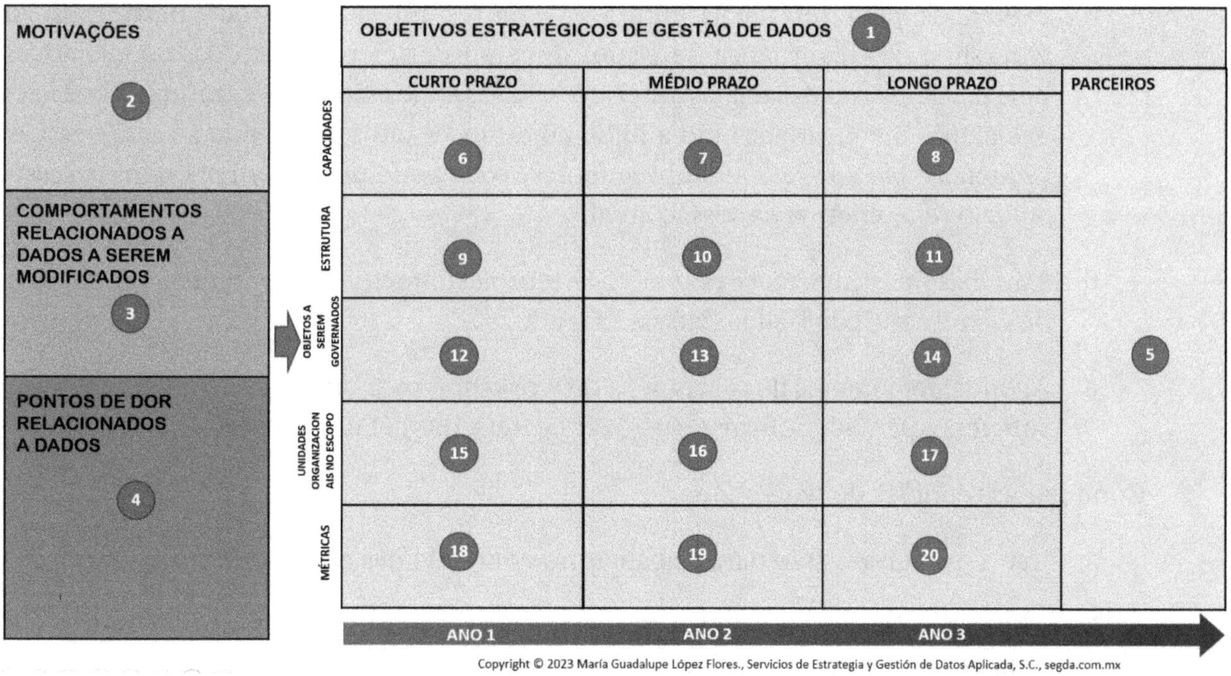

Figura 29- Ordem de preenchimento e leitura das células do Canvas da Estratégia de Gestão de Dados

Etapa 5 Fluxo do processo

1. Prepare-se para a estratégia de Governança de Dados Workshops:

    a. Com base nas entradas produzidas na Etapa 2, na Estratégia de Alinhamento de Dados produzida na Etapa 3, na Estratégia de Gerenciamento de Dados produzida na Etapa 4 e em toda a documentação de apoio, prepare uma lista de itens para cada célula da tela mostrada na Figura 29.

        i. Na Etapa 2, você obtém o conteúdo das células 2,3, 4 e 5.

        ii. Você pode refinar a célula 5 para identificar os parceiros que apoiam a Governança de Dados (por exemplo, o Escritório de Gerenciamento de Projetos, Comunicação Interna, Auditoria Interna, Conformidade etc.).

        iii. Para a primeira sessão do workshop, prepare-se para começar com a célula 1 e cobrir as células 6-11. Cobriremos as células 12-20 na segunda sessão.

    b. Prepare sua ferramenta de colaboração selecionada com o layout e os modelos para o workshop e o conteúdo de suas listas de itens.

    c. Prepare alguns slides para abrir a sessão. É apropriado que a primeira sessão defina o cenário, descrevendo a iniciativa, as áreas dos participantes, a mecânica das sessões e os objetivos dos workshops. Isso será útil para documentar todos os exercícios para referência futura. As partes interessadas que participam do workshop de Governança de Dados devem estar cientes de todas as iniciativas, pois participaram das etapas anteriores. Esses slides são os mesmos que você usou nas etapas 3 e 4, atualizando a linha do tempo e indicando onde a sessão está na sequência. Para as sessões subsequentes, você pode incluir um resumo da sessão anterior e o objetivo da sessão atual.

d. Com base nas informações que você tem neste momento, preencha a Estratégia de Governança de Dados Canvas (Figura 29).

e. Agende pelo menos duas reuniões de workshop para que você tenha tempo suficiente para identificar e priorizar os itens das células 1 e 6-20.

2. Conduzir as reuniões do workshop:

   a. Use a primeira sessão para trabalhar no conteúdo das células 1 e 6 a 11

   b. Abra a sessão com seus slides de introdução para definir as expectativas do público.

   c. Para a célula 1:

      i. Explique o propósito da célula e forneça alguns exemplos ilustrativos do conteúdo.

      ii. Peça aos participantes que escrevam suas ideias de itens para a célula específica individualmente.

      iii. Dê tempo para que todos os participantes leiam todas as ideias de outras partes interessadas e votem nas cinco mais relevantes.

   d. Para as células 6 a 11, use a tela já preenchida para orientar a conversa.

      i. Peça aos participantes que mantenham ou removam os itens listados e sugiram novos itens.

      ii. Peça aos participantes que votem nos três tópicos mais importantes.

3. Refinar a estratégia de Governança de Dados Canvas :

   a. Preencha as células 2, 3, 4 e 5 com os resultados da Etapa 2.

   b. Este é um exercício de síntese. Você deve encaixar nas células 1 e 6, até a 23 do Canvas, todas as ideias propostas pelas partes interessadas na ordem de prioridade que elas sugeriram. (Consulte o Capítulo 5 para descrever o que deve ser colocado em cada célula).

4. Solicitar feedback

    a. Certifique-se de que a tela resultante tenha as informações corretas de data e versão.

    b. Adicione à tela uma marca d'água de RASCUNHO.

    c. É hora de testar seus recursos de síntese e clareza enviando o Canvas preenchido a todos os participantes que participaram de sua definição para que eles forneçam feedback. Defina um prazo para o envio do feedback e deixe claro que, a menos que receba uma resposta, você presumirá que as pessoas aceitaram o conteúdo.

5. Obter aprovação

    a. Fazer todos os ajustes derivados do feedback recebido

    b. Atualizar o controle de versão e remover a marca DRAFT

    c. Envie a Estratégia de Governança de Dados Canvas para aprovação das partes interessadas que participam da definição. Certifique-se de que o prazo seja indicado.

    d. Coletar todas as aprovações das partes interessadas

    e. Apresentar ao patrocinador e obter aprovação

6. Vá para a Etapa 9 - Comunicação e socialização

Tabela 7- Resumo da etapa 5

Etapa 5. Definir/atualizar a estratégia de Governança de Dados Canvas	
Objetivo	• Identificar os objetivos estratégicos da Governança de Dados • Confirme e complemente os recursos de Governança de Dados identificados na estratégia de Gerenciamento de Dados necessários para atender às necessidades comerciais, modificar comportamentos relacionados a dados ou corrigir problemas relacionados a dados pontos • Identificar a Estrutura organizacional necessária para executar a prática de Governança de Dados • Identificar os objetos (processos, relatórios, repositórios de dados, fontes de dados, domínios de dados etc.) a serem governados • Identificar as unidades de negócios que devem adotar a prática de Governança de Dados • Identificar métricas e KPIs de Gerenciamento de Dados para medir o progresso da execução da estratégia • Identificar os principais parceiros para executar a estratégia de Governança de Dados
Finalidade	• Priorizar os recursos de Governança de Dados a serem estabelecidos ao longo do tempo na organização • Priorize as funções de Governança de Dados e os órgãos de governança a serem atribuídos/estabelecidos ao longo do tempo e as áreas da organização em que eles atuarão • Priorizar os objetos relacionados a dados que serão controlados dentro da organização • Priorizar as unidades organizacionais onde a prática de Governança de Dados será implementada • Priorizar a estratégia de Governança de Dados métricas e KPIs
Entradas	• Estratégia de alinhamento de dados • Estratégia de Gerenciamento de Dados • Motivações priorizadas para o Gerenciamento de Dados • Priorização de comportamentos indesejados relacionados a dados • Pontos problemáticos de dados priorizados
Técnicas e ferramentas	• Workshop para revisar/atualizar a estratégia de Governança de Dados • Modelo de Estratégia de Governança de Dados Canvas • Ferramentas colaborativas para a sessão de ideias "brainstorming" e pontuação (por exemplo, Mural, MS365 Whiteboard, etc.) • Técnica do papel marrom para workshops presenciais

Etapa 5. Definir/atualizar a estratégia de Governança de Dados Canvas	
Saídas	• Estratégia de Governança de Dados Canvas
Participantes	• Líder de Governança de Dados e equipe • Um representante das funções de Gerenciamento de Dados identificadas como prioritárias (se houver)
Ponto de controle	• Prepare sua ferramenta colaborativa selecionada ou seus materiais e modelos de papel pardo • Prepare uma apresentação introdutória que indique claramente o local do processo e as expectativas para essa etapa específica • Preencha previamente o Estratégia de Governança de Dados Canvas com as informações que você identificou até o momento • Agendar reunião para o workshop de revisão/atualização da Estratégia de Governança de Dados Canvas • Realizar a reunião para revisar/atualizar a estratégia de Gerenciamento de Dados • Obter feedback final • Obter aprovações

7.2.6 Etapa 6: Criar/atualizar a tela de estratégia da função de Gerenciamento de Dados específicos

Copyright © 2023 María Guadalupe López Flores., Servicios de Estrategia y Gestión de Datos Aplicada, S.C., segda.com.mx

Funções de Gerenciamento de Dados foram priorizadas como parte da produção do Canvas da Estratégia de Gestão de Dados. Algumas dessas funções podem já estar em vigor. Por exemplo, normalmente existe algum nível de armazenamento de dados e operações , bem como de integração de dados. A existência dessas funções não significa que elas estejam maduras, adequadamente governadas ou estrategicamente alinhadas. Diferentes funções estarão em diferentes níveis de maturidade. Portanto, a estratégia as associará a diferentes tipos de objetivos. Por exemplo, se a Gestão de Metadados não existir, o objetivo de curto prazo será estabelecer os recursos iniciais. Se o armazenamento de dados já existir, as metas de curto prazo incluirão o desenvolvimento de políticas e regras para garantir que os processos sejam governados adequadamente. Conforme descrito na comparação com o banquinho de três pernas no Capítulo 5, é melhor abordar não mais do que três funções de Gerenciamento de Dados ao mesmo tempo, sendo que a Governança de Dados sempre será uma dessas três.

Estratégia de Governança de Dados foi discutida na Etapa 5. Em seguida, defina uma estratégia para cada uma das outras funções prioritárias de Gerenciamento de Dados . O Canvas da

Estratégia de Função Específica de Gestão de Dados (Figura 30) é muito semelhante ao Canvas da Estratégia de Governança de Dados (Figura 29). Você pode ver que, depois de produzir o Canvas da Estratégia de Gestão de Dados, o restante será mais fácil. Todos eles estão ligados pelos mesmos fios de conexão: as motivações do negócio, os pontos problemáticos relacionados aos dados e os comportamentos de dados a serem modificados. Essas listas de influência são desenvolvidas nas células 6-20.

Figura 30- Ordem de preenchimento e leitura do Canvas da Estratégia de Função Específica de Gestão de Dados

Etapa 6 Fluxo do processo

1. Prepare-se para os Workshops de Estratégia da Função de Gerenciamento de Dados Específicos:

   a. Com base nas entradas da Etapa 2, na Estratégia de Alinhamento de Dados produzida na Etapa 3, na Estratégia de Gerenciamento de Dados produzida na Etapa 4, na Estratégia de Governança de Dados definida na Etapa 5 e em toda a documentação de apoio, prepare uma lista de itens para cada célula da tela mostrada na Figura 30.

      i. Na Etapa 2, você obtém o conteúdo das células 2-5. Nesse caso, novamente, talvez você precise refinar a célula 5 com Parceiros específicos .

      ii. Para a primeira sessão do workshop, você deve se preparar para começar com a célula 1 e depois ir de 6 a 11.

    iii. As células 12-20 serão abordadas na segunda sessão.

   b. Prepare sua ferramenta de colaboração selecionada com o layout do workshop e o conteúdo de suas listas de itens.

   c. Prepare slides para abrir a sessão. É apropriado que a primeira sessão estabeleça o cenário, descrevendo a iniciativa, as áreas participantes, a mecânica das sessões e a meta a ser alcançada após os workshops. A maioria das partes interessadas que participam dessa etapa não participou de etapas anteriores, portanto, o contexto será necessário e bem-vindo. Não se esqueça de apresentar a linha do tempo, marcando onde a sessão se encontra dentro dela. Para as sessões subsequentes, você pode incluir um resumo da sessão anterior e a meta para a sessão atual.

   d. Com base nas informações que você tem neste momento, preencha o Canvas da Estratégia de Função Específica de Gestão de Dados (Figura 30).

   e. Agende pelo menos duas reuniões de workshop para ter tempo suficiente para identificar e priorizar os itens das células 1 e 6-20

2. Conduzir as reuniões do workshop:

   a. Use a primeira sessão para trabalhar no conteúdo das células 1 e 6 a 11

   b. Abra a sessão com seus slides de introdução para definir as expectativas do público.

   c. Para a célula 1:

      i. Explique o propósito da célula e forneça alguns exemplos ilustrativos do conteúdo.

      ii. Peça aos participantes que escrevam suas ideias de itens para a célula específica individualmente.

      iii. Dê tempo para que todos os participantes leiam todas as ideias de outras partes interessadas e votem nas cinco mais relevantes.

   d. Para as células 6-11, use a tela já preenchida para orientar a conversa.

      i. Peça aos participantes que deixem ou abandonem os itens listados e sugiram novos itens.

      ii. Peça aos participantes que votem nos três tópicos mais importantes.

3. Refinar o Canvas da estratégia da função de Gerenciamento de Dados específicos:

a. Preencha as células 2-5 com os resultados da Etapa 2. A célula 5 pode mudar com base nas informações adicionais que você obteve na primeira sessão desta etapa.

b. Você deve colocar nas células 1 e 6, até a 23 do Canvas, todas as ideias propostas pelos participantes na ordem de prioridade que eles sugeriram. (Consulte o Capítulo 5 para obter a descrição do que deve ser colocado em cada célula).

4. Solicitar feedback:

    a. Certifique-se de que o Canvas resultante tenha informações válidas de data e versão.

    b. Adicione à tela uma marca d'água de RASCUNHO.

    c. É hora de testar seus recursos de síntese e clareza enviando o Canvas preenchido a todos os participantes que participaram de sua definição para que eles forneçam feedback. Defina um prazo para o envio do feedback e deixe claro que, a menos que receba uma resposta, você presumirá que as pessoas aceitaram o conteúdo.

5. Obter aprovação:

    a. Fazer todos os ajustes derivados do feedback recebido

    b. Atualizar o controle de versão e remover a marca DRAFT

    c. Envie o Canvas da Estratégia de Função Específica de Gestão de Dados para aprovação das partes interessadas que participam da definição. Certifique-se de que o prazo seja indicado.

    d. Coletar todas as aprovações das partes interessadas

    e. Apresentar ao patrocinador e obter aprovação

6. Vá para a Etapa 9 - Comunicação e socialização

Tabela 8- Resumo da etapa 6

Etapa 6. Criar/atualizar a estratégia da função de Gerenciamento de Dados específicos	
Objetivo	• Identificar os objetivos estratégicos específicos da função de Gerenciamento de Dados • Identificar os recursos da função específica de Gerenciamento de Dados necessários para atender às necessidades comerciais, modificar comportamentos relacionados aos dados ou corrigir pontos problemáticos relacionados aos dados • Identificar a Estrutura organizacional necessária para executar a prática da função de Gerenciamento de Dados específicos • Identificar os objetos (processos, relatórios, repositórios de dados, fontes de dados, domínios de dados etc.) nos quais a função específica de Gerenciamento de Dados será aplicada • Identificar o escopo ou a extensão em que a função específica de Gerenciamento de Dados será aplicada • Identificar métricas e KPIs específicos da função de Gerenciamento de Dados para medir o progresso da execução da estratégia • Identificar os principais parceiros para a estratégia da função de Gerenciamento de Dados específicos
Finalidade	• Priorizar os recursos da função de Gerenciamento de Dados específicos a serem estabelecidos ao longo do tempo na organização • Priorizar os papéis da Função de Gerenciamento de Dados Específicos e os órgãos de governança a serem atribuídos/estabelecidos ao longo do tempo e as áreas da organização onde eles atuarão • Priorizar os objetos relacionados a dados aos quais essa função específica de Gerenciamento de Dados será aplicada • Priorizar as unidades organizacionais onde a função específica de Gerenciamento de Dados será implementada • Priorizar métricas e KPIs específicos da estratégia da função de Gerenciamento de Dados
Entradas	• Estratégia de alinhamento de dados • Estratégia de Gerenciamento de Dados • Estratégia de Governança de Dados • Modelo de negócios de Governança de Dados • Motivações priorizadas para o Gerenciamento de Dados • Priorização de comportamentos indesejados relacionados a dados • Pontos problemáticos de dados priorizados

Etapa 6. Criar/atualizar a estratégia da função de Gerenciamento de Dados específicos	
Técnicas e ferramentas	• Workshop para revisar/atualizar o roteiro de Gerenciamento de Dados específicos • Modelo de Canvas para Funções Específicas de Gestão de Dados • Ferramentas colaborativas para brainstorming e pontuação (por exemplo, Mural, MS365 Whiteboard etc.) • Técnica do papel marrom para workshops presenciais
Saídas	• Tela de funções específicas de Gerenciamento de Dados
Participantes	• Líder de Governança de Dados e equipe • Equipe da função específica de Gerenciamento de Dados
Ponto de controle	• Prepare sua ferramenta colaborativa selecionada ou os materiais e modelos de papel pardo • Prepare uma apresentação introdutória que indique claramente o local do processo e as expectativas para essa etapa específica • Preencha previamente o Canvas da Função Específica de Gestão de Dados com as informações que você identificou até o momento • Certifique-se de que a reunião seja agendada para o workshop para revisar/atualizar o Canvas da função de Gerenciamento de Dados específicos • Realizar a reunião para revisar/atualizar o Canvas da função de Gerenciamento de Dados específicos

7.2.7 Etapa 7: Criar/atualizar a tela do modelo de negócios de Governança de Dados

Copyright © 2023 María Guadalupe López Flores., Servicios de Estrategia y Gestión de Datos Aplicada, S.C., segda.com.mx

No Capítulo 5, discutimos o poder por trás do Canvas do Modelo de Negócio de Alexander Osterwalder e por que ele se tornou a principal fonte de inspiração para os Canvases de Estratégia de Dados. Você pode aplicá-lo não apenas a organizações grandes e pequenas, mas também a todos os tipos de funções individuais em uma organização. Para qualquer função que você queira nomear, há sempre um cliente a ser atendido, uma proposta de valor para esse cliente e atividades a serem realizadas para cumprir essa proposta. É por isso que você pode modelar todas as funções de Gerenciamento de Dados usando este Canvas. A Governança de Dados é a função central do Gerenciamento de Dados. É necessário ter uma abordagem para formalizar as outras funções de Gerenciamento de Dados, por isso a usamos para descrever essa etapa do ciclo. Todas as outras funções de Gerenciamento de Dados também terão seu próprio Canvas do Modelo de Negócio. A documentação desses modelos de negócios contribui significativamente para a formação de equipes, pois eles definem o que fazer, para quem, quem ajudará no caminho, quanto custará e quais serão os benefícios.

A Figura 31 mostra o Canvas do Modelo de Negócio genérico com as entradas identificadas e priorizadas na Etapa 2.

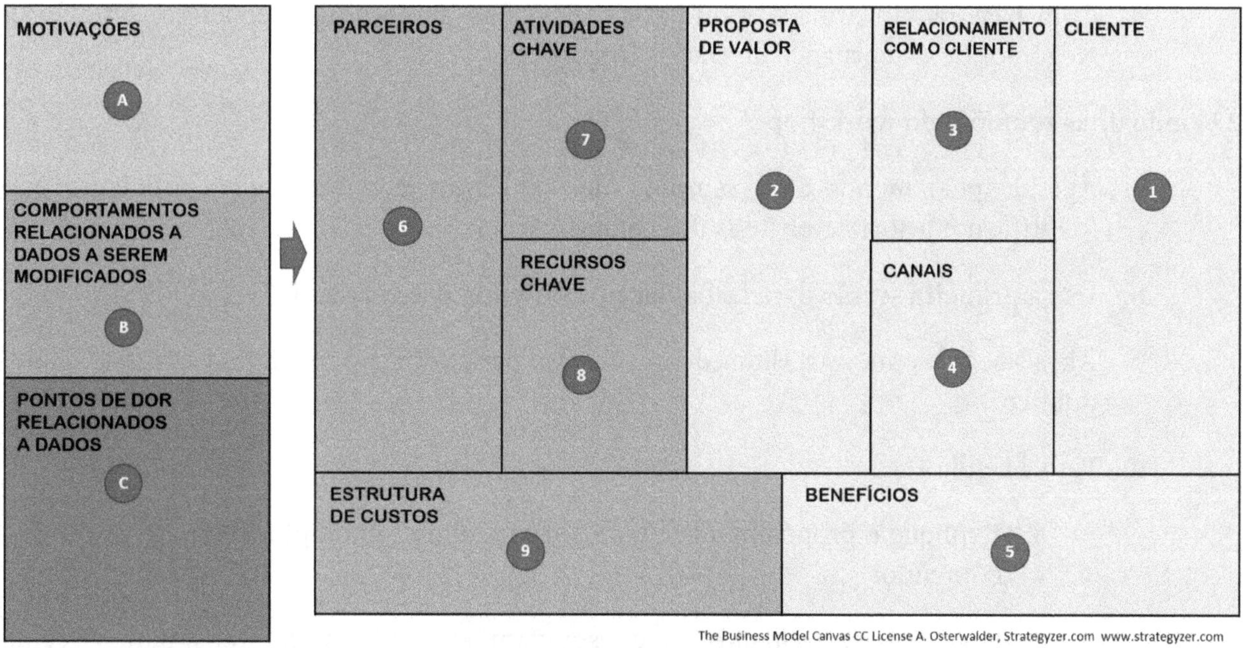

Figura 31- Modelo de Negócios de Governança de Dados

Etapa 7 Fluxo do processo

1.Prepare-se para os Workshops de Modelo de Negócios de Governança de Dados:

a. Com base nas entradas da Etapa 2, na Estratégia de alinhamento de dados produzida na Etapa 3, na Estratégia de Gerenciamento de Dados produzida na Etapa 4, na Estratégia de Governança de Dados produzida na Etapa 5 e em toda a documentação de apoio, prepare uma lista de itens para cada célula da tela mostrada na Figura 31.

   i. Na Etapa 2, você obtém o conteúdo das células A, B e C.

   ii. Para a primeira sessão do workshop, você deve estar preparado para começar com a célula 1 e depois ir de 1 a 5.

   iii. As células 6-9 podem exigir outra sessão.

b. Prepare sua ferramenta de colaboração selecionada com o layout do workshop e o conteúdo de suas listas de itens.

c. Prepare slides para abrir a sessão. Mesmo que as partes interessadas participantes tenham estado presentes nas etapas anteriores, é útil ter uma apresentação atualizada para esta sessão e deixá-la como documentação para referência futura. Não se esqueça de apresentar a linha do tempo, marcando onde a sessão se encontra dentro dela. Para as sessões seguintes, você pode incluir um resumo da sessão anterior e o objetivo da sessão atual.

d. Com base nas informações que você tem neste momento, preencha o Modelo de Negócios de Governança de Dados (Figura 31).

2.Conduzir as reuniões do workshop:

a. Agende pelo menos duas reuniões de workshop para ter tempo suficiente para identificar e priorizar os itens das células 1 e 6-9

b. Use a primeira sessão para trabalhar no conteúdo das células 1-5

c. Abra a sessão com seus slides de introdução para definir o nível das expectativas do público.

d. Para a célula 1:

   i. Explique o propósito da célula e forneça alguns exemplos ilustrativos do conteúdo.

   ii. Peça aos participantes que escrevam suas ideias de itens para a célula específica individualmente.

   iii. Dê tempo para que todos os participantes leiam todas as ideias de outras partes interessadas e votem nas cinco mais relevantes.

e. Para as células 6 a 11, use a tela pré-preenchida para orientar a conversa.

   i. Peça aos participantes que deixem ou abandonem os itens listados e sugiram novos itens.

   ii. Peça aos participantes que votem nos três tópicos mais importantes.

3.Refinar a estratégia de Governança de Dados Canvas :

a. Preencha as células 2, 3, 4 e 5 com os resultados da Etapa 2.

b. Este é um exercício de síntese. Você deve encaixar nas células 1 e 6 a 23 do Canvas todas as ideias propostas pelos participantes na ordem de prioridade sugerida por eles. (Consulte o Capítulo 5 para obter a descrição do que deve ser colocado em cada célula).

4.Solicitar feedback:

a. Certifique-se de que a tela resultante tenha informações adequadas de data e versão.

b. Adicione à tela uma marca d'água de RASCUNHO.

c. É hora de testar seus recursos de síntese e clareza enviando o Canvas preenchido a todos os participantes que participaram de sua definição para que eles forneçam feedback. Defina um prazo para o envio do feedback e deixe claro que, a menos que receba uma resposta, você presumirá que as pessoas aceitaram o conteúdo.

5. Obter aprovação

a. Fazer todos os ajustes derivados do feedback recebido

b. Atualizar o controle de versão e remover a marca DRAFT

c. Envie a Estratégia de Alinhamento de Dados Canvas para aprovação das partes interessadas que participam da definição. Certifique-se de que o prazo seja indicado.

d. Coletar todas as aprovações das partes interessadas

e. Apresentar ao patrocinador e obter aprovação

6. Vá para a Etapa 9 - Comunicação e socialização

Tabela 9- Resumo da etapa 7

Etapa 7. Criar/atualizar o Modelo de Negócios de Governança de Dados	
Objetivo	• Identificar clientes de Governança de Dados • Identificar a proposta de valor da Governança de Dados • Identificar os serviços de Governança de Dados que fornecem a proposta de valor • Identificar os canais de comunicação da equipe de Governança de Dados com seus clientes • Identificar como manter relacionamentos para reter o interesse e o reconhecimento dos clientes • Identificar as principais atividades necessárias para cumprir a proposta de valor • Identificar os principais recursos necessários para cumprir a proposta de valor • Identificar os principais parceiros para apoiar a equipe de Governança de Dados em seu esforço para implantar a prática de Governança de Dados • Tornar explícito, em um alto nível, o custo de implantação e manutenção da prática de Governança de Dados • Tornar explícitos, em um alto nível, os benefícios de ter uma prática de Governança de Dados
Finalidade	• Defina expectativas claras em toda a organização sobre o que a equipe de Governança de Dados fará e para quais clientes internos.

Etapa 7. Criar/atualizar o Modelo de Negócios de Governança de Dados	
Entradas	• Estratégia de alinhamento de dados • Estratégia de Gerenciamento de Dados • Motivações priorizadas para o Gerenciamento de Dados • Priorização de comportamentos indesejáveis relacionados a dados • Pontos problemáticos de dados priorizados
Técnicas e ferramentas	• Workshop para revisar/atualizar o modelo de negócios de Governança de Dados • Canvas do Modelo de Negócio • Ferramentas colaborativas para brainstorming e pontuação (por exemplo, Mural, MS365 Whiteboard etc.) • Técnica do papel marrom para workshops presenciais
Saídas	• Modelo de negócios de Governança de Dados
Participantes	• Líder de Governança de Dados e equipe
Ponto de controle	• Prepare sua ferramenta colaborativa selecionada ou seus materiais e modelos de papel pardo • Prepare uma apresentação introdutória que indique claramente o local do processo e as expectativas para essa etapa específica • Preencha previamente o Canvas do Modelo de Negócio da Governança de Dados com as informações que você identificou até o momento • Certifique-se de que a reunião seja agendada para o workshop para revisar/atualizar o Modelo de Negócios de Governança de Dados "Data Governance Business Model Canvas" • Realizar a reunião para revisar/atualizar o Modelo de Negócios de Governança de Dados

7.2.8 Etapa 8: Criar/atualizar o roteiro de três anos

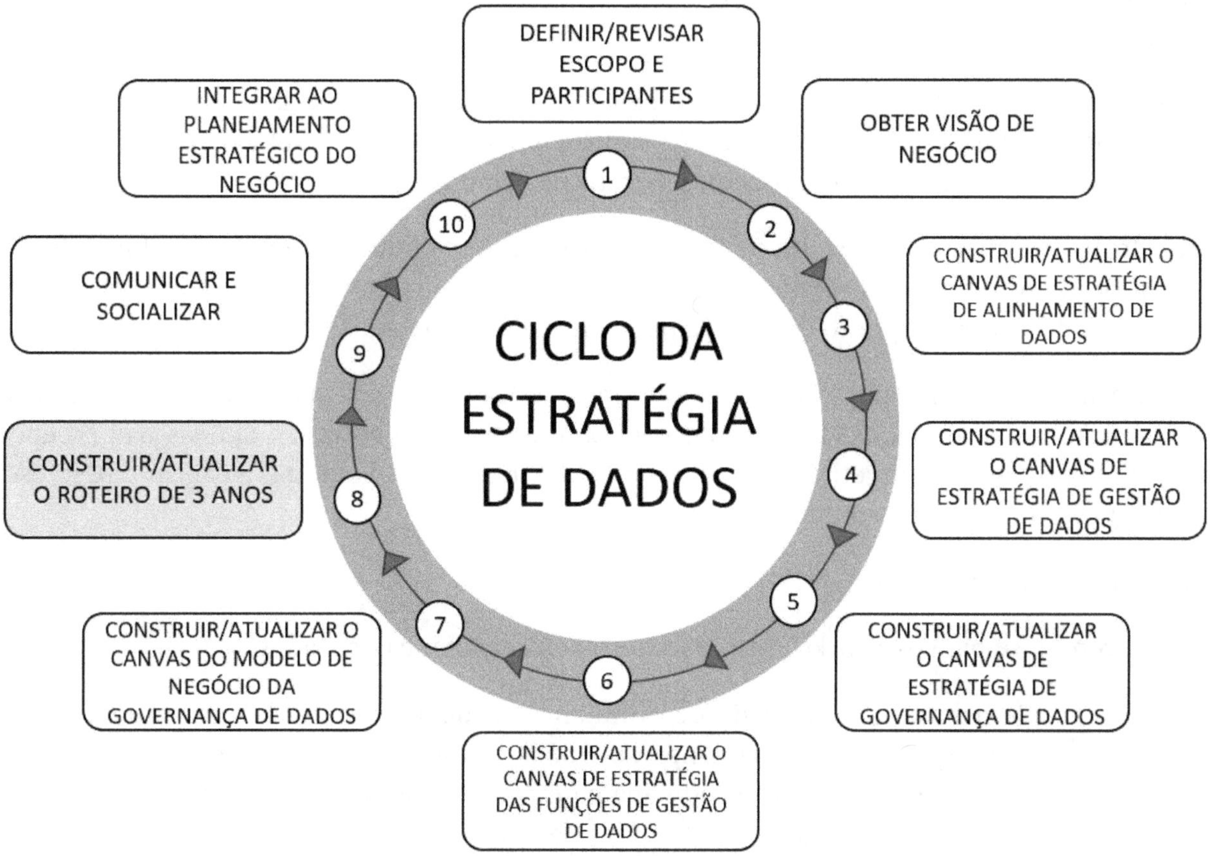

Copyright © 2023 María Guadalupe López Flores., Servicios de Estrategia y Gestión de Datos Aplicada, S.C., segda.com.mx

O desenvolvimento dos Canvas de estratégia de Gerenciamento de Dados (estratégia de Gerenciamento de Dados, Estratégia de Governança de Dados e Estratégia de função específica de Gerenciamento de Dados) é essencial para gerenciar as expectativas sobre o que será alcançado ao longo do tempo com o programa de Gerenciamento de Dados. Mas a melhor maneira de mostrar claramente o que esperar em diferentes momentos é por meio de roteiros. Como a equipe de Governança de Dados orquestra a definição das outras funções de Gerenciamento de Dados, o primeiro roteiro a ser desenvolvido é o roteiro de Governança de Dados (Figuras 32, 33 e 34). Depois que esse roteiro e as estratégias da função de Gerenciamento de Dados forem definidos, um roteiro pode ser produzido para cada função.

Os marcos no roteiro vêm diretamente da Estratégia de Gerenciamento de Dados e da Estratégia de Governança de Dados, cercados por marcos marcados em verde que representam a operação da Governança de Dados. Isso é importante para definir e gerenciar as expectativas. Deve ficar claro que não estamos gastando um ou dois anos apenas estabelecendo recursos de Governança de Dados. Paralelamente, estamos começando a operar a governança, seguindo as prioridades estabelecidas nas estratégias de Gerenciamento de Dados e de Governança de Dados.

Um modelo formal de maturidade de Gerenciamento de Dados baseado em recursos é fundamental para isso. A combinação de recursos claramente definidos e as metas de nível de maturidade ancoram os marcos nos roteiros. Dessa forma, podemos representar metas anuais e capacidades priorizadas de progresso.

O Roadmap do Ano 1 começa com os níveis de maturidade determinados pela avaliação de maturidade da linha de base. O final desse primeiro ano mostra o nível de maturidade que a organização espera alcançar, com base nos marcos projetados.

O Roadmap do Ano 2 começa com o nível de maturidade medido no final do Roadmap do Ano 1. Ele termina com o nível de maturidade estimado com base nos marcos projetados. Esse nível de maturidade se torna o ponto de partida para o Roadmap do Ano 3.

Após o primeiro ano de operações de Governança de Dados, realize a avaliação da maturidade do Gerenciamento de Dados (idealmente com base em evidências e não apenas na percepção para eliminar qualquer subjetividade) para determinar a maturidade real alcançada. Use essas informações para ajustar o roteiro.

Etapa 8 Fluxo do processo

1. Prepare-se para os Workshops de Roteiro de Governança de Dados:

    a. Com base na Estratégia de Alinhamento de Dados produzida na Etapa 3, na Estratégia de Gerenciamento de Dados produzida na Etapa 4, na Estratégia de Governança de Dados produzida na Etapa 5 e nas capacidades de Governança de Dados indicadas pelo Modelo de Maturidade de Gerenciamento de Dados que você selecionou, prepare um rascunho do roteiro de três anos. A entrada também inclui o nível de maturidade atual com base na avaliação mais recente.

    b. Comece definindo os marcos dos recursos de Governança de Dados.

    c. A partir da estratégia de Gerenciamento de Dados, determine os marcos relacionados às prioridades segregadas em curto, médio e longo prazo e defina-os ao longo do roteiro.

    d. Faça o mesmo com a estratégia de Governança de Dados; determine marcos relacionados às prioridades segregadas em curto, médio e longo prazo e defina-os ao longo do roteiro.

    e. Com base nas informações fornecidas para criar as estratégias de Gerenciamento de Dados e de Governança de Dados, identifique os marcos que indicam que a Governança de Dados está em operação (publicação do glossário comercial, primeira reunião do comitê de Governança de Dados, estabelecimento do serviço de consulta de fontes de dados, primeiro conjunto de políticas aprovado etc.).

2. Conduzir as reuniões do workshop:

    a. Agende pelo menos duas reuniões de workshop para ter tempo suficiente para concluir e refinar o roteiro de Governança de Dados.

    b. Use a primeira sessão para complementar a lista de marcos ao longo do roteiro de Governança de Dados e para criar consciência do trabalho necessário. Seja realista. Muitas equipes planejam muitos marcos para o primeiro ano. Fazer isso e não cumpri-los pode ser desanimador. Tente não se comprometer demais.

    c. Use a segunda sessão para refinar o roteiro, garantindo que todos os marcos necessários sejam documentados e alcançáveis, distribuídos ao longo dos três anos. Essa distribuição deve estar alinhada com a prioridade definida nas estratégias de Gerenciamento de Dados e Governança de Dados, além de levar em conta as dependências.

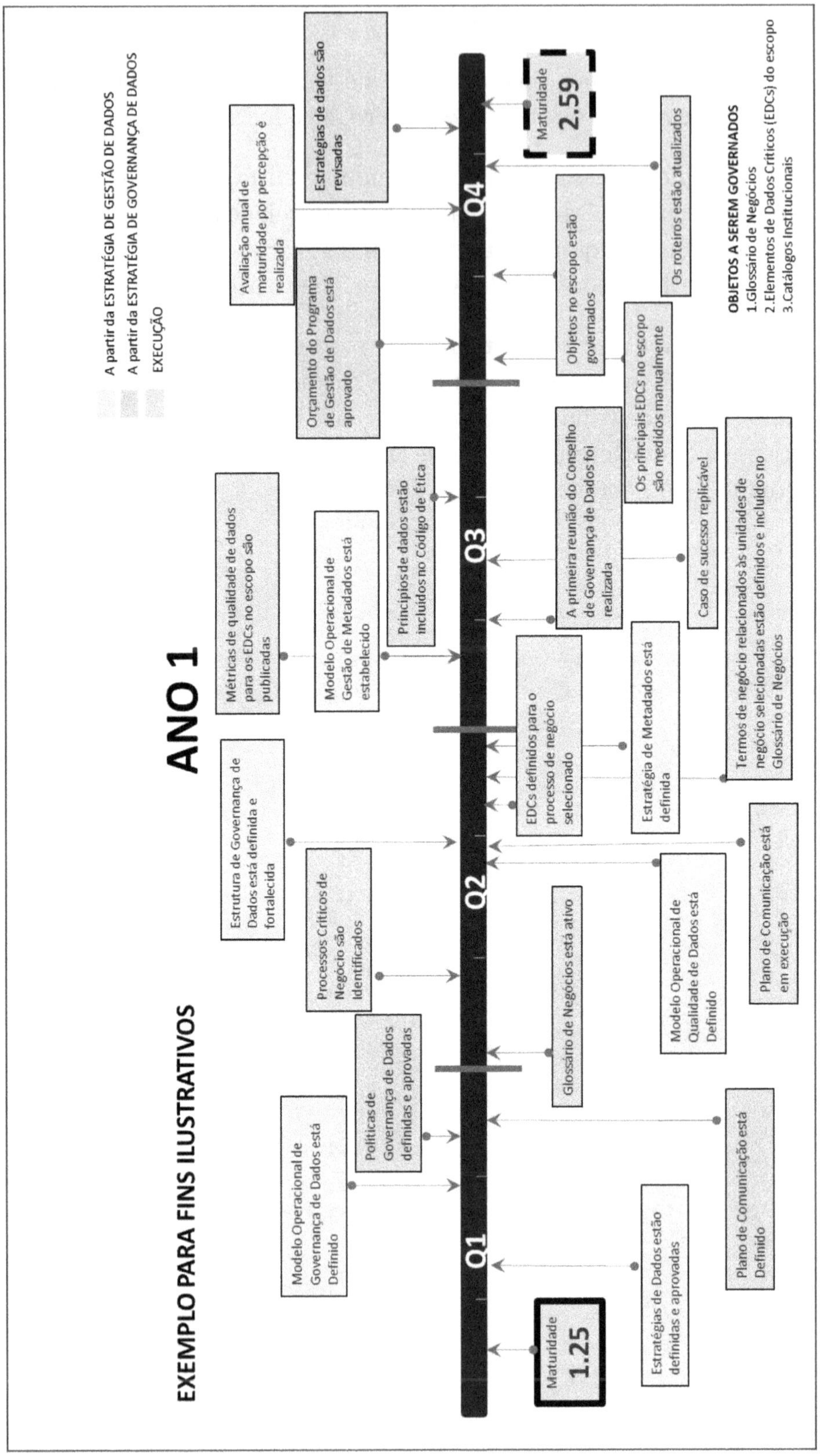

Figura 32- Roteiro de Governança de Dados para o ano 1

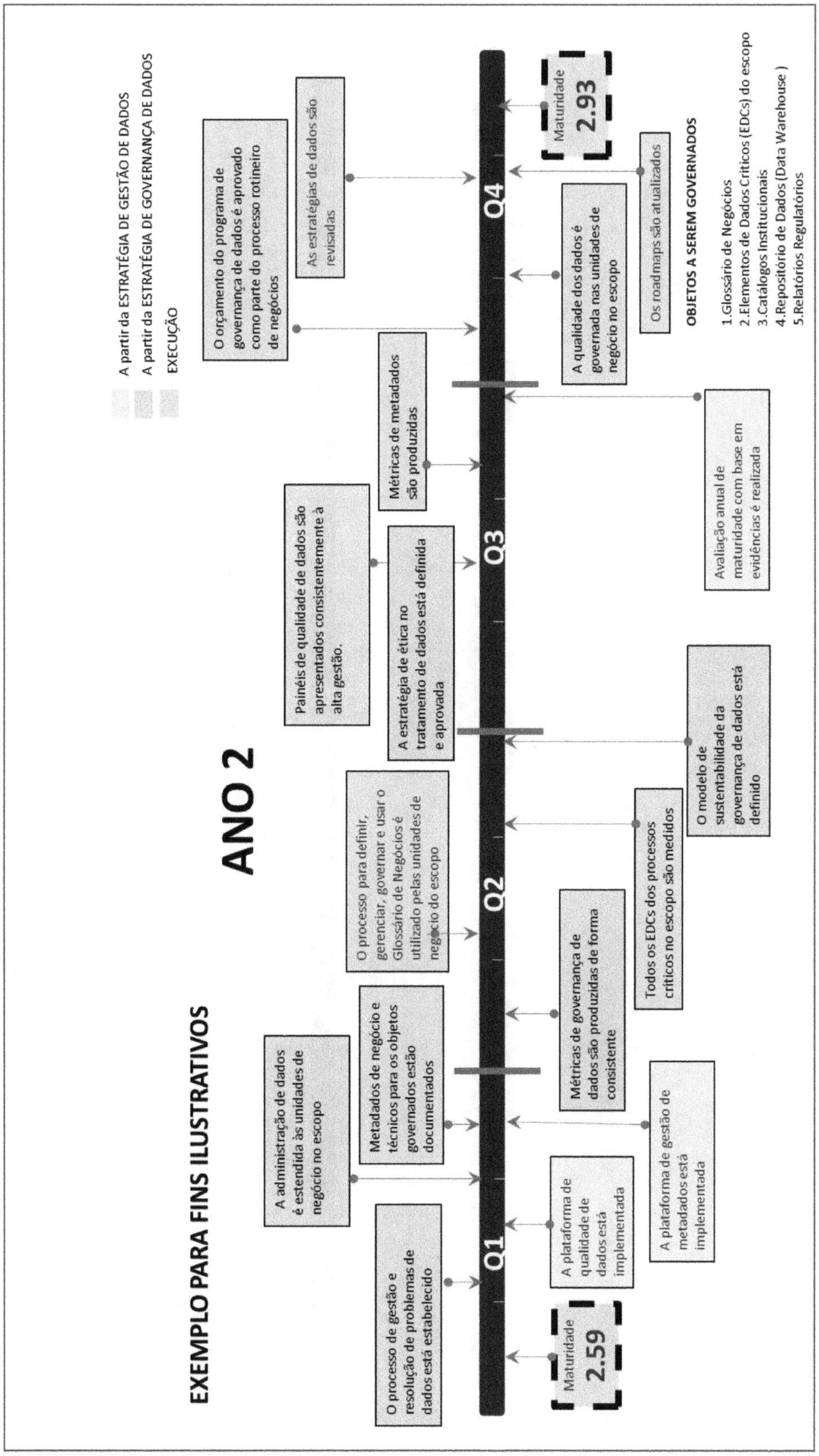

Figura 33- Roteiro de Governança de Dados para o ano 2

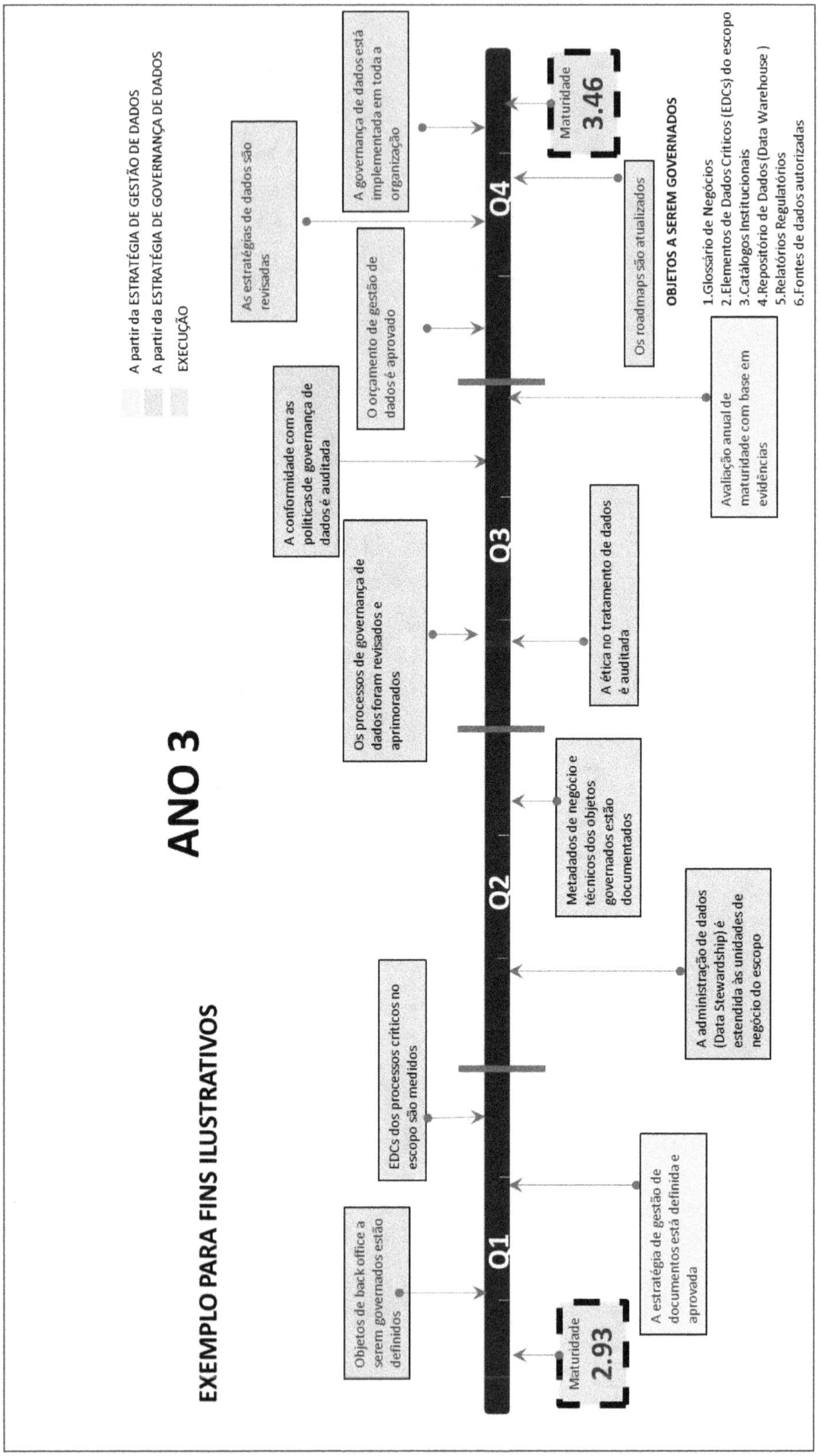

Figura 34- Roteiro de Governança de Dados para o ano 3

3. Obter aprovação:

    a. Fazer todos os ajustes derivados do feedback recebido

    b. Atualizar o controle de versão e remover a marca DRAFT

    c. Enviar o roteiro de Governança de Dados para aprovação do patrocinador

4. Vá para a Etapa 9 - Comunicação e socialização

•

Tabela 10- Resumo da etapa 8

Etapa 8. Criar/atualizar o roteiro de três anos	
Objetivo	• Identificar os marcos a serem alcançados nos próximos três anos, com base nas estratégias de Gerenciamento de Dados e Governança de Dados • Definir o nível de maturidade do Data Management esperado para cada ano, com base em marcos para os recursos a serem estabelecidos
Finalidade	• Definir expectativas claras em toda a organização sobre o que será realizado e quando como parte da execução das estratégias de Gerenciamento de Dados e Governança de Dados.
Entradas	• Estratégia de alinhamento de dados • Estratégia de Gerenciamento de Dados • Estratégia de Governança de Dados • Modelo de negócios de Governança de Dados • Motivações priorizadas para o Gerenciamento de Dados • Priorização de comportamentos indesejados relacionados a dados • Pontos problemáticos de dados priorizados
Técnicas e ferramentas	• Workshop para revisar/atualizar o roteiro de Gerenciamento de Dados • Workshop para revisar/atualizar o roteiro de Governança de Dados • Modelo de roteiro de Gerenciamento de Dados • Modelo de roteiro de Governança de Dados • Ferramentas colaborativas para brainstorming e pontuação (por exemplo, Mural, MS365 Whiteboard etc.) • Técnica do papel marrom para workshops presenciais • Técnica de mapeamento para vincular ao Plano Operacional
Saídas	• Roteiro de três anos para o Gerenciamento de Dados • Roteiro trienal de Governança de Dados

Etapa 8. Criar/atualizar o roteiro de três anos	
Participantes	Para o roteiro de Gerenciamento de Dados: • Líder de Gerenciamento de Dados • Líder de Governança de Dados e equipe • Priorização das funções de Gerenciamento de Dados Para o roteiro de Governança de Dados: • Líder de Governança de Dados e equipe
Ponto de controle	• Prepare sua ferramenta colaborativa selecionada ou seus materiais e modelos de papel pardo • Prepare uma apresentação introdutória que indique claramente o local do processo e as expectativas para essa etapa específica • Elaborar o roteiro de Gerenciamento de Dados para iniciar a discussão • Agendar reuniões para que o workshop revise/atualize os roteiros de Gerenciamento de Dados e de Governança de Dados • Realizar a reunião para revisar/atualizar os roteiros de Gerenciamento de Dados e de Governança de Dados

7.2.9 Etapa 9: Comunique-se e socialize

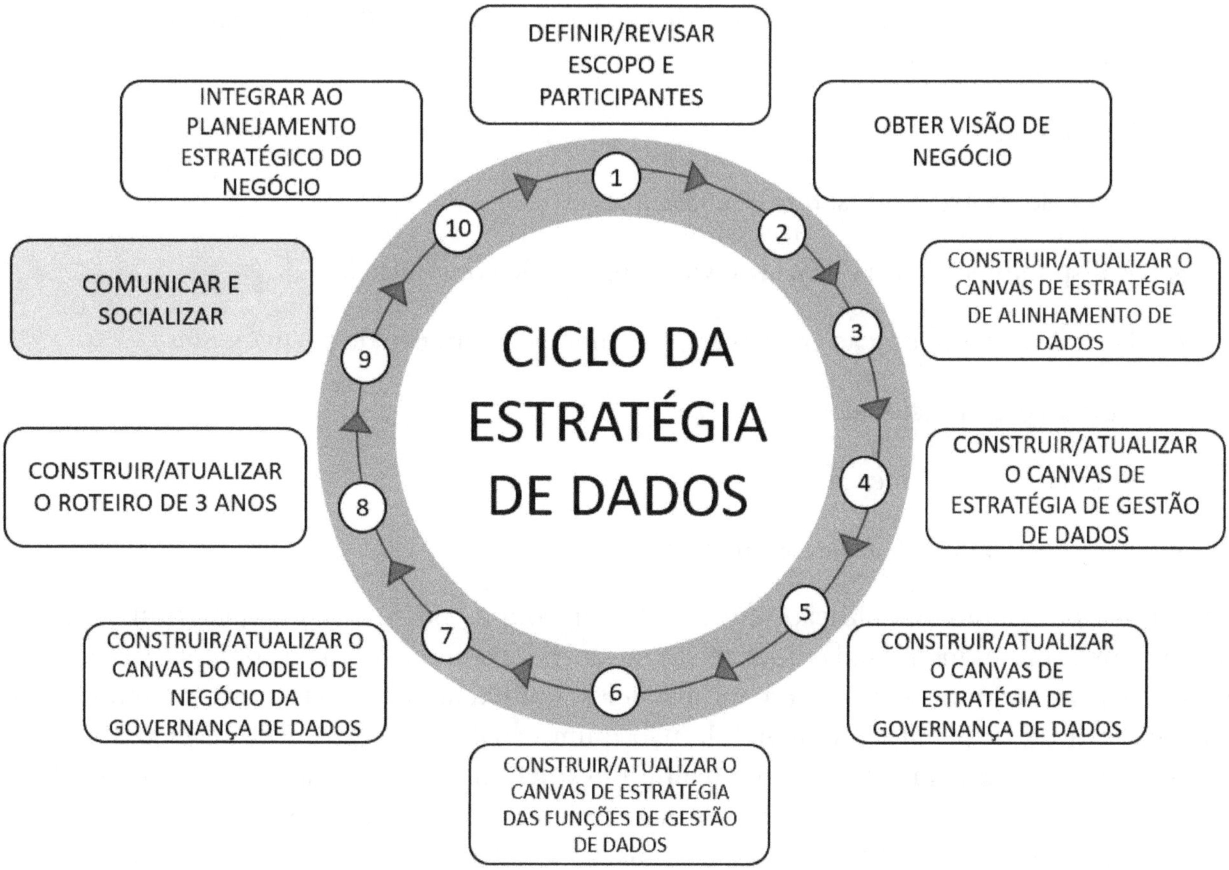

Copyright © 2023 María Guadalupe López Flores., Servicios de Estrategia y Gestión de Datos Aplicada, S.C., segda.com.mx

Uma peça fundamental desse quebra-cabeça é a comunicação. Já discutimos os benefícios de usar Canvas para facilitar a comunicação. Os Canvas não teriam valor algum se as produzíssemos e as guardássemos em uma gaveta. A iniciativa da Estratégia de Dados é um processo contínuo que deve ser amplamente divulgado em toda a organização. Para que seja bem-sucedida, ela deve ter uma estratégia de comunicação clara. Essa estratégia começa com os objetivos. Identifique os diferentes públicos que precisam se manter informados sobre o que está acontecendo no Gerenciamento de Dados. Leve em conta a variedade de mídias de comunicação para alcançá-los. Não apenas os eletrônicos (por exemplo, intranet, e-mail), mas também os diferentes fóruns em que você pode apresentar esse tópico ou eventos internos em que pode comunicar a Estratégia de Dados. Se houver uma área de comunicação corporativa ou institucional, envolva-se com ela nesse esforço.

A comunicação é pouco considerada na implementação da Governança de Dados e menos ainda na discussão do Gerenciamento de Dados. Mas ela é essencial para o sucesso. O não planejamento da comunicação significa que muitas partes interessadas não entendem o que significa governar os dados, o que as funções de Gerenciamento de Dados fazem e supervisionam, quais serviços oferecem e o que esperar desses serviços.

Na etapa Comunicar e socializar, você define seu marketing para a Estratégia de Dados. Para isso, você deve considerar o seguinte:

- Públicos-alvo
- Tipos de mensagens a serem comunicadas
- A disponibilidade e a eficácia de várias mídias de comunicação
- Fóruns de comunicação (por exemplo, comitês de direção ou permanentes)
- Cultura organizacional
- Políticas de comunicação
- Planos de campanhas de comunicação

Lembre-se de que a comunicação tem tudo a ver com as pessoas, você quer transmitir suas mensagens às partes interessadas. Identificar os canais de comunicação disponíveis é importante, mas o mais importante é entender a eficácia deles. Por exemplo, se existe um site interno, mas os funcionários raramente o visitam, ele não é um canal eficaz. Se você quiser usá-lo, dê às pessoas um motivo para visitá-lo. O e-mail é um canal de comunicação fácil e comum. Mas a maioria das pessoas recebe muitos e-mails que não lê. Ao usar o e-mail, você corre o risco de que suas mensagens desapareçam sem serem vistas. Se o número de mensagens for alto, elas serão ignoradas. Se já houver um site para fins de gerenciamento ou Governança de Dados, esse será um excelente local para publicar informações sobre a iniciativa de Estratégia de Dados, seu status e os diferentes Canvas produzidas. Se ainda não houver um site, talvez você queira começar um como parte dessa iniciativa. De qualquer forma, você deve conscientizar as pessoas de sua existência e promover seu uso.

Etapa 9 Fluxo do processo

1. Definir a estratégia de comunicação:
    a. Os objetivos estratégicos que você deseja alcançar
    b. Os públicos que você deseja alcançar
    c. Os canais de comunicação disponíveis
    d. Os parceiros que o ajudarão a se comunicar
    e. Os tipos de mensagens que você deseja comunicar

   i. Conscientização: Infográficos internos sobre os impactos decorrentes da falta de Gerenciamento de Dados
   ii. Informativo: Definição dos elementos da Estratégia de Dados
   iii. Progresso da iniciativa: Atualizações sobre o progresso da execução das Estratégias de Dados

2. Envolva a equipe de comunicação institucional:
   a. Os canais de comunicação mais eficazes para a execução da estratégia de comunicação.
   b. O nível de participação da equipe de comunicação institucional
   c. O nível de aprovação necessário para as mensagens de comunicação
   d. As melhores campanhas de comunicação
   e. As políticas a serem seguidas se as mensagens não forem comunicadas pela equipe institucional
   f. A interação operacional que sua equipe pode ter com a equipe institucional
3. Explore novas ideias:
   a. Reuniões de almoço e aprendizado (presenciais ou virtuais)
   b. Podcast interno (convide as partes interessadas com histórias de sucesso)
   c. Dicas rápidas “Nuggets” de Estratégia de Dados (mensagens informativas curtas com designs atraentes para chamar a atenção)
4. Envolver o patrocinador da Estratégia de Dados na comunicação:
   a. Faça com que o patrocinador registre mensagens fortes sobre a Estratégia de Dados
   b. Faça com que o patrocinador estabeleça uma participação permanente nos comitês de direção para apresentar o progresso das Estratégias de Dados
5. Defina uma grade de conteúdo:
   a. Tipo de mensagem
   b. Objetivo da mensagem
   c. Cópia (mensagem real como será transmitida)

   d. Chamada para ação
   e. A data em que a mensagem será comunicada
6. Criar um plano de comunicação
   a. Considerar todos os diferentes canais de comunicação e alternativas criativas
   b. Considere todas as campanhas de comunicação institucional em andamento ou planejadas
   c. Considerar o tempo de resposta das aprovações
7. Executar o plano de comunicação

Tabela 11- Resumo da etapa 9

Etapa 9. Comunique-se e socialize	
Objetivo	• Estabelecer uma estratégia de comunicação • Envolver a equipe de comunicação interna da empresa • Garantir que todas as partes interessadas vejam os resultados de suas contribuições para as Estratégias de Dados • Certifique-se de que as pessoas de toda a organização conheçam as Estratégias de Dados • Assegure-se de que os Canvas de Estratégias de Dados sejam fáceis de encontrar e acessar
Finalidade	• Garantir que a Estratégia de Dados seja aberta a toda a organização • Definir expectativas em toda a organização sobre o que será alcançado pelos programas de Gerenciamento de Dados e Governança de Dados
Entradas	• Estratégia de alinhamento de dados • Estratégia de Gerenciamento de Dados • Estratégia de Governança de Dados • Modelo de negócios de Governança de Dados • Estratégia específica de Gerenciamento de Dados
Técnicas e ferramentas	• Grade de conteúdo • Resumo executivo • Modelo de estratégia de comunicação
Saídas	• Gerenciamento de Dados Estratégia de comunicação • Grade de conteúdo das Estratégias de Dados • Conteúdo da comunicação

Etapa 9. Comunique-se e socialize	
Participantes	• Comunicação institucional • Líder de Governança de Dados e equipe
Ponto de controle	• Defina sua estratégia de comunicação • Envolver a equipe de comunicação interna • Coletar informações sólidas sobre problemas de dados e seu impacto • Prepare sua matriz de conteúdo • Definir um plano de comunicação • Obter aprovação • Executar o plano

7.2.10 Etapa 10: Integrar ao planejamento estratégico de negócios existente

Copyright © 2023 María Guadalupe López Flores., Servicios de Estrategia y Gestión de Datos Aplicada, S.C., segda.com.mx

Uma característica fundamental de um programa de Gerenciamento de Dados maduro é a sustentabilidade. Isso implica ter um orçamento anual para apoiar as práticas de Gerenciamento de Dados. Os requisitos orçamentários anuais devem ser bem compreendidos em uma implantação contínua e em evolução de recursos. A última coisa que queremos é explicar o Gerenciamento de Dados do zero para cada projeto do programa. Em vez disso, a Etapa 10 busca integrar as metas e iniciativas de Gerenciamento de Dados ao planejamento estratégico para que elas sempre façam parte do ciclo de planejamento.

A outra lógica fundamental para essa etapa é que devemos alinhar a Estratégia de Dados à estratégia da empresa. Como parte do planejamento estratégico anual, as principais partes interessadas analisam o ambiente de negócios e definem a direção estratégica da organização. Os dados devem ser levados em conta como parte desse processo, e o patrocinador do Gerenciamento de Dados deve ter um lugar nessa mesa. Para que isso aconteça, é necessário envolver os líderes de planejamento estratégico e finanças por meio de um caso de negócios sólido.

Etapa 10 Fluxo do processo

1. Criar um caso de negócios:
    a. Quantificar o impacto dos principais pontos problemáticos relacionados aos dados
    b. Quantificar o custo da oportunidade de não conseguir responder às questões comerciais de maior prioridade
    c. Quantificar o impacto de não ter uma Estratégia de Dados (com base em casos anteriores de plataformas tecnológicas compradas sem utilizá-las totalmente)
    d. Quantificar o custo de não encontrar informações
    e. Quantificar os benefícios de ter uma Estratégia de Dados, não apenas em termos de redução de custos, mas também em termos do valor comercial de ter insights precisos
2. Prepare uma Carta para cada iniciativa de Gerenciamento de Dados identificada para o curto prazo
3. Preparar um orçamento anual para cobrir a implantação e o suporte da Governança de Dados e cada uma das cartas identificadas
4. Prepare um resumo executivo com base em:
    a. Carta de Estratégia de Dados
    b. Unidades organizacionais participantes
    c. Roteiro de Governança de Dados
    d. Link para Canvas de Estratégia de Dados
    e. Orçamento anual
5. Envolva a equipe de planejamento estratégico:
    a. Fazer com que o patrocinador da Estratégia de Dados apresente a iniciativa da Estratégia de Dados
    b. Chegar a um acordo sobre como, quando e para quem o progresso da Estratégia de Dados será relatado
    c. Coletar feedback

d. Definir um processo de alto nível sobre como o processo de Estratégia de Dados será incorporado ao processo de planejamento empresarial

e. Obter feedback sobre o processo proposto

f. Obter aprovação

g. Vá para a Etapa 9 para comunicar o processo final

Tabela 12- Resumo da etapa 10

Etapa 10. Integrar ao planejamento estratégico de negócios existente	
Objetivo	• Incorporar a Estratégia de Dados ao planejamento estratégico da empresa • Criar consciência de que os ativos de dados devem ser tratados como quaisquer outros ativos • Criar conscientização sobre o fato de o Gerenciamento de Dados ser um programa que requer financiamento contínuo
Finalidade	• Envolvimento com o planejamento corporativo • Envolvimento com o setor financeiro
Entradas	• Estratégia de alinhamento de dados • Estratégia de Gerenciamento de Dados • Estratégia de Governança de Dados
Técnicas e ferramentas	• Resumo executivo
Saídas	• Cronograma da revisão anual das Estratégias de Dados
Participantes	• Patrocinador da Estratégia de Dados • Líder de Governança de Dados e equipe • Planejamento corporativo • Finanças
Ponto de controle	• Documentar seu caso de negócios • Preparar uma apresentação executiva do processo de Estratégia de Dados e das Estratégias de Dados aprovadas • Envolver a equipe de Planejamento Estratégico Empresarial • Estabelecer um acordo sobre como incorporar a Estratégia de Dados ao planejamento estratégico da empresa • Envolver a equipe de finanças • Estabelecer um acordo sobre como gerenciar um orçamento anual para o Gerenciamento de Dados, com base nas Estratégias de Dados

7.3. Algumas palavras sobre ferramentas

Todas os Canvas que mostramos dependem de modelos do PowerPoint, o que proporciona uma maneira fácil de começar. Como você já deve ter pensado, há maneiras melhores, mais dinâmicas e mais ágeis de representar os Canvas. A maioria das ferramentas de arquitetura corporativa permite criar Canvas personalizadas e vinculá-las a outros artefatos corporativos (estratégia corporativa, processos de negócios, funções, órgãos de governança, arquiteturas de aplicativos, arquiteturas de tecnologia etc.). Essas ferramentas permitem que você capture o conteúdo dos Canvas e documente como, quando e por quem elas foram criadas. Elas também podem mostrar a rastreabilidade on-line, de modo que as alterações em também são refletidas nos objetos vinculados quando um determinado objeto é alterado. Há também opções de código aberto se você não tiver uma ferramenta de arquitetura corporativa. Depois de criar seus Canvas de Estratégia de Dados, essas ferramentas permitem que você exporte cada tela como uma imagem para facilitar a comunicação organizacional.

Você também pode explorar opções de ferramentas de colaboração que simplifiquem a captura e o uso de informações nos workshops.

7.4. Conectando todos os pontos

Todos os elementos dos três componentes do Método PAC de Estratégia de Dados estão conectados. Você deve ser capaz de rastrear entre eles a qualquer momento. Por exemplo, quando você produzir um plano operacional para as Estratégias de Dados, mapeie cada atividade para um marco nos roteiros. Os marcos nos roteiros vêm de cada Canvas da Estratégia de Dados. O conteúdo de cada Canvas da Estratégia de Dados responde às entradas definidas na segunda etapa do ciclo de Estratégia de Dados : Perguntas comerciais, motivações, comportamentos a serem alterados e pontos problemáticos relacionados aos dados. À medida que avança no Ciclo de Estratégia de Dados, você perceberá essa interconexão e como tudo faz sentido. Ao se comunicar com as partes interessadas, chame a atenção para essas conexões para ajudá-las a entender as metas e os detalhes necessários para alcançá-las.

A manutenção de uma Estratégia de Dados eficaz é um processo contínuo. O trabalho não termina depois que você produziu os Canvas da Estratégia de Dados. O trabalho árduo de execução começa nesse ponto. Esse trabalho envolve a supervisão de que as estratégias orientam as atividades relacionadas aos dados e permitem que a organização obtenha mais valor de seus dados.

7.5. Conceitos-chave

O ciclo de Estratégia de Dados é um conjunto de dez etapas que devem ser realizadas pelo menos anualmente, terminando com a inclusão da revisão das Estratégias de Dados no planejamento estratégico anual da organização. Isso contribui significativamente para o Gerenciamento de Dados e informações como ativos estratégicos.

7.6. Coisas para ter em mente

1. O primeiro fator de sucesso é ter as principais partes interessadas, representando as várias unidades organizacionais, participando da definição da Estratégia de Alinhamento de Dados, já que suas contribuições e priorizações conduzirão o restante das Estratégias de Dados.
2. O segundo fator de sucesso é a preparação eficaz de cada reunião do workshop e o gerenciamento do tempo durante as sessões.
3. O terceiro e não menos importante fator de sucesso é manter uma comunicação eficaz com todas as partes interessadas que participam dessa jornada, para que elas estejam cientes de como sua contribuição se transforma em Estratégias de Dados e como elas são executadas ao longo do tempo.

7.7. Entrevista sobre Estratégia de Dados

ESPECIALISTA ENTREVISTADO: **Danette McGilvray**[43]

Danette McGilvray é uma especialista em qualidade de dados respeitada internacionalmente . Ela orienta líderes e equipes para que aumentem o valor comercial que suas organizações obtêm por meio da qualidade e da Governança de Dados. Essa abordagem às iniciativas focadas em benefícios de dados (como segurança, análise, transformação digital, inteligência artificial, ciência de dados e conformidade).

Danette é presidente e diretora da Granite Falls Consulting, Inc., e está comprometida com o uso adequado da tecnologia e com a abordagem dos aspectos humanos do Gerenciamento de Dados por meio de uma comunicação eficaz e do gerenciamento de mudanças.

Danette é autora de Executando Projetos de Qualidade de Dados: Dez Etapas para Dados de Qualidade e Informações Confiáveis *"Executing Data Quality Projects: Ten Steps to Quality Data and Trusted Information"™*, 2nd Ed. (Elsevier/Academic Press, 2021), que compartilha um método comprovado usado com sucesso por vários setores em muitos países. Seu livro é frequentemente descrito como um "clássico" ou apontado como um dos "dez melhores" livros de Gerenciamento de Dados em conversas nas mídias sociais. Ela é coautora do Manifesto de Dados

---

[43] Danette McGilvray https://www.linkedin.com/in/danette-mcgilvray-bb9b85/

para Líderes "The Leader's Data Manifesto" (consulte dataleaders.org) e supervisionou sua tradução para 21 idiomas.

Considerando sua ampla experiência como consultora de qualidade de dados , com que frequência você encontra uma Estratégia de Dados horizontal bem definida que orienta o trabalho relacionado a dados e responde à Estratégia de Negócios nas organizações de seus clientes?

Quando me pedem para ajudar uma organização com suas necessidades de qualidade ou Governança de Dados, geralmente encontro uma das duas coisas:

- Bolsões de Gerenciamento de Dados em locais da organização, mas sem uma Estratégia de Dados horizontal
- Uma Estratégia de Dados horizontal abrangente (geralmente recém-definida), mas sem etapas práticas para implementar essa estratégia

Em primeiro lugar, a criação de uma Estratégia de Dados horizontal pode reunir o trabalho que já está sendo feito. Com isso, a organização pode obter sinergia, coordenar esforços, fazer o melhor uso de seus recursos e interromper o trabalho duplicado.

No segundo caso, o "diabo está nos detalhes". É necessário um bom plano de implementação, e as pessoas certas, com o conhecimento e as habilidades certas, devem estar envolvidas. Além disso, prestar atenção aos fatores humanos geralmente faz a diferença entre uma implementação bem-sucedida ou a Estratégia de Dados que vai para o lixo.

Em sua opinião, qual é o papel da Estratégia de Dados no sucesso ou no fracasso de um programa de qualidade de dados ?

Uma Estratégia de Dados horizontal e integrada fornece a estrutura abrangente na qual um programa de qualidade de dados se encaixa. Isso facilita a criação e a manutenção de um programa de qualidade de dados, pois todos os recursos, funções, processos, tecnologia etc. necessários para a obtenção de dados confiáveis e de alta qualidade foram identificados e suas relações são claras. TUDO o que se refere a dados deve começar com as necessidades comerciais da organização, incluindo uma Estratégia de Dados. Por necessidades comerciais, refiro-me àquilo que é mais importante para a organização fornecer produtos e serviços, satisfazer os clientes, gerenciar riscos, aumentar o valor comercial, implementar estratégias, atingir metas, resolver problemas e aproveitar oportunidades. Independentemente do aspecto dos dados com o qual esteja trabalhando, conheça as necessidades comerciais e os dados que dão suporte a essas necessidades.

Tenho uma visão holística da qualidade dos dados, o que significa que todos os aspectos do Gerenciamento de Dados têm como objetivo a obtenção de dados confiáveis e de alta qualidade, seja abordando metadados, arquitetura, Gerenciamento de Dados mestres etc. A qualidade dos dados significa reunir dados, processos, pessoas e tecnologia em todo o ciclo de vida dos dados.

Uma visão holística também aborda os fatores humanos, as comunicações e a ética, essenciais para criar confiança nos dados. Uma Estratégia de Dados deve liderar o caminho nesse sentido.

Se não houver uma Estratégia de Dados, a criação de um programa de qualidade de dados é possível, mas será mais lenta. Todas as peças mencionadas ainda precisam trabalhar juntas para que os dados atendam às necessidades do negócio. Ter uma Estratégia de Dados agiliza a criação de um programa de qualidade de dados. Uma Estratégia de Dados é fundamental e de longo prazo, o que aumenta as chances de que as várias partes dessa estratégia (inclusive um programa de qualidade de dados) continuem a ser financiadas e recebam a devida atenção.

Do seu ponto de vista, quem você acha que deve conduzir a criação e a manutenção de uma Estratégia de Dados e quais partes interessadas precisam participar desse processo?

Um Chief Data Officer (CDO) está na melhor posição para conduzir a criação e a manutenção de uma Estratégia de Dados. Isso pressupõe que o CDO esteja em uma função executiva ou de líder muito sênior dentro da organização. O CDO deve ser responsável pela Estratégia de Dados e garantir o apoio de outros executivos e do conselho de administração. O CDO pode delegar parte da responsabilidade de liderar a estratégia e facilitar a contribuição das partes interessadas. Essas funções responsáveis podem variar dentro de uma organização, mas podem incluir as funções de dados corporativos mais sênior em Governança de Dados, qualidade de dados e/ou Gerenciamento de Dados.

Conforme mencionado, só nos importamos com os dados porque eles atendem às necessidades dos negócios. Por isso, é essencial incluir executivos e/ou líderes sênior de várias funções de negócios.

O Gerenciamento de Dados não é possível sem a tecnologia da informação correta, portanto, também é fundamental que os executivos e/ou líderes seniores certos do grupo de Tecnologia da Informação (TI) façam parte do desenvolvimento da estratégia.

Um processo de Governança de Dados bem conduzido pode permitir a criação e a manutenção de uma Estratégia de Dados, em que aqueles que têm autoridade para tomar decisões e aqueles que têm o conhecimento para tomar boas decisões são reunidos (representando as perspectivas de negócios, dados e tecnologia).

Como você recomendaria que um novo líder de Governança de Dados criasse consciência e obtivesse a adesão da gerência sênior sobre a relevância de criar uma Estratégia de Dados integral e horizontal como base para um programa de Gerenciamento de Dados bem-sucedido?

Para criar conscientização e adesão a uma Estratégia de Dados, tudo se resume ao "Por quê?" Por que eu deveria me importar? Por que isso é importante? Reserve um tempo para reunir exemplos relevantes que mostrem "O que eles ganham com isso" (QEGI) se eles apoiarem uma Estratégia de Dados. Há uma série de técnicas que chamo de técnicas de impacto nos negócios que podem ajudar nesse caso. Para citar algumas: reunir anedotas e contar a história que dá vida aos dados e à Estratégia de Dados para o seu público; "ligar os pontos" entre os dados, a função da Estratégia de Dados e as necessidades da empresa; mostrar o risco de não ter uma Estratégia de Dados etc.

Encontre aqueles que já entendem a importância de bons dados. Em geral, são pessoas que já sentiram a dor dos dados de baixa qualidade e viram como a falta de dados de alta qualidade prejudicou seus planos de negócios.

Trabalhe primeiro com aqueles que querem trabalhar com você. Seus sucessos trarão outros que poderão participar mais tarde. Se você tiver um oponente que fala alto, entenda sua oposição. Eles podem ter preocupações legítimas que você pode abordar. Encontre outras pessoas que possam influenciar esses oponentes ou, pelo menos, fazer com que eles parem de gritar.

Cultive sua rede de parceiros ou aliados favoráveis aos dados, em todos os níveis da organização. Dê a eles as palavras para se comunicarem, incentive-os a ouvir e solicite ações de suas próprias redes. Você não pode alcançar todo mundo sozinho.

Desenvolva planos de comunicação/conscientização/gerenciamento de mudanças e implemente-os. Trabalhe com outras pessoas em sua organização que tenham essas habilidades. Lembre-se de que trabalhar com pessoas e abordar os fatores humanos (já enfatizei isso o suficiente?) não é algo que atrapalha seu trabalho de Estratégia de Dados, é parte integrante de seu trabalho. E é necessário para seu sucesso!

7.8. Mensagem de encerramento

Este trabalho foi inspirado por livros perspicazes e por especialistas na área de Gerenciamento de Dados. Se agora ele puder se tornar uma fonte de inspiração para você, terá valido a pena escrevê-lo!

Eu o incentivo a visitar o site que acompanha o livro para encontrar modelos, casos de estudo, exemplos de Canvas e muito mais.

7.9. Site complementar

Neste site complementar, você encontrará:

- Algumas imagens do livro
- Modelos prontos para uso
- Amostras de Canvas preenchidas
- Recursos relacionados ao tópico do livro

- Um local para deixar seus comentários/depoimentos/experiências com o Método de Estratégia de Dados PAC

https://segda.mx/en/book/the-data-strategy-pac-method/

Siga-me:

https://www.linkedin.com/in/marilul/

marilu.lopez@segda.com.mx

https://segda.mx/en/book/the-data-strategy-pac-method/

Glossário

Esta seção lista os termos mais relevantes usados neste livro, cujo significado é importante que esteja claro. A convenção seguida aqui é que o itálico representa a definição extraída da fonte indicada, enquanto a fonte regular representa o significado neste livro.

Ágil	*Capaz de se mover rápida e facilmente (Fonte: Dicionário Oxford).* Característica do Data Strategy PAC Method para permitir a produção rápida de Data Strategies de maneira fácil.
Artefato	*Um objeto que é feito por uma pessoa (Fonte: Oxford Dictionary).* Qualquer objeto que possa ser usado como evidência de que uma prática está sendo estabelecida. Usado para comprovar o nível de maturidade como parte de uma Avaliação de Maturidade do Gerenciamento de Dados , com base em evidências. Um artefato pode ser um documento, uma lista de distribuição de e-mail, atas, documentação de processos etc.
Objetivos estratégicos do negócio	As declarações de direção de mais alto nível para orientar uma organização/empresa são feitas como parte de um plano para alcançar as realizações comerciais.
Tela	Um pedaço de lona (um material forte, pesado e áspero usado para fazer tendas, velas etc.) usado para pintura (Fonte: Oxford Dictionary). Um único slide em que ideias ou conceitos complexos são sintetizados de forma a facilitar a compreensão; um Canvas do Modelo de Negócio.
Capacidade	Capacidade ou as qualidades necessárias para fazer algo (Fonte: Oxford Dictionary). Capacidade de executar uma ação específica, normalmente relacionada a processos. Um recurso é algo que pode ser estabelecido como parte do negócio como de costume (por exemplo, um processo, um conjunto de políticas, um conjunto de definição e designação de funções etc.).
Transmissível	*O fato de alguém poder comunicar a outra pessoa uma ideia (Fonte: Dicionário Oxford).* Uma característica do Método PAC para Estratégia de Dados que o torna fácil de ler e entender.
Canais de comunicação	Todos os meios para transmitir uma mensagem em uma organização/empresa. Podem ser quadros de avisos físicos ou eletrônicos, espaços de compartilhamento, e-mail, reuniões e almoços, reunião de alinhamento institucional etc.
Elemento de dados críticos	*Um elemento de dado crítico (Critical Data Element – CDE) é aquele que está alinhado a um elemento de negócio essencial e é considerado materialmente importante.* Quando não atinge os níveis exigidos de qualidade de dados, esse elemento pode causar impactos operacionais, financeiros ou reputacionais significativos. *(Fonte: EDMC DCAM – Data Management Capability Assessment Model)*
Dados	Representa fatos sobre o mundo e é um ativo relevante para a organização Fonte: DMBoK 2 – Data Management Body of Knowledge, 2ª edição

Ativo de dados	Qualquer entidade que seja composta de dados. Por exemplo, um banco de dados é um ativo de dados composto por registros de dados. Um ativo de dados pode ser um arquivo de saída do sistema ou do aplicativo, um banco de dados, um documento ou uma página da Web. Um ativo de dados também inclui um serviço que pode ser fornecido para acessar dados de um aplicativo. Por exemplo, um serviço que retorna registros individuais de um banco de dados seria um ativo de dados. Da mesma forma, um site da Web que retorna dados em resposta a consultas específicas (por exemplo, www.weather.com) seria um ativo de dados. (NIST CSRC – National Institute of Standards and Technology, Computer Security Resource Center)
Consumidores de dados	Qualquer pessoa, equipe ou sistema que use dados. O termo é usado para distinguir entre produtores de dados (que criam dados) e aqueles que usam dados. Um consumidor de dados para um processo pode ser um produtor de dados para outro processo. (Fonte: (Sebastian-Coleman, 2022))
Domínio de dados	Um agrupamento lógico de dados que descreve coisas relevantes para a organização (clientes, produtos, funcionários etc.)
Governança de Dados	O exercício de autoridade, controle e tomada de decisão compartilhada (planejamento, monitoramento e aplicação) sobre o gerenciamento de ativos de dados (Fonte: Data Governance Institute, Gwen Thomas)
Recursos de Governança de Dados	Conjunto de capacidades para estabelecer a prática da Governança de Dados (por exemplo, estratégia de Governança de Dados definida, funções e responsabilidades definidas, processo de financiamento estabelecido, etc.)
Prática de Governança de Dados	Execução contínua dos recursos de Governança de Dados.
Objetivos estratégicos da Governança de Dados	Declarações de nível mais alto para orientar a implementação e a execução da prática de Governança de Dados.
Gerenciamento de Dados	O desenvolvimento, a execução e a supervisão de planos, políticas, programas e práticas que fornecem, controlam, protegem e aumentam o valor dos dados e dos ativos de informação ao longo de seus ciclos de vida (Fonte: DMBoK 2 – Data Management Body of Knowledge, 2ª edição)
Funções de Gerenciamento de Dados	Cada uma das diferentes disciplinas que, juntas, trabalhando de forma coesa, representam a função de Gerenciamento de Dados (Governança de Dados, Arquitetura de Dados , Modelagem de Dados, Armazenamento de Dados, Segurança de Dados, Integração de Dados, Gerenciamento de Documentos e Conteúdo, Dados Mestres e de Referência, Armazenamento de Dados, Gerenciamento de Metadados e Gerenciamento de Qualidade de Dados)
Objetivos estratégicos do Gerenciamento de Dados	As declarações de nível mais alto para orientar um programa de Gerenciamento de Dados.

Ponto problemático dos dados	Impactos negativos na organização, derivados de problemas relacionados a dados.
Princípios de dados	*Princípio: uma lei, uma regra ou uma teoria na qual algo se baseia (Fonte: Dicionário Oxford).* Os Princípios de Dados são as regras definidas na Estratégia de Alinhamento de Dados para orientar o comportamento das pessoas dentro da organização em relação aos ativos de dados.
Provedores de dados	Unidades organizacionais internas ou entidades externas (organizações/empresas) que produzem dados.
Estratégias de Dados	A orientação de mais alto nível em uma organização sobre a alocação inteligente de recursos para trabalhar de forma integrada a fim de atingir metas relacionadas a dados e contribuir para a realização dos objetivos estratégicos do negócio.
Ciclo de Estratégia de Dados	Terceiro componente do Método PAC de Estratégia de Dados , composto por dez etapas que vão desde a definição do escopo e do público envolvido na definição das Estratégias de Dados, passando pela produção de cada tipo diferente de Estratégias de Dados, comunicando-as e terminando com a integração ao planejamento estratégico da empresa. Esse é um ciclo anual para manter a Estratégia de Dados alinhada com a estratégia da empresa.
Comportamentos relacionados a dados	Ações sistemáticas que as pessoas envolvidas com dados fazem e que não beneficiam uma prática de Gerenciamento de Dados e uma cultura de dados sólida.
Design Thinking	O design thinking é um processo não linear e iterativo que as equipes usam para entender os usuários, desafiar suposições, redefinir problemas e criar soluções inovadoras para prototipar e testar. Envolvendo cinco fases, Empatia, Definição, Ideação, Protótipo e Teste, ele é mais útil para lidar com problemas mal definidos ou desconhecidos. (Fonte: Interaction Design Foundation)
Domínio	O conjunto completo de todos os valores possíveis que podem ser atribuídos a um atributo. (Fonte: (Hoberman, 2016))
Estratégia empresarial	A orientação de mais alto nível para operar um negócio.
Entidade	Uma coleção de informações sobre algo que a empresa considera importante e digno de ser capturado. Um substantivo ou frase nominal identifica uma entidade específica. Ele se encaixa em uma das várias categorias: quem, o quê, quando, onde, por que ou como. (Fonte: (Hoberman, 2016))
Empresa grande	Mais de 1.500 funcionários ou voluntários. Presença local ou multinacional.
Empresa de médio porte	Mais de 50 funcionários ou voluntários e menos de 1.500. Presença local ou multinacional.
Parceiros	Unidades organizacionais ou partes interessadas que, com base em seu papel na organização e na sua dependência de dados, são bons aliados para o programa de Gestão de Dados.

PAC	Pragmático, ágil e de fácil comunicação. Características do Método PAC de Estratégia de Dados descrito neste livro.
PMO	*Escritório de gerenciamento de projetos.* Normalmente, é um bom candidato para se tornar parceiro da equipe de Governança de Dados.
Pragmático	Resolver problemas de maneira prática e sensata, em vez de ter ideias ou teorias fixas. (Fonte: Dicionário Oxford)
Empresa Pequena	50 ou menos funcionários ou voluntários.
Socializar	Reunir-se com alguém para comunicar uma ideia, proposta, iniciativa ou o progresso de um esforço contínuo.
Iniciativa estratégica	Um programa (conjunto de projetos) com patrocínio e visibilidade no mais alto nível da organização (por exemplo, fusão e aquisição, transformação digital ou cultural, aquisição de novos sistemas, migração de sistemas etc.)
Estratégia	A estratégia é a **orientação de mais alto nível** disponível para uma organização, concentrando as atividades na **realização de metas articuladas** e fornecendo direção e orientação específica quando confrontada com um fluxo de decisões ou incertezas (Fonte: (Aiken & Harbour, 2017)

Bibliografia

AIKEN, P.; HARBOUR, T. (2017). Estratégia de Dados e o Executivo de Dados da Empresa. Technics Publications.

ALEXANDER OSTERWALDER. (2005). Canvas. Disponível em: https://www.strategyzer.com/canvas

BRITANNICA DICTIONARY. (2022). Disponível em: https://www.britannica.com/dictionary/capability

DAMA INTERNATIONAL. (2010). Dicionário de Gestão de Dados. Disponível em: https://dama.org

DAMA INTERNATIONAL. (2017). Corpo de Conhecimento em Gestão de Dados – DAMA DMBOK. Technics Publications.

DATA LITERACY PROJECT. (2021). Os Sete Princípios da Alfabetização em Dados.

DATAVERSITY. (2021, 12 de outubro). Data Management vs Data Strategy: A Framework for Business Success. Disponível em: https://www.dataversity.net

EDVINSSON, H. (2020). Diplomacia de Dados. New Jersey: Technics Publications.

ENTERPRISE DATA MANAGEMENT COUNCIL. (2021). DCAM 2.2 – Modelo de Avaliação de Capacidade em Gestão de Dados. EDM Council.

GARTNER GROUP. (2018). Introdução à Alfabetização em Dados e Informação como Segunda Linguagem: Relatório de Tendência.

GEEKS FOR GEEKS. (2021, novembro). O que é Dado Semiestruturado? Disponível em: https://www.geeksforgeeks.org

HOBERMAN, S. (2016). Modelagem de Dados Descomplicada. New Jersey: Technics Publications.

INMON, W.; LINDSTEDT, D.; LEVINS, M. (2019). Arquitetura de Dados: Um Guia para Cientistas de Dados – 2ª ed. Londres: Elsevier.

KNIGHT, M. (2021). O que é Estratégia de Dados? Los Angeles: DATAVERSITY.

LEADER'S DATA MANIFESTO. (2016). Manifesto de Dados para Líderes. Disponível em: https://dataleaders.org/manifesto

MERRIAM-WEBSTER DICTIONARY. (2022). Capability. Disponível em: https://www.merriam-webster.com

PLOTKIN, D. (2021). Governança de Dados: Stewardship – 2ª edição. Londres: Elsevier.

SEBASTIAN-COLEMAN, L. (2022). Enfrentando os Desafios da Gestão da Qualidade de Dados. Londres: Elsevier.

SEINER, R. S. (2014). Governança de Dados Não Invasiva. Basking Ridge, NJ: Technics Publications.

SIMON, H. (2019). As Ciências do Artificial – 3ª edição. Boston: The MIT Press.

STADLER, C.; HAUTZ, J.; MATZLER, K.; VON DEN EICHEN, S. F. (2021). Estratégia Aberta: Dominando a Disrupção Fora do C-Suite. Londres: Inglaterra.

TECHTARGET. (2022). O que é transformação digital? Disponível em:
https://www.techtarget.com/searchcio/definition/digital-transformation

WALLIS, I. (2021). Estratégia de Dados: da Definição à Execução. BCS.

WIKIPEDIA. (2022). Transformação Digital. Disponível em:
https://en.wikipedia.org/wiki/Digital_transformation

www.ingramcontent.com/pod-product-compliance
Lightning Source LLC
LaVergne TN
LVHW082226051026
849532LV00012B/3901
* 9 7 9 8 8 9 8 1 6 0 7 6 0 *